柔術の遺恨

講道館に消された男
田辺又右衛門口述筆記

細川呉港

敬文舎

柔術の遺恨

講道館に消された男
田辺又右衛門口述筆記

目次

第2章　大日本武徳会の設立

第3章　不遷流の流れ

第4章　田辺又右衛門、苦難の時代

第5章 柔術の卓越性

第6章 柔道の限界

まえがき

発見された口述筆記が今、柔道の神話をくつがえす！

一〇〇年ほど前に、講道館の高段者をすべて破った柔術家がいた。それが田辺又右衛門《たなべまたえもん》である。彼は晩年、自分が闘った柔道家たちとの試合の数々を、弟子に語って筆記させた。それが今回、はじめて公開する『田辺又右衛門　口述筆記』である。田辺の一代記でもある。

田辺又右衛門。明治二年（一八六九）生まれ。不遷流《ふせんりゅう》柔術第四世。今は名前さえ知っている人は少ない。この古臭い名前の柔術家が、明治から大正、昭和と、江戸時代から伝わった多くの柔術の流派を淘汰《とうた》して新興柔道がのし上がっていくなかで、たったひとり講道館に抵抗し続けたのだ。それどころか彼の生涯は多くの問題を現在に提議している。

田辺又右衛門の「発見」は、私が小学校三年生のころ見た古い柔道漫画である。それもパロディー風に描かれた又右衛門の漫画だった。その中で彼は講道館に対抗する悪役、ヒールとして描かれていた。それもたくましい悪役ではなく、ドジな悪役だった。そこまで、馬鹿にされていたのだ。そのころの柔道漫画はすべて、柔術は悪い、柔道はいい、として描かれていた。しかしそれはまちがいで、本当は柔術は悪くなかったのではないか――。

柔道の英雄、姿三四郎の小説を書いたのは、嘉納《かのう》家に忠誠を尽くした大番頭の息子だった。講道館の高段者が、又右衛門にてこずって困っていたのを聞いていたのである。本名、西郷四郎の本当の姿は、柔道家として生きたのは最初の数年でしかなく、新聞記者としての生きた半生の方がずっと長かった。姿三四郎はつくられた英雄だったのではないか——。

現在のプロレスの多くの技を見ると、みな柔術の技がもとになっていると思われる。寝技《ねわざ》の中に固め技や絞め技がたくさん。江戸時代を通じて各藩やお城で長年磨かれてきた技だ。言いはじめるときりがない。

又右衛門は試合をするたびに、嘉納治五郎《じごろう》によって技を禁止され、また、講道館の息のかかった審判に引き分けにされた。試合の途中で、腕をつかまれて、この手を離せとまで言われた。柔道をする人ならわかると思うが、たとえひとつの技でも禁止されると、そのあとの技の流れや、闘い方に変調をきたし、思うように戦えなくなる。それどころかそれは柔術家にとって致命傷ともなる。

嘉納は寝技を嫌った。いや彼は寝技まであまりやってなかったのではないか——。嘉納の弟子たちも、寝技では、又右衛門の敵ではなかった。これが後の高専柔道と、講道館との確執にもつながってくる。現在においても、柔道の試合が、もたもたして面白くない。組み手争いを延々続けて、時間が来てしまう。それで消極的というマイナスの点数をつける。本当はどっちが強いかわからない——。これらは、かつて講道館が試合で負けないために、田辺又右衛門に負けないために、次々に技を禁止していった結果ではなかったのか。そのため柔道そのものが、自らの技の幅をも狭くしていったのではないのか——。

明治三九年に大日本武徳会「柔術」形定会議が行われ、二年後便利堂より『大日本武徳会制定柔術形』としてさまざまな型の見本が冊子になって発行されている。この時点では、武徳会には多くの「柔術」の流派のトップが参加していることがわかる。取り調べ委員は嘉納治五郎、星野九門、戸塚英美である。

型の見本として、前半の第一編「投げ技の部」は主として講道館の山下義韶《やましたよしつぐ》と永岡秀一《ながおかしゅういち》が、第二篇「固め技の部」は田辺又右衛門と、同じく他流の今井行太郎《いまいこうたろう》が演じ、形の写真を撮っている。つまり「立ち技」は講道館、「寝技」は他流のメンバーである。他流というのは、のちに講道館が、あまりにも勢力が強くなったために、講道館以外の流派をこう呼んだ。つまり柔術の前半部分の立ち技は講道館が「得意」とし、後半の寝技部分は「弱かった」とも言える。

(同じ年、明治四一年に、同じタイトルで、写真ではなく図と文章とで、著者が講道館の磯貝《いそがい》一《はじめ》、永岡秀一、佐藤法権の名前でも冊子が発行されている)

明治三九年ころイギリスで活躍した、又右衛門の弟子、三宅多留次《みやけたるじ》(タロー三宅)と谷幸雄は日本柔道学校を作り、柔術のテキストをロンドンで発行している。その『ゲイム　オブジュウジュツ』によると、受け身から始まって、立ち技、その次に寝技、抑え込み、固め技となっていて、ここでも柔術の前半が立ち技、後半が寝技であることが分かる。柔術は初歩段階は、立ち技、より上達するにしたがって寝技、固め技を訓練することが分かる。

嘉納はまた国家的組織である大日本武徳会で、自ら委員長をし、さらに講道館の高段者を多く入れている。なぜなら文部省にも、また宮内庁参事官として、教育界にも顔が利いたからである。こうした行政手腕により嘉納は、武徳会でも実力を示した。武徳会の藩士・教士の任命、試合や大会の組み合わせなども、すべて嘉納が「指導」したのである。これは現在、あるいはつい最近まで国家的組織である全柔連と講道館の関係にも似てはいないか――。

やがて大正八年（一九一九）には、さまざまな流儀の柔術を、すべて「柔道」という名前に「統一」させられた。以後柔術の名前すら名乗れなくなった。また、終戦後、昭和二一年（一九四六）には、占領軍（ＧＨＱ）により大日本武徳会は解散させられ、以後、柔道の段位はすべて講道館が独占している。膨大な認定料で講道館は各国の柔道組織に支援している。どちらが日本の柔道の代表かわからないくらいだ。

口述筆記は明治、大正、昭和の武道界のようすや社会のありさまだけでなく、田辺又右衛門と嘉納治五郎とのやり取りや、講道館の高段者との試合のようすを具体的に伝えて多くの問題を浮かび上がらせ、現代に伝えている。おそらくこうした記述は今までにも例がないであろう。田辺又右衛門の娘、久子さんや身近にいた弟子たちが、この一代記を、なんとか世に出したいと長い間思い続けた悲願である。

現在日本では、柔術の教室がどんどん増えている。アメリカでも同じで、柔道の道場三〇〇に対して、なんと柔術は三〇〇〇、約一〇倍の数だと言う。なぜであろうか――。その理由は、口述筆記を読むと明らかになる。又右衛門は現在の柔道の試合の行きづまりを早くから予言していた。

「私は講道館柔道が、結局私どもと同じ柔術に戻らなければいけないことを、固く信じておりました。いつか柔道が、そういうことに目覚める日が来ることを、私は楽しみにしているのでございます」と又右衛門は述べている。今から八〇年ほど前、口述筆記が書かれた昭和七年ごろである。

序章

口述筆記とのめぐり逢い

柔道漫画の遠い記憶

かつての職場である東京神田の神保町《じんぼうちょう》を久しぶりに歩いていて、ぶらりと漫画本の古本屋に入った。神保町にはたくさんの古本屋があって、それぞれ特徴のある本を並べているが、古い漫画専門店は二軒、そのうちのひとつに入った。長年神保町に通っていてはじめてのことである。私が小学校時代、夢中になって読んだ雑誌が数多く並んでいた。

こんなものを長いあいだよくとっておいたものだ。六〇年以上前の雑誌である。

それはある雑誌の柔道漫画で、「イガグリくん」や「ダルマくん」といったストーリー漫画ではなく、馬場のぼるや山根赤鬼といったパロディー・マンガ家が描いた短編の、あるいは四コマ漫画だったと思う。そのなかのひとこまに、おどけた羽織《はおり》・袴《はかま》姿でひとりの柔術家が出てきた。羽織・袴も乱れ、かなりドジな風体《ふうてい》をしていた。そのころの多くの柔道漫画は、たいていの場合、実在の人物によく似た架空の名前で書かれているのに、この漫画は実在の人物の名前が使われていた。このおどけた人物の名前に、私はたしかに聞き覚えがあった。

私の脳の一部がこのとき鋭く反応したのである。

「田辺又右衛門《たなべまたえもん》」。長たらしい古臭い名前だった。

今から三五年ほど前の昭和六一年（一九八六）から六二年にかけて、私は、神戸の国鉄兵庫駅前にあった柔道場、通称を「赤壁道場《あかかべどうじょう》」といったが、その道場を知っている人に話を聞いて歩いていた。道場の本当の名は「遷武館《せんぶかん》」といい、その道場主が田辺又右衛門であった。不遷流《ふせんりゅう》柔術第四世である。祖父の時代から、近在にその名をとどろかせた柔術一家で、とくに寝技《ねわざ》は天下一品でだれもかなう者はいなかった。

田辺又右衛門に弟子入りし修業した人たちは、当時すでに独立して師範となり、あるいは骨接《ほねつ》ぎとなって開業し、今はほとんどが年老いて引退していた。しかし、そのときの私の目的は、田辺又右衛門について聞くのではなく、その赤壁道場に、日本少林寺拳法《にほんしょうりんじけんぽう》の創始者、宗《そう》道臣《どうしん》こと若いころの中野理男《なかのみちお》が通っていたと思われ、そのころの弟子の名前や、道場の話を聞きたいと思ったのである。

老いた高弟たちからは、道場の間取りや弟子たちのようす、練習のやり方など、それから、もちろん道場主、田辺又右衛門の話も聞いた。しかし、私の関心は田辺又右衛門その人ではな

田辺又右衛門（1869～1946）　岡山県浅口郡長尾生まれ。不遷流４世。寝技が得意だったため、講道館から疎まれた。

く、その道場に通い、修行していたと思われる中野理男のことを高弟たちが覚えてはいないか――を聞き出すためだった。中野理男の足跡を追っていた私は、両親に死なれた中野が一〇代半ば、田辺又右衛門の赤壁道場のある国鉄兵庫駅前の親戚、春名文七の散髪屋に奉公していて、そのときに赤壁道場に通っていたと確信したからである。

何人かの高弟に会って話を聞いたあと、最後に会ったのが、田辺又右衛門の晩年に生まれた娘さん、田辺久子さんであった。当時、六九歳であったと思うが、目鼻立ちの整った着物を着た凛《りん》とした婦人であった。

田辺久子さんにどこで会ったのか、はっきりとは覚えていないが、おそらく神戸の場末の喫茶店だったと思う。わざわざ兵庫県太子町鵤《いかるが》から出てきたのだとおっしゃったように思う。

私は、久子さんに、真っ先に赤壁道場の歴代の弟子の名簿はないかと聞いた。しかし、そんなものはないと言われた。昭和二〇年三月の神戸大空襲で、せっかく建てた遷武館がすべて灰燼《かいじん》に帰したのだという。たくさんの不遷流の巻物・免許皆伝《めんきょかいでん》・流祖や物外不遷《もつがいふせん》の遺品、そして弟子たちの名簿などみんな焼けたのだという。道場には骨接の治療院もあったが、もちろんそこも焼けた。

道場の位置や間取り、そして昔話をいろいろ聞いているあいだに、久子さんがわざわざ私に会いに来たのは、じつは彼女には長年にわたる大きな願いがあったことが少しずつ分かってきた。私が遷武館の話を聞きたいとつぎつぎに弟子に会っていると聞いたので、彼女にとってはちょうど「渡りに船」であったのだ。しかし、いまにして思えばそのとき、私は彼女の願いをどの程度真摯《しんし》に受け止めたかは疑わしい。

田辺又右衛門口述筆記　又右衛門の娘久子氏が所持していた口述筆記。全４冊。

彼女の願いはただひとつ、父親、田辺又右衛門のほぼ生涯を書いた「口述筆記の公開」であった。田辺又右衛門が晩年、弟子に口述して書かせた、いわば「柔術一代記」である。その一代記は半紙大の横罫線紙《よこけいせんし》をタテに使い、手書きのペン文字でぎっしり書き込まれたもの。さらにその罫線紙を半分に折って、いわば袋綴《ふくろと》じにし、こよりのような太い糸で綴じてあった。いわゆる手作りの「和綴じ」の冊子である。

週刊誌大の厚さ一センチ以上もある冊子で、

しかもその冊子が四冊もあった。手書きの文章でかなりの文字量である。さまざまな妨害があり出版できなかったけれど、なんとか父の一代記を世に出したいのだというのが、彼女の長年の願いであった。なんとか父の生涯を、広く世間の人に分かってもらいたい——。

しかし、私の目的は、田辺又右衛門ではなく、その道場に中野理男がいたかどうかであったから、その後その冊子四冊は、東京の私の書庫の中にしまったままになっていた。そして三〇年以上がたった。私の記憶も薄らいでいた。

ところが、神保町の古本屋で、田辺又右衛門という実名の四コマ漫画が出てきて、それこそ「アホなおっさん」という感じで登場してきたのだが、その名前の出現と、三〇数年前のおぼろげな記憶に、私の脳の一部がひらめいたのである。

このときの漫画のひとコマを見たときの衝撃の瞬間を、私はいまでも忘れない。それは神の啓示のような一瞬であり、あとから思えば、その後、隠されていた多くの柔道史の本当の姿を発見するきっかけになったからである。

私はあらためて、その口述筆記を読みはじめた。五年前のことである。原本はおそらく空襲のとき焼けたのであろう。手書きのそれもコピーであった。

田辺又右衛門は小さいときから親に連れられて各地の道場を回っていたため、学校にも行かず読み書きもろくにできなかったが、晩年になって自分の「闘いの生涯」を弟子に語り、それを弟子が記したものだった。手書きの文字だから読みにくい。しかし、私は時を忘れてその長い手記を一気に読み、あの少年時代の「柔道漫画の呪縛」から解き放たれた。

映画「姿三四郎」のみならず、柔道漫画では、つねに柔術家は「悪者」として描かれていた。もちろん少年だった私はなんの疑問も持つことなく、当然のごとくそうしたストーリーを受け入れたのだが、あのときさまざまな漫画のなかに出てきた「悪い」柔術家たちは、田辺又右衛門だけでなく、じつは柔術家の多くが「悪く」なかったのではないか。

彼らは「柔道の覇権と統一」のなかで、涙をのんで消されていった柔術家だったのではないか、そのため、彼らの持っていた古来培《つちか》われてきた武道としてのさまざまな技が失われ、いまではまったく忘れ去られている――。

柔術家たちの多彩な技は、江戸時代に各藩で培われ、また諸国行脚《あんぎゃ》の武者修行で鍛えられ、交流し、時には他流試合をして競い合いながら伝承されてきたものだ。そして江戸の末期から明治時代にかけて、解雇された武道師範は長年培われてきた技とともに城を出て、今度は巷《ちまた》で道場を開いた。そして、武士ではなく町民に柔術を教えた。免許皆伝を与え、巻物を伝授するたびに金をとって細々と生活した。その武道家さえ、「柔道の普及と排他性」のために「古いタイプの柔術家として」そして「悪者として」、みんな淘汰《とうた》されていったのである。

明治中期から後期にかけて、世の中の流れが柔道に味方し、そのほかの流派(「他流」といった)を全部排除してしまったのである。このことに気付いたのは、子供のころ柔道漫画を見てすっかり柔術悪者説にとらわれていたときからじつに六〇年以上たってからだった。これは私にとって大発見だった。

柔道漫画「イガグリくん」の原点

六〇年前の漫画雑誌は、月刊『冒険王』『少年』『少年画報』『少年クラブ』などである。私が小学校三年のころから読んだ漫画雑誌だ。それまでは、雑誌のなかにさまざまな記事も入っていて、少年のための総合月刊誌というたたずまいだったが、そのころから雑誌全体のなかの漫画の比重が高くなり、文字による記事は極端に少なくなった。わずかに絵物語が一、二本残っていたにすぎない。絵物語は、写実的な絵と、その場面、場面に文章が一〇行から二〇行ほどついたお話で、漫画とは一線を画していたが、それもしだいに文章を読むのが面《めん》倒《どう》くさいのか、漫画だけになっていった。

私がまだ八歳から一二歳(小学校三年生から六年生)であったころ、広島の田舎でも、友達のうちの何人かは、毎月、定期的に月刊の漫画誌をとっていて、私のように家で雑誌を買っ

「イガグリくん」竹山のぼる　『冒険王』昭和 29 年 5 月号付録。
「いなずまくん」木下としお　『少年』昭和 30 年 9 月号付録

てもらえない者は、友達から借りて回し読みをした。もちろん手塚治虫《てづかおさむ》の「アトム」とか、のちには「リボンの騎士」なども読んだのだが、いろいろな雑誌で柔道漫画が、繰り返し連載されていた。

なかでも私が覚えているのは、「イガグリくん」（雑誌『冒険王』昭和二七年三月号から二九年八月号、福井英一《ふくいえいいち》作。その後、有川旭一《ありかわあさかず》・小林一夫《こばやしかずお》・竹山のぼるなどが引き継いで描いた）、「ダルマくん」（雑誌『少年』昭和二九年一〇月号から三三年一〇月号、田中正雄作）などである。

ほかに「イナズマ君」（雑誌『少年画報』昭和三五年ごろ、下山長平《しもやまちょうへい》作）というのも人気があった。また月刊『少年クラブ』や『少年ブック』といった雑誌でも、単発ものの付録も含めて、柔道漫画は大きなテーマのひとつだった。柔道漫画のブームだったといってよい。

雑誌『冒険王』には、熱血友情柔道絵物語「少年四天王」という柔道絵物語があった。なんとこの作者は、いまから思えば、のちに漫画の原作者として有名になり、「柔道一直線」をはじめ、「あしたのジョー」「巨人の星」「空手バカ一代」など数々の原作を世に出し一世を風靡《ふうび》した梶原一騎《かじわらいっき》であった。絵は永松健夫であった。ここでは講道館で柔道に励む少年に対して、大菩薩峠《だいぼさつとうげ》で修行する悪役、「旋風流柔術」が争う、というストーリーだった。「旋」という字が、田辺又右衛門の道場「遷武館」の「遷」とひっかけてある。

どの漫画が、あるいはどの絵物語が、どの雑誌で連載されたか、いちいち覚えていないが、とにかくたくさんのタイトルの柔道漫画があった。いまでは古いとされる漫画のコマ割りが、きちんと一ページに六コマずつ均等に区切られているものも多かった（そのコマ割りを打ち破ったのが手塚治虫であった）。

柔道を一生懸命に練習して修行に励む主人公の少年に対して、町でいちゃもんをつけてくるのが古い中年の柔術家であった。その柔術家が主人公の少年に「果たし合い」を求めてきたり、あるいは町でいきなり襲ってきたりするのだ。だが、柔道は果たし合いや他流試合を禁止されているのである。漫画の主人公はたいてい少年か青年で若く、それに対して、柔術

「あらしの講道館」 原作・梶原一騎、絵・茨木啓一。月刊『少年』昭和30年6月号付録。多くの柔道漫画が、古くて乱暴な柔術と、清く正しい柔道という構図で描かれていた。

家のほうは、年上の中年から老年の大人である。しかも羽織・袴、ときとして高下駄《たかげた》をはいている。多くの場合、長い髭面《ひげづら》である。よく考えてみると、ちょうど羽織・袴をつけた大学の応援団のような格好《かっこう》であった。

いかにも時代がかった古いタイプの柔術家は、主人公のやっている柔道に対して、いろいろな不満を持ち、襲いかかっていくのだが、主人公は、「他流試合は禁止されている」としてなるべく接触しないようにする。しかし最後はどうしても避けようがなく、試合をせざるを得なくなり、決闘。郊外の因縁のあるススキの原や、「右京ケ原《うきょうがはら》」などという古風な名前の付いたところ、人のいない山の神社の境内で果たし合いをする。

結果は、主人公が柔術家をみごとやっつける——という筋書きだった。しかも、柔術家は、柔道では禁止されている「当て身」や「関節技」「逆手《さかて》」、あるいは「棒術」「鎖鎌《くさりがま》」など武器を使って攻めてくる場合もあった。それがとても「卑怯《ひきょう》」だというわけである。

またあとで考えれば、柔術家が、なぜ柔道に対して不満を持ち、何かにつけてケチをつけ、試合を望むのか、これについては少しも説明されていない。また、柔道がなぜ、「他流」つまり柔術との試合を禁止していたのかも理由があった。漫画には描かれていないが、本当は、柔道は、さまざまな多彩な技を持つ柔術に勝てないからであった。とくに寝技に持ち込まれたら、ほとんど歯が立たなかった。

しかし、すべての柔道漫画は、「柔術は古くて悪い、柔道はいい」という同じパターンで描かれていて、おまけに漫画に登場する柔術家は、主人公の目の大きな好青年に対して、中年で、多くの場合むさくるしい髭を生やし、ひと目で、悪人という感じの男たちであった。

繰り返すと、これらのことに気が付いたのは、前述の古い雑誌の漫画のなかで見つけたひとこまの田辺又右衛門の実名と姿であった。おどけた、パロディー化された田辺又右衛門の姿が、私にそのことを訴えかけてきたのである。

娘の久子さんをはじめ、多くの高弟たちが、生涯講道館と闘い、愚直に生きた柔術家、田辺又右衛門の人生を、世間の人に分かってもらいたいと切に願っていたにもかかわらず、世の中から悪い柔術家として、さらにはふざけたパロディーまでされたおっさんといういでたちで登場していたからである。

このひとコマの漫画の発見は、あとで考えると、おおげさではなく、空を覆う暗い雨雲の一点から、あるとき突然太陽の光と帯が地上に差しこんできたのに似て、私に衝撃を与えた。それをきっかけに暗闇のなかでいままで見えなかった、柔道創設時のさまざまな隠された歴史が一気に「見えてきた」のである。本当は、柔術は悪くなかったのではないか――。

小説『姿三四郎』の秘密

柔道漫画の原点はというと、黒澤明《くろさわあきら》の映画「姿三四郎《すがたさんしろう》」である。戦前、昭和一八年（一九四三）に映画化され大ヒットした。黒澤明が監督として最初に手掛けた仕事で、この大ヒットにより姿三四郎の名はだれにも知られることとなり、柔道家の代名詞になった。しかし、その原作は、前年に書かれた小説『姿三四郎』である。作者は富田常雄《とみたつねお》。

富田常雄は柔道家（五段）でもあったが、この小説『姿三四郎』により一躍大衆小説家として名を上げ、以後さまざまな小説を書き、戦後直木賞も受賞、大家となった。

映画「姿三四郎」のポスター（東宝） 小説『姿三四郎』をもとに製作され大ヒットした黒澤明の初監督作品（昭和18年）。大河内伝次郎・藤田進・月形龍之介らが出演。

特筆すべきことは、富田常雄の父親は富田常次郎《つねじろう》で、一時期、講道館の西郷四郎《さいごうしろう》・山下義韶《やましたよしつぐ》・横山《よこやま》作次郎《さくじろう》と並んで講道館の「四天王」とも呼ばれた男である。

常雄は子供のときから、父、常

次郎の啓蒙《けいもう》を受けて育った。

常次郎についてはすこし説明を要するが、その前に嘉納治五郎《かのうじごろう》の父親、嘉納治郎作についてて少し話をすると、彼の実家は、いまの兵庫県神戸市東灘区にあたる摂津国《せつつのくに》で、江戸時代から続く酒の醸造業者であった。しかも「嘉納三家」といい、のちの清酒菊正宗《きくまさむね》・白鶴・桜正宗の醸造元であった。いわゆる「灘の生一本《きいっぽん》」と呼ばれる灘を代表する大きな酒屋である。江戸末期から灘はどんどん栄え、それまで隆盛をきわめていた隣の伊丹郷町《いたみごうちょう》の酒屋群を抜いてトップに躍り出たほど。治郎作は跡取りになるはずであったが、当時江戸に酒を卸《おろ》す廻船《かいせん》の仕事を引き受ける。

廻船業は、大坂や神戸から、江戸に米や酒、その他の生産物を運ぶ運送業であった。何艘《なんそう》かの大きな船を持っていた。いわゆる樽廻船《たるかいせん》である。その後、廻船問屋は多額の金を儲《もう》けて金融業をはじめ、経済的に行きづまった大名に多額の金を貸す(大名貸し)者も出てきた。

治郎作は江戸幕府の命を受け、廻船業だけでなく、江戸の海沿いにいくつかの砲台を築く命を受け、建築木材や鉄の運搬にもかかわるようになる。それで伊豆韮山《にらやま》(今の伊豆国市)にも足しげく通った。日本ではじめて鉄の溶鉱炉(反射炉)ができたところである。

そこで目に止まったのが、山田常次郎《やまだつねじろう》であった。当時まだ一四歳。常次郎は、嘉納家にいわば丁稚奉公《でっちぼうこう》のような奉公人として上京する。治郎作は息子の治五郎の世話役としても考え

『肩車三四郎』『幼年ブック』付録（集英社）。西郷四郎が亡くなってから治五郎が６段を追贈したことで、西郷の名前は一段と有名になった。西郷をモデルに小説『姿三四郎』が生まれ、三四郎は柔道家の代名詞になった。

ていたかもしれない。ちなみに、常次郎は慶応元年（一八六五）生まれ、万延《まんえん》元年（一八六〇）生まれの治五郎より五つ年下であった。常次郎は、そのときから嘉納家のために、また治郎作や治五郎のために働くことを運命づけられていたといえる。

　したがって、東京帝国大学を出た治五郎が、明治一五年（一八八二）に東上野の永昌寺《えいしょうじ》の座敷を借りて講道館を立ち上げたとき、真っ先に入門したのは常次郎であった。入門というより、つねに治五郎について一緒にお相手をしたといっていい。またその後常次郎は、東京の廻船問屋、富田家に婿入りし、富田常次郎となった。おそらく治郎作の斡旋《あっせん》であったろう。そのころまでは家主はとことん使用人の面倒をみるというのが、当たり前の時代であった。

講道館は明治期に何度か場所替えをしているが、一時期、その富田家の屋敷内に置かれていたこともある。常次郎の息子常雄にとっては、いわば柔道は生まれたときから身近にあったのである。

富田常次郎は、講道館の発展に並々ならぬ尽力をしている。治五郎の命を受けアメリカに柔道の普及に六年間も行っているし、またその後は影で講道館の運営にもずっとかかわっている。

私がここで強調したいことは、常次郎は、つねに講道館の大番頭ともいうべき存在で、初期講道館が多くの地方の柔術家を淘汰《とうた》し、日本の武術界を制覇していく過程を、よく知っていたということである。創成期の講道館の裏側も含めて、台所事情を熟知していた。

したがって、息子の常雄もその苦労話をよく聞かされていたと思われる。すなわち、並いる講道館の面々が、事あるごとに、不遷流の田辺又右衛門に負けたことも。いわば講道館にとっては、又右衛門はつねに目の上のたんこぶだったこと――。小説『姿三四郎』はそうした土壌のもとで生まれたのだ。柔術はつねに講道館の敵であった。

柔道漫画の始まりを調べていくと、月刊『冒険王』の副編集長鈴木ひろしが、漫画家の福井英一に、映画「姿三四郎」のような漫画が描けないかと相談したことが、「イガグリくん」新連載のきっかけだったという。つまり映画「姿三四郎」が、柔道漫画の原点になったといえる。主人公姿三四郎が柔術家とつぎつぎに闘うというお話。「柔道」対「古い柔術」という構図だ。また小説と映画の『姿三四郎』のモデルは、会津《あいづ》出身の実在の人物、西郷四郎であるが、かなり脚色された「あとからつくられた英雄」であることが分かる。西郷四郎については後述する。

柔術の復活

近年、柔術が世界にかなりの勢いで普及しつつある。アメリカでは、柔道の道場数が三〇〇に対して柔術の道場は三〇〇〇あると言われている。元をたどれば、日本から行った柔術がブラジルで引き継がれ、長い時間をかけて世界に普及したものである。いまでは日本でも、ブラジリアン柔術の道場がたくさんできている。本当は里帰りともいうべきものだ。

また田辺又右衛門《たなべまたえもん》の弟子、三宅多留次《みやけたるじ》（タロー三宅）らによって、イギリスでは高い評価を得て柔術教室が開かれ、また英文のテキストも作られた。明治三九年（一九〇六）ごろのことである。

先ごろ、その当時のロンドンを舞台にした「シャーロック・ホームズの冒険」というテレビ番組を見ていたら、ホームズが悪人をやっつけるのに、「これが日本のジュウジュツだ」と言って相手をねじ伏せるシーンがあった。当時イギリスでも「ジュウジュツ」がもてはやされ、英語になっていたのである。

しかしタロー三宅のことは、柔道の成果を総まとめにした、講道館発行の『大日本柔道史』昭和一四年(一九三九)には一言も書かれていない。それどころか、『大日本柔道史』を編纂した丸山三造《まるやまさんぞう》は、田辺又右衛門の活躍について語ろうとしたら、講道館の高弟たちからはげしく叱責《しっせき》を浴び、口論になったという。おかげで田辺又右衛門の記載は、講道館の高弟たちとの試合のことはすべて割愛《かつあい》され、幼少時代のことと、流祖物外不遷《もつがいふせん》の「伝説」まがいの話だけになっている。第六編柔道佳話として、第四章に「田辺又右衛門藩士不遷流を語る」と題したにもかかわらず、不自然かつ欠落した文章である。真ん中の部分はすべて割愛されたのであろう。

イギリスで発行されたタロー三宅らの二冊の『ザ・ゲイム・オブ・ジュウジュツ』と『ザ・テキストブック・ジュウジュツ』をみると、後半はすべて絞め技や固め技などの寝技が中心であり、今日の柔道は柔術の前半部分、つまり初期段階だけだったことがわかる。つまり柔道は、柔術の初期段階だけで「成立」したのである。寝技を中心とする岡山六高の高専柔道が、嘉納治五郎の要求をガンとして跳ね除《の》けたいきさつがよくわかる。

同じことは、明治三九年に行われた大日本武徳会の「柔術型制定会議」の記録をみると、その時点ではまだ全国から、さまざまな伝統の技を持つ柔術の大家が集まっている。柔道は新興にもかかわらず、嘉納が委員長でほかに柔道からのあわせて四人も出席。しかもそのとき制定、作成された『大日本武徳会柔術制定型』には、前半の技の模範演技は、講道館の面々が登場し、後半の寝技や絞め技は、他流の田辺又右衛門と今井行太郎《いまいこうたろう》が演技をしている。講道館は柔術の前半部分、つまり立ち技が「得意」だったのである。

嘉納治五郎の行政手腕

いうまでもなく、柔道は嘉納治五郎によって明治の初めに提唱され、しだいに日本中に普及するようになった。嘉納は、万延元年(一八六〇)、兵庫県御影《みかげ》村(神戸市東灘区御影町)の造り酒屋、灘の生一本《きいっぽん》の名家の出身である。船で江戸に酒を運ぶ父親治郎作(廻船方《かいせんがた》)について上京、東京帝国大学に入学した。身体の弱かった治五郎は、心身を鍛えるために柔術を始めた。この造り酒屋の跡継ぎが武術をするというのは、伊丹の清酒「白雪」の小西新右衛門がいるが、のちに田辺又右衛門と大いにかかわりを持つことになる。

嘉納は明治一五年(一八八二)、上野の永昌寺《えいしょうじ》に道場をつくった。金に不自由のない分限者《ぶげんしゃ》だったから、道場として寺の座敷を借りるのもたやすいことだったと思われる。弱冠二二歳であった。東京帝国大学卒業の翌年である。

すでによく言われているように、嘉納はそれまで柳生心眼流《やぎゅうしんがんりゅう》の大島一学《おおしまいちがく》、天神真楊流《てんじんしんようりゅう》柔術の福田八之助・磯正智《いそまさとも》に学んだといわれている。また次の年には起倒流《きとうりゅう》飯久保恒年《いいくぼつねとし》から免許皆伝を受け、みずからの武道を「柔道」として普及に務めた。そのころの弟子の多くはみな食客《しょっかく》だったから、弟子を一〇人養うのも大変な金がかかったはず。明治政府でも高級役人になった父親の援助なしにはできなかったと思われる。

道場はその後転々とする。また嘉納は同時に学習院の教員になり、一一年後、東京高等師範学校に入り、最後は校長まで、二五年勤めた。同時に教育者としてさまざまな学校や教育関係の役職も務めている。実際に嘉納が襦袢《じゅばん》（柔道着）を着て稽古をやったのはどのくらいの期間かわからない。田辺又右衛門が明治二三年（一八九〇）東京に行き、警視庁の師範になったのは二一歳。このとき嘉納は三〇歳だったはずだが、口述筆記にはその後も、嘉納が稽古をしたとか試合に出た

嘉納治五郎（1860〜1938）　講道館創始者。学習院や高等師範学校で教鞭をとる。

という話はいっさい出てこない。

ちなみに田辺が因縁の戸張瀧三郎《とばりたきさぶろう》と最後の試合をしたのが、明治四二年、又右衛門四〇歳のときであった。

教職をしながら嘉納は、たぐいまれなる行政手腕によって柔道を広め、さまざまな柔術各派の技や技術も研究して、柔道に組み入れたり、また切り捨てたりして、しだいにルールづくりを行った。別の言い方をすれば、さまざまな制約や規範をつくってスポーツ化したのである。これは、中国の武術が清朝《しんちょう》時代に「対練《ついれん》」（ふたりや数人で組んで闘うこと）の禁止、「組み手」の禁止など、いろいろな制約が設けられたのと比較するとおもしろい。

私はこれまでにも、何度か現地中国の武術大会を見学し、また中国武術界の重鎮にも会って話を聞いた。

大ヒットした映画「少林寺」（一九八二年製作、李連傑《りれんけつ》のちのジェットリー主演）の河南省少林寺においての撮影にも同行した。日本の少林寺拳法の師範クラスも参加した映画だ。中国武術団の日本への招聘《しょうへい》にも同行し、また北京《ペキン》の業余《ぎょうよ》体育学校を訪問して、李連傑やその恩師にインタビューを行ったり、武術団の技をひとつひとつ実演してもらって写真を撮り、その解説をしてもらったこともある。そして香港の映画会社のつくった映画「少林寺」を日本で公開するために、配給会社「東和」に持ってきたりした。

そういった経験のなかで、私が気付いたのは、俊敏な身のこなしとすごい早業《はやわざ》で、多くの日本の青年たちを驚かせている現在の中国武術は、じつは、清朝時代のさまざまな技の制約と、二、三人でやる多くの「対戦武術」が禁止された結果だということ。そのために技の大半が「表演《ひょうえん》」という「見せるためのひとり演技」になってしまっているということだった。もちろんふたりでやる演技や競技も残ってはいるが、基本的には中国武術はひとりでやる「表演」である。「対練」の禁止の結果だったのである。

なぜかというと、とくに清朝政府になってから、武術をする人たちは、往々にして徒党《ととう》を組み、あるいは秘密結社化して、朝廷に楯突《たてつ》き、反乱を起こすからである。青幇《チンパン》・紅幇《ホンパン》をはじめ紅槍会《こうそうかい》や在家裡《ザイジャアリー》といった秘密結社のメンバーは、ひそかに武術を修練して「反清復明《はんしんふくみん》」を誓った。つまり満洲族の支配する清朝を、漢民族の支配していた明《みん》時代に戻す、という地下運動である。

しかしそういった秘密結社の組織はきわめて稚拙で、また迷信的なところが多かったため、成功しなかったが、朝廷は折にふれて、「対練」を禁止し、格闘技として武術の習得をさせないようにしたのである。しかし清朝末、格闘技を禁止しておきながらその拳法集団に頼ったのが西太后《せいたいこう》。有名な「義和団《ぎわだん》事件」では外国勢を攻撃させた。「拳匪《けんぴ》の乱」と言われるゆえんである。

少林寺白衣殿　徒手武術修練図南壁　武器を持った２人が戦っている。近代少林寺は、大正６、７年より中国に行っていた材木商・増田亀三郎が紹介した。彼は北京から連れて行った写真家に、半分崩れた少林寺の伽藍や御堂、壁画などを撮らせた。また、みずからすべての石碑の拓本を取り、東京帝国大学の史料編纂官の鷲尾順敬が解読、編纂、出版した。

柔道は柔術の途中段階

中国武術の発祥の地のひとつであるとされる河南省少林寺白衣殿《びゃくえでん》の二枚の大「壁画」は、清朝の初期かあるいはそれ以前に描かれたと思われるが、その壁画に見られる僧兵たちが武術の修業をしている絵は、すべて二人で闘っている。徒手《としゅ》の場合も、また刀や槍《やり》を持っている場合もあるが、どの絵も二人組で戦っている。つまり格闘技であって、一人で演技しているものはひとつもない。しかも二人のうちの片方は、色が浅黒く、顔つきも違うから、おそらくインドかの僧にちがいない。武術がインドか

河南省嵩山少林寺白衣殿　徒手武術修練図北壁　17組の僧侶が組になって闘っている。1人で演武をしている者は誰もいない。片方は色が黒く、顔だちも違うので、インド人かと思える。達磨大師がインドから武術を伝えたと言われるゆえんだろう。壁画はおそらく清朝の初めか、あるいはそれ以前の作と思われる。清朝時代は2人以上でやる「対練」が禁止されたからである。

ら達磨《だるま》大師《だいし》によって中国にもたらされたというひとつの象徴的壁画だろう。さらにいうと、二枚の壁画の構図は遠近法によって描かれているが、修練している僧たちの人物の絵柄は、必ずしもそれにのっとっていない。西洋から入った遠近法だが、壁画の製作年代を推定する意味でもおもしろいと思われる。

もう一度いうと、いまの中国武術は、観客に見せるための、一人でする演技、つまり「表演」なのである。本来の格闘技がまったく失われていて、スポーツ化しているのだ。あるいは健康体操といってもいい。このことは、江戸時代に各藩で、多く伝わってきたさまざまな格闘武術が、あるいは柔術といってもいいと思うが、明治時代になって柔道の出現により多くの技を禁止され、スポーツ化していったことと無関係ではなかろう。

武道について言えば、江戸時代は各藩に剣術・棒術・柔術とそれぞれお殿様お抱えの指南役がいて、それも各藩の独立性が強く、無数の流派が生まれ、それぞれ伝承されてきた。

江戸時代を含めて、免許皆伝《かいでん》は巻物に筆で書いたもので、それらは最近でもかなり古本屋に出回っている。私も免許皆伝をいろいろ見たが、おもしろいのは、弟子が皆伝をもらう場合、巻末にその師匠がそれまでにもらった允可《いんか》（免状）の諸流派と、さらにその流派の師匠の名前が並べて書かれていることである。

つまり、師匠が学んだ諸流派も含めて、すべて師匠を通じて学んだという意味である。免許皆伝を見ると、この人はこれまでにどんな流派のどんな武術を学んだのかが分かるのである。

ここで大事なことは、私ものちになって気が付いたのだが、一人の武術家というものは、たったひとつの流派の技術をマスターするだけでなく、いろいろな武術家と闘い、あるいは弟子入りして、さまざまな技を学んで、自分のものにする――ということである。

江戸時代の武術家が、自分の藩を越えて武者修行に出かけ、いろいろな流派の者と戦い、あるいは弟子入りをして腕を磨いていったことはよくご存じであろう。宮本武蔵《みやもとむさし》などもそうである。腕に自信のあるものは、旅に出て武者修行をした。

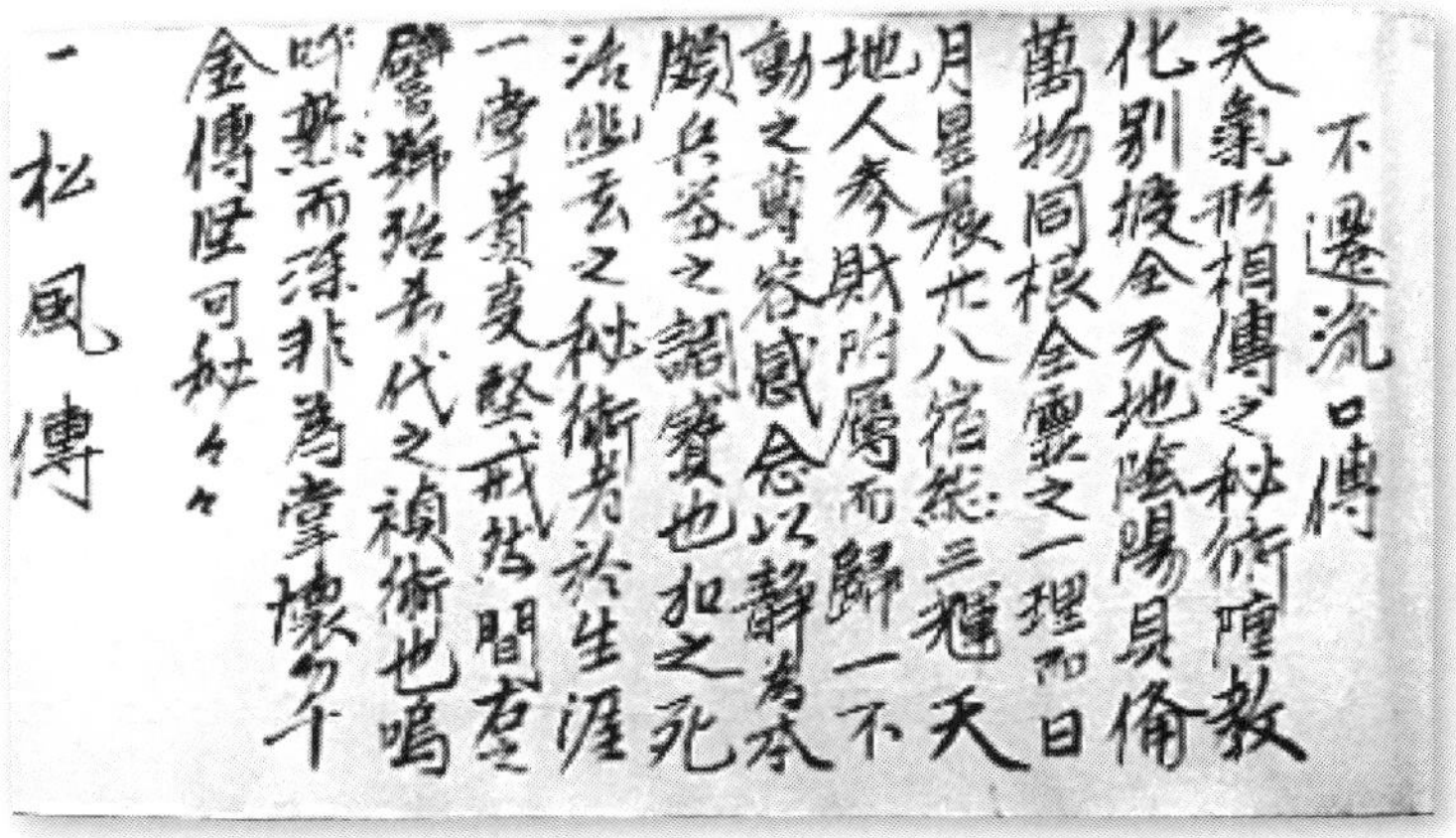

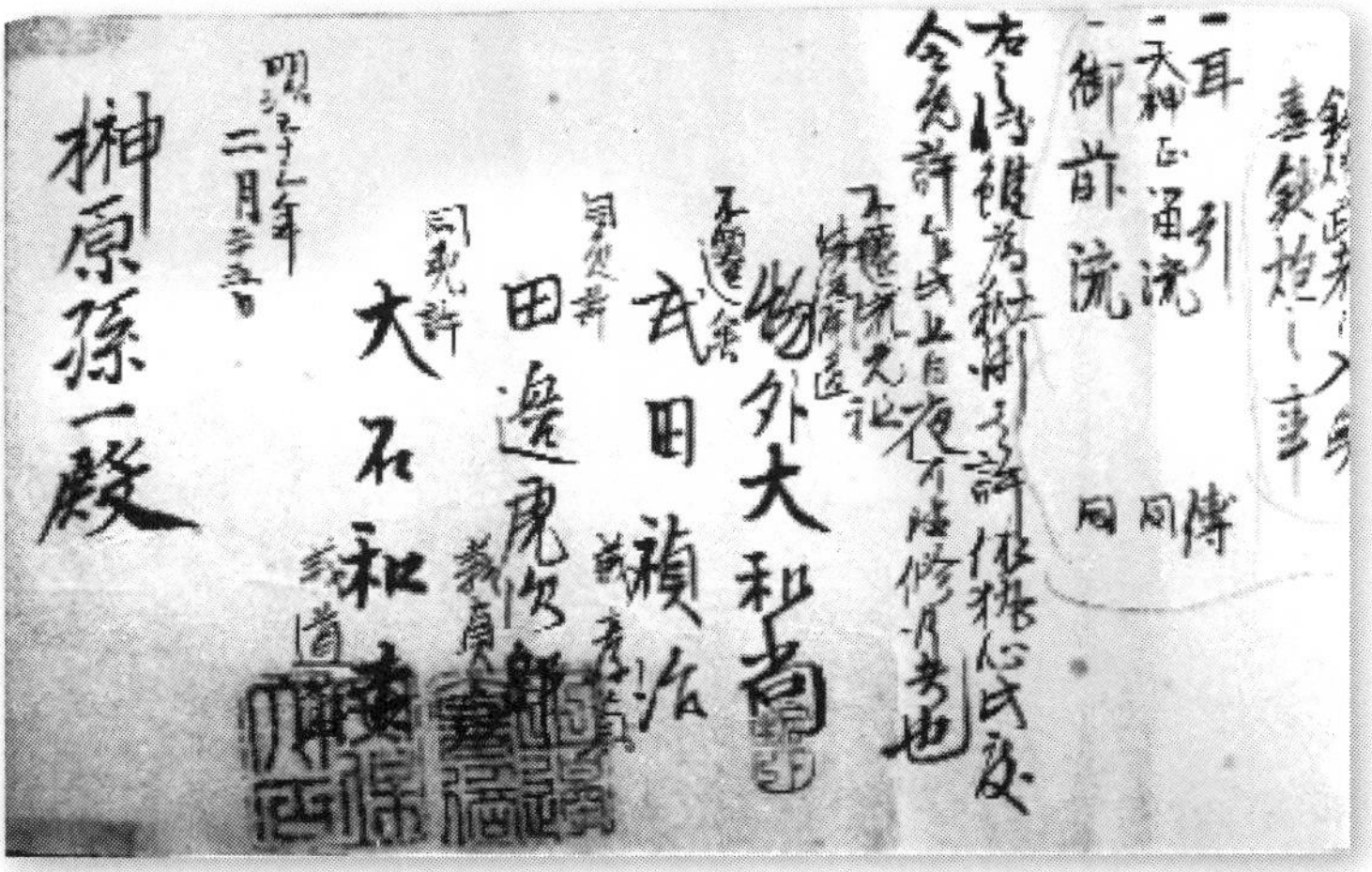

不遷流『口伝』巻頭と巻末の署名　允可を受けた師範の順に署名がなされている。流祖物外和尚、２世武田禎治、３世田辺虎次郎の名前が書かれている。榊原孫一は、息子の忠雄とともに又右衛門の弟子であった。

さらに言うと、ひとつの道場で同じように修練しても、人によって体格や性格が違い、技の掛け方は違ってくるし、また得意技も違ってくる。同じ柔術「不遷流《ふせんりゅう》」の系統の人間でも、立ち技の得意な者、寝技の得意な者、いろいろである。同じ流派の免許皆伝をもらっても、武術のスタイルはみんな同じとは限らないということも認識する必要がある。

また免許皆伝が、師匠から弟子に、一対一で受け渡されていることも武術の伝承という点では意味があることだが、継続という意味では問題もある。かつては、秘伝や人の知らない秘技が生死を分けた。明治時代になってからは宗家の生活権(食《く》い扶持《ぶち》)にもつながっていたからである。

ともかく免許皆伝の最後に、五つも六つもの他流派とその先生の名前が書かれているのは、江戸時代からのそうした歴史があるからである。

ずっと後になって、宗道臣《そうどうしん》が、香川県丸亀《まるがめ》で行われた八光流《はっこうりゅう》の柔術の技術講習に二、三日参加した(『奥山龍峰旅日記』)ことが非難されたと聞いたが、それはまったく当たっていない。もともと武道とはさまざまな流派を研究し、また格闘して自分の武道を磨いていくものだからである。

繰り返すが、明治時代の最初のころは、全国各地に有名無名あわせて無数の柔術の流派があった。そういった柔術の乱立するなかで、嘉納治五郎は、柔道という新しい「流派」を立ち上げ、段位制度をつくった。二、三の柔術のなかからいろいろな技を選択し、また切り捨ててさまざまなルールをつくり、しかもそれを統一ルールとして広めていったのである。これが講道館柔道であった。

嘉納が短期間に違う流派を学んだことも、自分の流派「柔道」を立ち上げるきっかけになったのかもしれない。乱取りや闘いのときに、天神真楊流《てんじんしんようりゅう》だから起倒流《きとうりゅう》の技を使ってはいけないということはないからである。身につけたあらゆる技を駆使して闘うのは、武道として当然のことであった。しかしのちに柔道が、田辺又右衛門の技をつぎつぎに禁止していったように、自分の流派の都合のいいように他流の技を禁止することは、自分の流派にとっては目先は有利だが、それはまた自分自身の流派の技の発展性を阻止することでもある。みずから首を絞めることにもなるのだ。現在の柔道の行き詰まりも、それと関係ないことではなかろう。

たとえば柔道では禁止されている「足取り」という技をひとつ復活させるだけで、その後の試合の展開がすごく変わってくる。組み手争いを延々続けているとき、足を取って相手を寝技に持ち込むと、その後の試合運びが大いに変わってくることは、素人でもわかる。ひとつの技を禁止することが、どれだけその競技そのものに、多大な影響を与えるかは言うまでもないことであろう。（柔術では、のちの高専柔道もそうだが、最初から寝技に持ち込むこともしばしば行われた）

東大を出た嘉納はまた、教育者としても成功した人物。町の一道場であった講道館が、日本中で有名になるための条件を持っていた。警視庁でも顔がきき、とくに武徳会では人事権や審判員の選考などあらゆる権利を行使できた。しかし、前述したように、のちにイギリスで柔術教室を開き、ヨーロッパで柔術の普及をした上西貞一《うえにしさだかず》やタロー三宅・谷幸雄《たにゆきお》などの柔術の教科書（英語版）を見ると、どれも受け身などの基本から、立ち技の紹介があり、その後に寝技の解説が書かれている。柔術では、立ち技のつぎの段階に寝技があることが分かる。嘉納は寝技が苦手だった、というより寝技まであまりやっていなかったのである。

ついでに言うと「柔道」という名前は、嘉納のオリジナルではなく、それまでにも使われていた。しかし、大正八年(一九一九）になって、国家として柔術各派の武術はすべて「柔道」という名前に統一されることになった。「柔術」という言葉がなくなったのである。だれが発案したのかはよく分からない。

生まれたときから柔道しか知らない、いまの若い人たちのために繰り返して言うと、柔道というのは、柔術の一部を使ってそれも途中段階だけで成立した精神修養も併せて目指したスポーツなのである。

この嘉納治五郎の柔道に、さまざまな形で楯突《たてつ》いたのが、ほかでもない不遷流の田辺又右衛門である。又右衛門は万延元年(一八六〇)生まれの嘉納より九つ若い、明治二年(一八六九)生まれであった。

口述筆記を改めて読むと、そこには明治・大正・昭和を武道家として愚直に生きた又右衛門の心情が余すところなく書かれている。しかも当時、多くの弟子たちも、家族も、この口述筆記を、なんとか世に出したいと切に願っていたのに、さまざまな妨害があり、ついに叶《かな》わなかったことも、のちに分かった。その父の思いをなんとかひとりでも多くの人に知ってもらいたいと、娘の久子さんは生涯ずっと思い続けてきたのだ。

久子さんにとっては、父又右衛門を知る弟子たちもその多くは高齢化し、あるいは亡くなり、田辺又右衛門の名前すら知る人が少なくなった時代にあって、ただ父の思いを知ってほしいという一心だったと思う。

講道館あるいは嘉納治五郎に歯向かったひとりの純粋な柔術家の人生がどんなに意味あるものであったか、私は三〇年間、ずっと気付かなかったのである。そのときお会いした久子さんが、見ず知らずの私に託した四冊の手書きの口述筆記に、娘としてどれだけの思いが詰まっていたのか、あとになって気付いたのだ。それは講道館柔道を妨害する「悪人」として、ひとりの柔術家が世の中から抹殺されていく人生でもあった。故郷、岡山県玉島長尾の田辺又右衛門の墓の傍にある彼の顕彰碑には、「一代記未刊行」の文字が石に掘られて残されている。

口述筆記の公開に当たって

口述筆記の巻頭に、田辺又右衛門の人となりを書いた書家、長谷川観山の序文がある。序文を書いたのは、昭和七年（一九三二）五月のことであるから、口述筆記はおそらくそれ以前に聞き取りをされたものであろう。又右衛門が六三歳のころということになる。若いころは負けん気が強かった又右衛門だが、歳をとって人間的にはかなり丸くなっていたのであろう。文章の行間からそれを汲《く》み取ることができる。しかし反面、婉曲的《えんきょくてき》な言い回しのため、本音が分からないところも多々あった。

つぎに、この口述筆記の著者は高知県人であり、昭和三年の『柔道年鑑』には講道館の二段、また昭和五、六年に神戸遷武館の四段であったことが記されている。しかし「著者はだれ」という文はない。ここのくだりはおそらく田辺又右衛門の娘である久子さんが書いたものと思われるが、この口述筆記を書いたのはだれか、については、序文のあとに続けて、この口述筆記を書いたのは「高知県人」という記述と、いきなり「砂本貞《ただし》が帰郷して高知新聞に掲載」という記述から、口述筆記そのものは砂本貞という人が田辺又右衛門から聞き書きをしたのではないかと推測することができる。

後に、私が会って話を聞いた中山和《やわら》さんの記録ノート「不遷流記事」。その中に「田辺又右

衛門　門人系図」というのがあって、砂本貞が右端に書かれている。曰《いわ》く「又右衛門一代記口述す。高知県、遷武館助教、昭和一二年頃二段」とある。著者は砂本貞に間違いはなかろう。中山和さんは、中山家に養子に行った又右衛門の実弟（三男）、文武に秀でた才人英三郎の息子である。

『高知新聞』については、私の知人を介して、かつて高知図書館に勤めておられたベテランの吉川憲一さんに昭和九年から昭和一二年までのバックナンバーを約半年かけて調べていただいたが、それらしき記事は見当たらなかった。ただし、空襲で高知図書館は焼け落ち、バックナンバーもかなり欠けているとのことだった。あるいはどこかに残っているかもしれない。また砂本貞氏自身についても、高知県で探したが、その末裔《まつえい》の方も捜し出せなかった。手がかりを御存じの方はお教えいただきたい。

この口述筆記は、今回はじめてその全容が公《おおやけ》にされることになるが、しかし、その全文を紹介することは不可能である。口述筆記の分量があまりにも膨大だからである。したがって、必要な限りでの口述筆記の紹介となる。その紹介に関しても、本来なら必要な文章を一字一句、省略することなく活字にすることが望ましいが、口述筆記の文章が多分に冗長であり、記述に旧仮名遣いや当て字も散見され、読みづらく、かつ分かりにくい部分が多いため、筆者の責任において内容を取捨選択しながら、意味を汲み取る形で要約ないしは簡約、あるいは割愛《かつあい》して紹介したことを、あらかじめお断りしておきたい。

とくに文章を簡略化するために、「でした」「ました」「でありました」などの文章は、とくに試合運びなどの文章においては丁寧語を省略した。したがって口述筆記は、文末が「あった」「だった」などの紋切型の客観的な文章と、又右衛門の口述の雰囲気を残すために一部「ました、でありました」なども、混在していることもご了承《じ》いただきたい。

また時代背景や武道界の流れ、筆者の取材の経緯を地の文として入れることによって、より当時の状況が分かっていただけることと思う。いずれは、原文のまま活字化し、「資料」として公開されることを願っている。

筆者は以前、長年、魯迅《ろじん》日記の研究をしてきた学者が、その成果を総まとめにして出した南雲智《なぐもさとる》著『魯迅日記の謎』を読み、南雲先生の話も聞いたことがある。

これによって、中国や日本の革新的な学者により、革命の旗手として称えられてきた魯迅が、じつは神ではなく、ひとりの生の人間としてリアルに見えてきた体験がある。本書は、講道館柔道を創始した嘉納治五郎に楯突いた男、田辺又右衛門の生涯を書いているのであるが、田辺又右衛門という男の存在、そしてその生きざまを知ることによって、その一方で嘉納治五郎の人となり、すなわち「人間、嘉納治五郎」の実像にも迫っているのではないかと思う。

田辺久子さんの注には、さらに「昭和一〇年、この口述筆記の完成したものを刊行すべく、田辺綾夫《あやお》に送ったが、都合で中止した」と書いてある。田辺綾夫というのはだれだかわからない。ひょっとしたら田辺輝夫の写し間違いかとも思ったが、輝夫は、同じ長尾の同姓の出身であるが、早くから親を亡くしたため、又右衛門がずっと面倒を見ていた男。そのうえ長女トシの婿にして、不遷流の跡継ぎにした。久子さんが名前を間違えることはあるまい。

田辺綾夫については、ごく最近になって、地元長尾の歴史研究家小野正道さんに調べてもらったところ、つぎのようなことが分かった。

長尾村にはもともと田辺姓の家はたくさんあり、そのうち主だったものは四軒。一軒目は「中の城・田辺（中の城は地名）」で、これは田辺又右衛門の家系。父親虎次郎（養子）は不遷流三世、その息子の又右衛門、次女三宅コノ、次男武四郎、三男は中山家に養子に行った英三郎である。二軒目は「早朝《さあさ》・田辺」で、田辺輝夫。又右衛門の跡を継ぎ、不遷流第五世となった。三番目は「番屋の田辺（番屋は屋号）」で代表は禎夫である。四番目が「西番屋の田辺」でここの長男が綾夫であった。親は代議士で引退して漢詩をつくって余生を送った。息子の綾夫は明治二二年生まれ、六高から東京帝大へ進み、大正六年（一九一七）に卒業して東京で実業界に入った。数々の企業で業績を上げ、その後、弟の敏夫と一緒に東京四谷に田辺商会を興し無線電信電話器を販売した。いまでいうベンチャー企業である。その綾夫が東京にいたので、おそらく田辺又右衛門の口述筆記を本にしてもらうために、そこに送ったのであろう。それがなんらかの理由で実現しなかったのである。

田辺又右衛門については、中山和さんが書いた、岡山県矢掛《やかげ》町の『矢掛新聞』に五回ほど連載した簡単な伝記もある。私はその中山和さんも尋ねて、さまざまな不遷流の話を聞き、古い手紙や免許皆伝の巻物も見せていただき、かつ中山さんがみずから分かりやすく書き写した皆伝(巻物)のすべてもコピーさせていただいた。

中山さんは不遷流三段、二〇歳まで武術をやったが、戦争で途切れてからあとはやっていないという。不遷流に限らず、みんな戦争で人生が大きく変わったのだ。戦死した人も多い。それと、特筆すべきは、終戦後占領した進駐軍によって、古来伝統の武術は、古い封建的なものとしてすべて禁止されたのである。そして、また口述筆記の出版が都合で中止したというのも、口述筆記全体を読んでいくうちに、その理由がよく分かるのだ。

いずれにしても貴重な口述筆記である。多少文章がこなれていない点があるが、できる限り読みやすく、また、私が、何人かの関係者や、又右衛門の弟子たちから聞いたさまざまな話を織りまぜて、ほぼその生涯を紹介することにする。

第1章

講道館との激突

田辺又右衛門、はじめての試合

田辺又右衛門《たなべまたえもん》は明治二年(一八六九)、岡山県浅口郡長尾村の生まれ。現在の倉敷市玉島地区長尾である。高梁川《たかはしがわ》の右岸にあたり、江戸時代から、足袋《たび》や線香《せんこう》の産地。とくに周辺で採れる除虫菊《じょちゅうぎく》を加工して、蚊取り線香をつくった。古い街並みや、なまこ壁の蔵造りの家も多い。また近代になって果物などの栽培も多く行われている。山陽新幹線新倉敷の駅からも近いところだ。たぐいまれなる努力によって、その名を西日本にとどろかせた田辺一族の揺籃《ようらん》の地である。

又右衛門は、父、不遷流《ふせんりゅう》第三世の虎次郎に小さいときから徹底的に訓練を受けた。名前も荒木又右衛門のように強くなってもらいたいとつけたともいわれている。スパルタ教育であった。父虎次郎は、流祖武田不遷、つまり尾道の済法寺《さいほうじ》にいた拳骨和尚《げんこつおしょう》について、京都の粟田口《あわたぐち》にあった青蓮院《しょうれんいん》と、討幕の動きをしていた長州との間を、密書をもって行き来したと言われている。青蓮院というのは皇室に関係のあるお寺、門跡《もんぜき》であった。そこにも道場があり、虎次郎が柔術《じゅうじゅつ》を教えていた。晩年、虎次郎は郷里の玉島に帰り、道場をひらく。そしてつくり、備前・備中・備後を中心に、息のかかった道場を指導して歩いた。そのとき息子の又右衛門を連れて歩いたのである。全部で三〇か所以上あったというから、一度長尾を出ると、ぐるりと回るのに一か月以上かかったという。旅から旅の暮らしであった。少年又右衛門にとっては苦しくもまた楽しい旅であったという。はじめての試合を又右衛門はつぎのように書いている。

初めての試合は、明治一五年、岡山県の邑久郡《おくぐん》の上寺《うえてら》という小さな村で行われた。柔術大会で、大人ばかりの出場者。私は一三歳にもかかわらず、もっとも体格のいい大きな男と闘わせてくれと頼み、試合をした。当時は地方の宮相撲《みやずもう》というのがあって、相手はその相撲取り、永吉という関取の弟子という触れ込み。するとそばにいた父親の虎次郎が私に、あれはあまり大きすぎる。怪我《けが》でもすると馬鹿馬鹿しいから誰かほかのものとやれ、と忠告したが、私はどうしても一番大きな身体のものとやるといって聞かなかった。結果は引き分けだった。私は、相手の胸ぐらをつかみ引っ張りこんで（寝技《ねわざ》に持ち込んで）、両足で相手の股《また》の付け根をつっぱったままでぐるぐる何回も回り、相手のつけ入るすきを与えないまま、引き分けになった。引き分けであったが、とにかく小さな子供が大きな相撲取りに互角に戦ったというので、周りの人たちから、やんやの喝采《かっさい》を浴び、特に邑久郡の群長が奥さんと見に来ていて、褒美《ほうび》としてお菓子をどっさりくれた。（巻一第四節より）

これがのちの「足絡《がら》み」に似た技かもしれない。彼の根性を語るうえで欠かせないエピソードである。又右衛門は、父親の道場で強い門弟《もんてい》から逆を取られても、決して「マイッタ」とは言わなかったという。そのため右関節がポキンと音がしてはずれたこともあった。また首を絞められても、じっと我慢していたので、しだいに辛抱《しんぼう》できるようになり、相手の手が逆にしびれるのを待つことができるようになったとも言っている。そのため喉《のど》が鍛えられ、喉を絞められても怖《こわ》くないようになった。とにかく人並みはずれて辛抱強く、負けん気が強かったのである。

自分より身体が大きい者に対しては、寝技で対抗するしかないため、とくに寝技はこのころより鍛《きた》えられた。後年、講道館のもっとも強いといわれた高弟たちと試合をするたびに寝技で対抗し、つねに優位に試合運びをしたのは、このころの鍛練のたまものであった。

又右衛門は、いつも一番強そうな力士を選んで、対戦を望んだ。ところが、

やはり一六歳のとき、備中国河内村《こうち》（現在の倉敷市西阿知町《にしあちまち》）の中島というところで、白神伊助という柔術の先生が勧進元《かんじんもと》となって、「柔術角力《かくりょく》」の興行をやったことがあった。虎次郎のところに招待状が来て私も一緒に行くことになった。

当時、大相撲は東京と大阪だけでなく、各地にあって、岡山にもあった。その岡山相撲の代表が釘抜部屋《くぎぬきべや》であった。その人たちは、我こそはと思う柔術家と格闘をするので

ある。道場と土俵の合いの子のような土俵が作られその上でやる。広さは八畳ほど。板でできた高さ一尺五寸（約四五センチ）の台の上に畳を八枚ほど敷き、回りに棒で囲いをつける。高さは一尺二寸（約三六センチ）ほど。その中で対決するのである。柔術家は襦袢《じゅばん》（そのころは道着を襦袢と言った）を着て、相撲取りはまわしの上から襦袢を着せた。そうしないと柔術家は掴《つか》むところがないからである。勝負は単純で、相撲取りは背中が着いたら負け、柔術家は腹が床に着いたら負け、というルールだった。こうした柔術角力があちこちで催され、田舎ではたいそう人気だったのである。このときも私は、一番強そうな力士を選んで、対戦を望んだ。ところがこの対戦も、そばにいた竹（ノ）内重吉という柔術家の先生が、あの男は大龍という釘抜部屋の花形力士で、体重もお前の倍もある、やめた方がいいと私を諭《さと》した。しかし、言い出したら聞かないのが私。とうとう対戦になった。

「大龍」は小さな私をひょいとつまみ出すつもりでいたが、そうはいかない。もみ合っている間に私の「腕挫《うでくじ》き」が掛かったので、私はしめたとばかり決めつけると、ボキーッと、松の丸太のような腕が折れたような音がして、「大龍」は立ち上がれないばかりか、痛んだ腕を抱えうつむいてしまった。私は大得意で悠々と立ち上がり、塵《ちり》を払って凱旋《がいせん》。そのとき客席は全員総立ちになって、大喝采《だいかっさい》。「田辺の小先《こせん》、田辺の小先」ともてはやした。小さな若造が大の関取に勝ったと。小先というのは、大先生の虎次郎の倅《せがれ》の小さな先生という意味である。すでに虎次郎は、近隣では有名な柔術使いであったからだ。

喜んだのは、観客だけではなかった。釘抜部屋の「四つ車」という部屋頭《へやがしら》が、「大龍」に勝った私を、次に開催する予定の岡山県下の町の焼け跡でやる一週間の柔術角力の興行に、どうしても参加してくれと頼んで来たのである。私は虎次郎の了解のもとに参加。一週間の間に、一〇人の相撲取りと勝負をした。私は体重一四貫（約五三キロ）、釘抜部屋には体重三〇貫（一一三キロ）もの巨漢が四、五名もいて、これらの相撲取りすべてと当たった。「四つ車」「熊山」「神風」「神田川」などなど。（巻一第六節より）

そのうち「神田川」だけには敗れたが、あとはすべて又右衛門が勝ったという。「神田川」に負けたのは、あまりにも太ったアンコ型の力士で、足を掛けようにも太すぎて掛からず、そうこうしている間に、軽々と持ち上げられてしまったらしい。いずれにしても、小兵が大相撲の力士に勝ったというので、村人たちは大喜びだった。

こうした話をするときりがないが、当時の庶民の娯楽は、各地方にも角力興行《かくりょく》があり、また柔術や剣術なども庶民の間でやるものが多く、またそのための見せ物もたくさんあった。この頃、負け惜しみの強い又右衛門は、失敗談を正直に述べている。

稽古《けいこ》をしようと思って横溝清助《よこみぞせいすけ》という人の道場に行ったときのことだ。この横溝という人はもと岡山支藩の柔術師範で、私の祖父禎治《ていじ》の門弟で、岡山鴨方《かもがた》の資産家。邸内に道場を持っていた。そこで出てきた青年を相手に私は稽古をしたが相手にならず、投げたり、絞めたり、散々弄《もてあそ》んだのだが、ふと私は遊び心を出して、相手の得意技を掛けてみろと言い、わざと「足挫《あしくじ》き」を掛けさせた。相手も得意技であったので、技はかなり決まって、私は動けなくなった。ところが我慢強いのと負けず嫌いの私は、マイッタと言わない。それどころか、「なんの、全然効いていない」と、うそぶいたのである。相手はなお力を入れて決めつける。「もっと利《き》かせろ」と私は、今度は反対の足を投げ出して「ソラ、こちらの足も絞めろ、オイどうした何をしているんだ」と強がりを言う。とうとう相手が逆に根負けするまで頑張ったのだ。

ところが稽古がすんで、私が自分の両足を見て驚いた。両足は暗紫色に腫《は》れ上がり、ちょっと手を振れても激しく痛むのである。しかし、こうなったからといって、弱音ははけませんから、素知らぬ顔をして挨拶をして道場をでた。途中我慢して二、三町（一町は約一〇九メートル）は歩いたが、もう誰も見るものがいないところまで来ると、痛みがはげしくなり歩けなくなってしまった。当時は乗り物もないので、それでも我慢して一〇歩歩いては休み、また一〇歩歩くという具合で、やっと人力車の帳場《ちょうば》にたどり着いて乗せてもらった。

やっとのことで家にたどり着いたが、それからは起き上がることもできず、二週間ばかり床を離れることができなかった。（巻一第七節より）

いかに又右衛門が一〇代から負け惜しみが強く、また反面向こう見ずであったか——、苦い思い出だったと語っている。

大阪の半田彌太郎先生の道場に行く

私はそれから、一六歳の早秋に大阪に修行に行く。大阪では有名な、半田彌太郎《はんだやたろう》先生（大東流）の堂島《どうじま》の道場にやっかいになり、いろいろな人と対戦したが、私が唯一叶《かな》わなかったのが、半田先生の代稽古をしていた中島という師範であった。寝技から首締めは私の得意なところであったが、反対に私が絞められてしまった。後日この中島師範と私は東京で会うことになる。中島は四ツ谷近辺の警察署の助教になっていた。東京で再会し、旧交を温めたのである。（巻二第八節より）

半田彌太郎（1847～1912）大阪堂島で門弟2000人の盛武館を経営する親分肌の柔術家。寝技が得意だった。又右衛門は大阪・伊丹・京都の武徳会でもずっと半田の世話になっている。また又右衛門は、自分の弟子伏見辰三郎を盛武館の跡継ぎに推薦している。

大阪堂島の半田盛武館《せいぶかん》には、実弟の田辺（のちに中山）英三郎《えいざぶろう》も三年後に入塾している。英三郎はのちに教員になり、歴史を研究し、文武に秀でた先生になった。地元の人たちとも会をつくり、たくさんの和歌も詠んで旭水《きょくすい》と名乗った。のちに又右衛門の顕彰碑の碑面の文章も、旭水が書いた。半田盛武館は大東流と称し当時大阪一の道場で、門弟二〇〇〇人ともいわれた。彌太郎は大日本武徳会の会合にも出てきて、嘉納治五郎も一目置かざるを得なかった。

私はまた、半田彌太郎先生の道場から、難波《なんば》の小沢橋《おざわばし》の傍にあった髙井栄太郎《たかいえいたろう》先生の道場にも行き、そこでは剣術を教わった。その頃千日前《せんにちまえ》では、ある夫婦が「真剣勝負」という看板を掲げて、剣と薙刀《なぎなた》で形をやって見せ、その後で剣術や柔術の腕に自信のある者の飛び入りを募《つの》り、試合をやって見せていた。そこで、私は面白半分に柔術の飛び入りをしたが、出てくる者、出てくる者、みんな私からすると弱い者ばかりで、片っ端からキリキリ舞をさせて、遠慮なくやっつけてしまい、見物人から拍手喝采。小さいのが大きな大人を投げ飛ばしたりするので、とても受けた。

喜んだのは主催の夫婦で、お礼を言われた。しかも帰りに一円をもらい、もしよかったら暇なときに来ていただければ毎回五〇銭出しますという。まだ若かった私は、大阪で居候《いそうろう》の身でもあったし、小遣い銭欲しさにそれから三回ほど行ったところ、剣術を習っている高井栄太郎先生の耳に入り、武術は見せ物にするべきものではない、あの夫婦は大道芸を興行でやっているのだから、いやしくも武術を志す者の行くところではないと、お叱《しか》りを受ける。もし今後も行くのなら、この道場にくることは相成らぬとまで。

私はそれ以来ぷっつり千日前に行くのはやめたのである。その後私は真面目に道場巡りをし、自分で自分の技を鍛えたのであります。（巻一第八節より）

又右衛門の技は、彼自身の努力のたまものだったのである。

一八歳の秋に、私は再び大阪から、岡山の長尾に帰って来た。その頃も父親の虎次郎は、各地にある稽古場を回るのが「仕事」となっていた。なにしろその名声は岡山県だけでなく、兵庫県から広島県までも鳴り響いていたのである。近くは、備前《びぜん》の和気《わけ》・邑久《おく》・児島・上道《じょうとう》、備中では浅口・小田、備後《びんご》（広島県）は深津・向島《むかいしま》とあった。兵庫県も入れると全部で三〇カ所以上あった。それぞれ一〇人から一五人の稽古人がいて、それらの道場で稽古をつけて回るのである。毎晩一軒回ったとしても、一カ月ではすまなかった。一回りしてやっと長尾に帰るという具合。その稽古に、父親について私も回ったのである。まるで稽古をして回るお遍路《へんろ》さんのようでした。（巻一第一〇節より）

当時の有名な「武道家」というのは、そういうものであったらしい。直接手を取って教える弟子が各地にたくさんいたのである。

これはずっとあと、一九七九年に私が、エジプト、カイロのザマレクで空手を教えていた空手家の岡本秀樹《おかもとひでき》を訪ね、話を聞いたときのことである。岡本秀樹は、岡山県英田《あいだ》郡出身で、国士舘大学空手部創設のメンバー。ちょうどモハンマド・レザー・パフラヴィー皇帝（シャー）がイランを追われ、エジプトのアスワンに亡命したまさにそのときであるが、岡本秀樹はエジプトだけでなく、アラブ各地に道場を持ち、やはり一か月以上毎日のように稽古行脚《あんぎゃ》を続けていた。奥さんや家族は大変だが、暑い沙漠の真ん中でも、弟子の子供や青年たちが、じっと立ったまま先生の来るのを待ってくれているのを見ると、どうしても行かなければならなかったという。

沙漠の中をはるばると行くので、ときには一時間も二時間も遅れることがあるらしい。岡本はやはりひと回りに三〇日以上かけて、エジプトやアラブ各地を回っていた。名簿上では過去のメンバーも含めて各国に総計四万人の会員がいるという(実際、名簿が一枚一枚、自宅のスチール製の戸棚に無数に入っていた)。

このように武道というものは、企業と同じように、評判がよくなると支店を増《ふ》やし、たくさんの社員をおけばいいというものでなく、あくまで師匠が個人で手を取って一対一で教えるものだから、どうしても評判のいい師範は個人的に負担が大きくなる。それだけに人間と人間の繫《つな》がりも強い。一対一の師匠と弟子との関係である。

それは武道のもつ宿命でもある。近代的企業としては成り立たないのだ。反面、人間としての師匠の器量も問われる。古来、武道は技もそうであるが、人間に集まってくる側面もある。

また武道の技も、体格や性格の違う人間である以上、個性や個人的な特徴が出てくる。画一のフランチャイズの支店で同じ商品を出すのとは違う。父親の虎次郎は、立ち技も寝技もこなしたが、又右衛門は身体があまり大きくなかったせいもあり、寝技のほうが得意だった。

しかし、その弟子の五世田辺輝夫《たなべてるお》は立ち技が得意だったという。同じ流派でも、個性によりさまざまな特徴が出るのである。これは武道が伝播《でんぱ》し、引き継がれていくなかで、避けては通れないものであろう。同じ技を掛けても、そのやり方が人によって微妙に違う。技が生き物である証拠でもある。

また岡本秀樹の話によると、東洋では「長幼《ちょうよう》の序《じょ》」というものがあり、先生という年上を敬《うやま》うところがあるが、こちらでは、とにかく先生は実力で強くなければ先生とは認めてくれないので、弟子とはいえ、大きな体格のアラブ人や黒人を教えるのは、毎日が真剣勝負の連続だという。私が見学に行ったカイロの道場でも、練習のあと、岡本は拳から血を流していた。

当時、エジプトでは、日本の首相の名前は知らなくても、老若男女、「オカモト」の名前と「カラテ」を知らない者はいない。私はエジプトの田舎町の行く先々で子供たちから、「オカモトの親戚か」と聞かれた。それに日本人はみんな空手が強いと思われているから、冷や汗だった。あちこちで子供から、「ちょっと空手をやろう」と何度も言われたのである。日本ではほとんど知られていないが、彼はアラブ圏では何万人もから尊敬され慕《した》われている。これほど日本との友好に貢献している人はいないのに、日本政府はまったくほったらかしなのだ。

余談になるが、「石油危機（昭和四八年）のときに日本政府は少しばかり援助（一年間に三〇〇万円）をくれたが、危機が去ると、あっと言う間に援助は打ち切られた」と岡本はいう。人数は多いが、彼は毎日、体を張ってほんのわずかな受講料で空手を教えている。彼の一家を養うぐらい日本政府は金を出してもいいのにと思う。大使館では豪華なパーティーが毎晩のように行われているのに……。

岡本は本当にすごい活動をしている。彼の命令を聞く弟子は、アラブ圏に何万人もいるのだ。その岡本が、経済的には決して恵まれていないのである。彼の家族を養うくらいの金を日本政府は出してやれないのだろうか。空手に限らず世界にはそうした日本人がたくさんいるのではないかと思う。大使の何倍も日本に貢献しているのだ。

いずれにしても、日本政府は「文化」にはなかなか金を出さない。文化に対する理解がない。文化的な素養のある政治家や官僚がいないのであろうか。

また余談であるが、エジプトに来る前、岡本はシリアの警察官にも空手を教えていたことがあり、のちにエジプトに来て、エジプトで空手の組織を作り、エジプトの空手チームを率いて、当時ニューヨークで開かれた世界空手大会に出場した。そのとき、ニューヨークの街を歩いていると、数名のユダヤ人組織によって岡本はひとり地下室に連れ込まれ、「パレスチナ人の兵隊に空手を教えていたのではないか」と、ピストルを出して脅《おど》されたという。「空手は敵国の兵隊を倒すために教えているのではない。空手を通して、人間を鍛え、精神を磨《みが》くのだ」と、彼はピストルを前に反論したという。よく無事で帰れたものだ。

岡本が、アラブの町々で、子供や青年たちに教えていたと同時に、パレスチナの青年たち、結果的にはパレスチナの兵隊たちにも空手を教えていたように、武道は、空手に限らず常《つね》に、権力や体制との関《かか》わりをもたざるを得ないのも宿命である。それは江戸時代においても、武道の師範が各大名に抱《かか》えられていたように、明治・大正時代の、田辺又右衛門や嘉納治五郎の時代においても同じだった。のちに田辺が東京に出て行ったときも、武道家たちは各区の警視庁の武道教官のポストを競い合った。そのポストをだれが取るか、どの流派が何人取るかが、最大の焦点であったこともその現れであろう。

片岡仙十郎との出会い

又右衛門はのちに、生涯のなかで一五歳から一七歳のあいだの三年間、父親と各地の道場を回り、あるいは父親の「代稽古」を務めたことが自分にとっていちばん技を磨くことになったと述べている。

その頃岡山市には、ふたつの有名な道場があって、ひとつは起倒流の野田権三郎《のだごんざぶろう》の道場、もうひとつは父虎次郎の時代から仲のよかった竹内《たけのうち》流の片岡平之進《かたおかへいのしん》と息子片岡藤二《ふじ》、そして孫の片岡仙十郎《せんじゅうろう》の道場であった。

私は、野田道場に行って稽古を願ったが、手合わせをした何人かはみな弱くて相手にならないので、もっと強い人をというと正月まで待ってくれという。そうしたら東京から強いのが帰ってくるからと。それで一度長尾に帰って、しばらくしてから正月に行くと、東京から帰ってくるはずの弟子がいなくて、しかも先生は風邪《かぜ》を引いているという。それで私は、つい「野田道場には骨のあるものはいないらしい。多分強いものはみな風邪を引いているらしい」と憎まれ口を叩《たた》いた。（巻一第一一節より）

この道場は、のちに、講道館の重鎮となる永岡秀一《ながおかしゅういち》が見いだされた道場で、又右衛門と因縁の試合を何度もすることになる。それに嘉納治五郎も学んだ同じ起倒流であった。また又右衛門は、竹内流の跡継ぎ、片岡仙十郎とはその後東京でも世話になり、仲良くした。そして又右衛門の生き方を決めたともいえるある約束をするのである。

私は、二〇歳になると現役志願をして兵隊に行った。広島の二一連隊（第五師団歩兵二一連隊）に入隊する。その頃は師団で招魂祭《しょうこんさい》があり、柔術試合があった。私は新兵で参加した。東西に別れて、順番に東組の者は西組と立ち合い、勝つとそのまま次の者と対戦する勝ち抜き戦であった。ところが、先発の私はひとりで、相手の東組のメンバーを次々にやっつけ全員に勝ってしまった。それで仕方なしに今度は自分の西組の者とも対戦しろということになり、これもひとりずつ撃破し、ついに五〇人全員に勝った。新兵担当の小笠原少尉は喜んで、「広島師団で一番強い兵隊だ」と自慢し、師団中に吹聴《ふいちょう》して歩いた。

明治二三年（一八九〇）に私は帰休除隊する。そのとき初めて、私は父虎次郎から、不遷流の免許皆伝の允可《いんか》を受けたのである。また同時に岡山の竹内流の片岡平之進の道場に呼ばれ、師範代の竹野鹿太郎《たけのしかたろう》と戦って勝ったので、それで東京の警視庁の柔術教師の試験を受けるよう言われ、上京することになった。東京にはすでに旧知の片岡の若先生、片岡仙十郎が待っていた。片岡道場の竹野鹿太郎との試合は、仙十郎が仕組んだ予備試験だったのだ。彼に勝ったら東京の警視庁の教師に推薦しようと仙十郎は考えていたのである。

明治二三年の一〇月に私は片岡仙十郎のはからいで、東京の警視庁の柔術教官の試験を受けることになる。片岡仙十郎はすでに高輪《たかなわ》警察署の教官をしていた。

試験は三人の柔術家と試合をして決定するということであった。立合いとして久富《ひさとみ》というやはり警視庁の教官のほか数名が見守る中で試験試合は行われた。いずれも私より恰幅《かっぷく》のいい男であった。ひとり目は簡単に片づいた。ふたり目が少し強い男で、私にいわせれば「少しパタパタしましたので、いささか入念に咽喉《のど》を絞めましたところ」その男は非常に深く絶身《(ママ)》して意識がなくなり、揺すっても身体がぐにゃぐにゃになって、久富教官がいくら活を入れても正気を取り戻さなかった。回りのものがすごく心配したが、しばらくするとやっと復活した。すると三人目の男は、怖《こわ》くなって私とは試合をしないという。

それで試験は二人で終了となった。そこで私は宿に帰って一週間ほど待っていると、ほどなく警視庁の柔術教師採用の通知が来た。神田区小川町《おがわまち》警察署柔道教師に晴れて採用されたのであります。(巻一第一二節、第一三節、第一四節より)

これが又右衛門が公職に着いた最初であった。二一歳であった。ちなみに九歳年上の嘉納治五郎は、それより八年前(明治一五年)に上野の永昌寺《えいしょうじ》に講道館を設立し、翌年(明治一六年)起倒流の皆伝を受け、すでに「柔道」を広めるべく弟子をとって活動していたことになる。ちなみに「柔道」という言葉は、嘉納の創作ではない。それまでにも柔道という言い方をしている流派があった。

戸張瀧三郎との最初の激突

又右衛門が東京に行ったころ、警視庁の各署の柔術道場で、どの柔術の教師が何人取るかで競い合っていた。

その頃の講道館を代表する豪勇が戸張瀧三郎《とばりたきさぶろう》である。戸張瀧三郎はやはり東京の久松警察署の柔術の教官（もともとは他流派の柔術出身であった）。立ち技も寝技もこなせ、なかなかの腕前。彼のおかげで、講道館が名を挙げ、警視庁の教官の職を、どんどん講道館派の人間が占めていった。片岡仙十郎も、また岡山から行った今井行太郎《いまいこうたろう》、また大島彦三郎《おおしまひこさぶろう》といった講道館でない警視庁の他流派の柔術教官は、講道館にとっては、目の上のたんこぶでもあった。（巻一第一五節より）

今井行太郎というのは、私がのちに直接会って赤壁《あかかべ》道場の話を聞いた今井役恵《やくえ》の父親である。父親が息子役恵の教育を田辺又右衛門に託したのであった。武術の世界では、こうしたことがよくあることなのだ。

戸張瀧三郎と私がついに激突することになった。戸張瀧三郎と戦うことは、講道館と戦うことであり、非講道館派、あるいは他流組にとっては、まさに決死の覚悟で望んだのである。他流派の片岡仙十郎・今井行太郎・大島彦三郎などの期待も大きかった。これが私にとって警視庁入庁後、初めての試合となった。

いざ試合に臨《のぞ》んでみると、戸張瀧三郎は噂《うわさ》に違《たが》わずすごい馬力で、最初はかなり派手に突っかかってきたが、他流試合の経験の多い私はすぐに相手の体力を考えて、疲れてくるのを待つ戦法に切り換える。しばらくもみ合っていく中で、案の定、戸張の息が切れてきたのを見計らって咽喉を押さえ、次第に絞めて、首尾よく仕留めたのである。片岡仙十郎を初め、他流の人たちが喝采して喜んだのはいうまでもない。日頃講道館派の人たちの横暴を快く思っていなかったからであります。（巻一第一五節より）

又右衛門は、戸張瀧三郎とその後生涯にわたり何度か対戦したが、そのつど因縁の試合となった。

その後も、又右衛門は講道館の猛者といわれた山下義韶《やましたよしつぐ》・磯貝一《いそがいはじめ》・永岡秀一などと柔道史に残る試合を何度もして、ことごとくこれを退け、あるいは引き分けにしたが、一度も敗れたことはなかった。これが嘉納治五郎や講道館にしてみれば、目の上のたんこぶ、まさに疫《やく》病神《びょうがみ》となったのである。そして又右衛門のさまざまな技を禁じ手にしていった。又右衛門からすれば、つねに孤軍奮闘となった。結果的には、大きな組織の前に苦渋《くじゅう》を飲まされるのである。

山下義韶と勝負

その後も又右衛門は、片岡仙十郎の手引きで警視庁管下の警察署の柔術教師と試合をし、ついに明治二四年の警視庁の月例試合において、講道館筆頭、のちの十段の山下義韶と勝負することになった。しかし、「山下は立ち技がうまく、寝技にはあまり強くないということでしたので、われわれ岡山の寝技組からすれば、あまり難敵ではないと思われました」と、又右衛門は試合をする前からそう言っている。

山下は投げ技が得意で、特に「払い腰」などが絶妙で独特の技を持っていました。しかし、いざ対戦となると、寝技に自信のない山下は、組み伏せられるのが恐ろしいらしく、せっかくの自分の技量を発揮する勇気も出せないで、ただ一途に引き分けを取る方針とみえまして、逃げをはるだけで攻め掛かってこないのでありました。（巻一第十八節より）

と、又右衛門はそのときのようすを述べている。

私は逃げる山下を強引に引っ張りこんで、下から足を担《かつ》ぎ上げ、尻餅をつかせてそのまま担いだ足を放さないで、ますます足を押さえ込んで、相手の身体をふたつにへし曲げて「海老責《えびぜ》め」にしました。しかもさらに山下の襟《えり》を掴《つか》んで、しっかりと首を締めつけた。山下は胸と首を同時に決められて、ついに為《な》す術《すべ》を知らず降参してしまった。山下は思わず床に手をたたいて「マイッタ」を表明したので、私は手を離した。ところが山下は、立ち上がると憮然《ぶぜん》とした表情で審判員の久富警部に文句を言った。「あんな柔術の手があるのですか。田辺君はまことに無茶をする」。

しかし、久富警部は、「かりにわれわれの知らない柔術の手であっても無くっても、山下君はマイッタといって、手で床を叩いたのですから負けたのに違いありません」と言ってくれたのである。それでも、山下は腹の虫が治《おさ》まらなかったとみえて、あとで控室に文句を言いに来た。「君は酷《ひど》いことをする。いったい柔術にあんな手があるのか」。そこで私が答えて、有る無しの技じゃない。われわれが日頃使う手だと。「じゃあ、いったいなんという名前の技か」。

突然に聞かれて私もすぐに返事ができなかった。日頃使う技というより、寝技に持ち込む動作の一部だったから、特に名前もなかった。それで咄嗟《とつさ》に「あれは〈花立《はなた》て(花瓶《かびん》)〉じゃ」と。怒ったのは山下だった。ますます馬鹿にされたと思ったのであろう。そんな技は聞いたことがないからだ。するとそばにいた岡山出身の大塚仲次郎《おおつかなかじろう》という男が、「警視庁の大先生ともあろう者が、あれくらいの柔術を知らないでどうする」と憎まれ口を叩いた。山下はさらに怒って、二度と田辺とは試合をしないと捨てぜりふを残して帰った。ずいぶんあとになって、又右衛門は、咄嗟《とつさ》に「花立て」などと言ってしまったが、せめて「海老責め」ぐらいに言っておけばよかったと反省している。

このときばかりは、寝技組や非講道館の他流組は、講道館に一泡《ひとあわ》ふかせたということで、日頃の溜飲《りゆういん》を下げたが、以後、講道館は、武道として敵と戦う柔術本来の寝技を排除しようというようになってきました。(巻一第一八節より)

しかし、これに対して、旧制の全国高等学校・専門学校・大学予科の柔道連盟ともいうべき「高専《こうせん》柔道」はあくまで寝技を大切にし、試合の初めから寝技に持ち込むことも可能である試合のルールをずっと持ちつづけた。この高専柔道は、昭和一六年(一九四一)の戦時統制まで続いた。立ち技中心の講道館柔道に対して、寝技を重視する高専柔道は、一時期、講道館を脱退するという動きもあったと聞く。同じようなことが、現代でも、講道館のメンバーが役員として多数入っている「全柔連」と、全国の学生柔道の連合体である「学柔連」とのあいだの確執《かくしつ》にもあった。

そのころは、現在のように敵味方が床に倒れ、いざ寝技にという寝技の攻防戦になりかかると、すぐに審判から「待て」がかかるルールのないときで、寝技は時間制限なしのエンドレスで闘う時代であった。だから、本当の意味での実力勝負だったのである。

その後も、又右衛門はいろいろな試合をしたが、審判員によって、途中でやめさせられるケースがあった。いわゆる技が決まらないのに引き分けにさせられるのである。「そのころの警視庁では、投げ技の二本と、逆技一本、あるいは絞め技の一本を、同等と見て審査する規定であった」と又右衛門は述べている。

つまり一度投げられてもすぐに起き上がるか、あるいは身を翻《ひるがえ》して受けると、その衝撃は小さいから、投げは二本で締めや逆一本と同じ扱いにしたのである。これはかつて武術が闘いの一部であったとき、相手を絞めたり、あるいは逆手をとったりして、動けなくなるようにしてはじめて「勝った」とする格闘技の伝統によるものであった。

又右衛門もこれをずっと主張していた。これは映画「姿三四郎」のなかでも、良移心当流《りょういしんとうりゅう》の主人公の姿三四郎に柔術の大家である志村喬《しむらたかし》扮する村井半助が、投げられても投げられても、きれいな受身をとり、くるりと起き上がるのを見ても分かる。投げられてもくるりと起き上がれば一本にならなかったのである。

また、山下義韶に「なんという技か」と田辺が聞かれて戸惑ったのは、そのころまでの武道すなわち柔術では、相手を動かないようにやっつけるまで、さまざまな動作を連続してするから、いちいちその途中で技の名前など決まっていなかったというのが正しい。闘いに、投げや動作にいちいち名前をつける必要がなかったからである。最後には絞め上げたり押さえ込んで、相手を動けなくすればよかったから、つまり嘉納治五郎をはじめ講道館派は、柔術を長くやっている者からいわせれば、柔術の初期段階の立ち技しかやっていなく、柔術の最後の段階である寝技までを、あまりやっていなかったのである。

以後、寝技の強い田辺又右衛門や岡山組に対して、講道館は寝技をすごく嫌うようになった。寝技組の絞め技をルールとして軽く見るようになるのである。

寝技を嫌った講道館

この寝技に対する考え方の違いは、このときから一二〇年以上たった現在でもさまざまな問題を抱えている。寝技が硬直状態になったときや、相手の足で攻め手の足を挟《はさ》んでいるような場合は、すぐに「待て」がかかる。しかしこの判定はすべて審判の判断にまかされているのだ。田辺の時代は時間制限というものがなかったから、攻められている人間が、時間の経過とともに、相手と体を入れ換えて逆に押さえ込んだりする場合も多々あった。体力の問題もあるし、わざと下になって、あとで逆転する場合もある。

押さえ込みの技は、もともと武士が戦場で武器を持って闘い、それで決着がつかなかったり、また武器が役に立たなくなり、「組み打ち」になったときの闘い方である。相手を押さえ込んで自由が利かなくなった時点で、短刀によりトドメを刺したり、匕首《ひしゅ》（短剣）のない場合は首を絞めるところまでやる。だから柔術では、首締めが最後の重要な技であった（剣道も最後は面を取り、組み打ちまでやっていたのである）。

現在にいたるまで、寝技、つまり押さえ込みのルールはいろいろ変遷している。昭和五二年（一九七七）までは講道館ルールおよび国際ルールは、三〇秒押さえ込むと「一本」、二五秒で「技あり」、一〇秒以上で「効果」であった。それがリオデジャネイロ・オリンピックに向けて平成二六年（二〇一四）からは、「一本」は二〇秒、「技あり」は一五秒以上、一〇秒だと「効果」となり、平成二九年からは「押さえ込み」は一五秒から一〇秒で「技あり」に、「効果」は廃止された。また「合わせて一本」もなくなったのである。

しかもこうした変更は、日本全柔連にはなんら知らせることなく、国際柔道連盟からの一方的な通達であったと聞く。これらは、前々から指摘されているように、日本の柔道界が国際的発言力をまったく持っていないことや、日本の柔道界が全柔連と講道館の二本立てになっていることと関係している。また、いまや柔道が国際化しているなかで、単に昔柔道が強かっただけの人が、日本の柔道界の上に立つという「昔ながらの伝統」が踏襲《とうしゅう》されていることも、その原因とされている。

講道館の役員が、全柔連の役員になっていることもそうだが、現在のようなインターナショナルな社会では、より国際性、国際感覚が要求されるのである。上に立つ人は外国語も話せて、外国の情況をよく知った人が全体のマネージメントをするべきであろう。

日本の柔道家は、実技のうえではいまや世界中でたくさん活躍しており、人材は多くいるにもかかわらず、こと日本国内での地位は低い——というより無視されている。

長年、ヨーロッパで柔道の指導をしている日本人の師範が、あるとき、フランスにやってきた講道館のトップに、ヨーロッパの柔道事情を聞いてもらいたくて面会を申し込んだが、まったく相手にされなかったという。世襲かあるいはたんに柔道が強いだけで日本の柔道界のトップになっただけの人だから、ヨーロッパで活躍していても、日本の柔道界ではなんの役職も持たない無名の柔道家の話は聞かないというのだろう——とその人はぼやいていた。

そういう人こそ、ヨーロッパの柔道界の事情をよく知っているはずなのに、である。

最近の国際柔道連盟の試合審判規定の「改正」が、果たして立ち技重視でやってきた講道館柔道、すなわちいまの日本の柔道界にとって有利かどうか、またそれは時間をかけてじっくり攻めるタイプ、耐久力のある日本の選手にとっては有利かどうかを、もういちど、柔道そのものの「成立過程」に戻って考えてみることも必要なのではないだろうか。その成立過程の実態が、田辺の口述筆記に書いてあるのだ。

田辺は、年老いてから、「後年、武徳会で審査法の改正と統一が企てられたのは、単に講道館のさしがねとばかりは言えない」とも言っているが、若いころの又右衛門やほかの武道派にとっては、そういった組織力で自分たちに有利な取り決めをする、いわば真綿《まわた》で首を絞めるような講道館のやり方に歯ぎしりをしたのである。

他流の誓い

この頃であろう。私と片岡仙十郎・今井行太郎・大島彦三郎（三人とも岡山出身）ほか柔術の他流の仲間たちは、嘉納治五郎と講道館の柔道が次第に全国の統一ルールを決めていく中でなんとしても自分たちの武道としての柔術を守っていこうと、誓いをたて

るのである。岡山・兵庫の柔術を学んだ者だけでなく、講道館以外の他流の人たちも賛同してくれた。（巻二第二七節より）

しかしこの「誓い」が、どんなとき、どこで、何人集まって行われたのか、あるいはわずかの気心の知れた者だけがたんに誓い合ったのか、そこのところは又右衛門の口述筆記ではくわしくは述べられていない。

いずれにしても長い時間をかけて、つねにそういった「共通の意識」を他流のみなが持っていたことは間違いない。しかし、このときの片岡仙十郎らとの約束を、又右衛門は生涯にわたって守り抜くのである。別の言い方をすると、どんなに講道館から冷遇されようと、意地を通し抜くのである。それが晩年、又右衛門の口述筆記の序文にある、書家、長谷川観山の「先生（又右衛門）は義の堅き人でありまして、一度約束せられたことは、どこまでも違《たが》えぬという御仁《ごじん》であります」という言葉に繋《つな》がってくるのであろう。

山下義韶と戦った頃、私は近所の神田連雀町《かんだれんじゃくちょう》にあった天神真楊流《てんじんしんようりゅう》の道場にちょくちょく顔を出し、そこで水谷という高齢の先生に出会う（下の名前は書かれていない）。あるときその水谷先生がいうには、「田辺さん。柔術は若い間だけの仕事ですよ。歳をとってからは若いときと同じようにやっていけないのは、いうまでもないことです。あなたも、今のうちに、〈骨接ぎ〉をやる考えで、暇を見ては勉強を始められてはいかがですか。こんなことは早く始めるほどいいのだから――」とアドバイスというか忠告をもらった。

（巻二第一六節より）

若くて毎日が自信満々の田辺をみて、人生経験の豊かな水谷先生の考えたことだろう。そこで又右衛門は暇をみて、先生のところに伺《うかが》い骨接ぎの見習いをはじめた。後年、又右衛門は、このときの水谷先生の忠告が、どんなに自分の身を助けたか、計り知れないと述べている。

もしこのときから私が整復術（骨接ぎ）を始めていなかったら、老後の糧《かて》を得ることは出来なかったろう。この技があったからこそ、助かった。たとえ試合では講道館の面々に勝ったとしても、早晩巧妙なる講道館の嫌がらせや組織的な排除の中で、徹底的に除《の》け者にされ〈武道界〉では到底生きていけなかったのではないか。あるいは、頭を下げて、講道館に泣きつき、どこかの柔道の働き口をもらっていたかもしれない。私が今日まで、（節を曲げないで）片岡仙十郎先生との約束を守り、初志を貫徹してきたのは、四〇年前の水谷先生の言葉のおかげであります。（巻二第一六節より）

と述懐している。

「武道のほかに自分の食べて行く職を必ず持て」と、のちに同じ武道を教える立場にあった宗道臣《そうどうしん》が少林寺拳法の弟子たちに諭《さと》したのは、まんざら関係のないことではなかろう。田辺又右衛門の教えでもあったと思われる。

戸張瀧三郎との二回目の闘い

一方、小兵《こひょう》の私に負けた戸《と》張瀧三郎《ばりたきさぶろう》は、なんとしても残念で、密《ひそ》かに自分の技を磨きながら雪辱《せつじょく》を期していた。それで自分の属していた久松警察署の署長と、私の属していた小川町の警察署長とが昵懇《じっこん》なのを知って、再度私と試合をさせてくれと頼み込んだ。久松署の署長は、「お前は、一度すでに負けているので再び挑戦して、今度負けたら、恥の上塗りになる。俺としてもメンツが立たない」という。「いや、今度こそは誓って勝って見せます」。

かたや、小川町の署長は私を呼んで、戸張が再びお前に挑《いど》みたいといっているがどうするか尋ねた。しかし、「ワシも小川町の署長として、なんとしてもお前に勝ってもらいたいから、必ず勝つという約束をしてくれるのなら、試合を取りはからう」。

私は、「必ず勝ちます。どうかご懸念《けねん》いただきませぬよう。誓って再び戸張を仕留めてお見せします。どうぞその挑戦に応じてください」と答える。明治二五年（一八九二）のことであった。

ふたりは再び警視庁の道場で対戦。第二回戦である。この試合は、私と戸張瀧三郎の遺恨試合ではあったが、ふたつの警察署の署長と、またその署員一同の対決でもあった。その上、講道館の面々も、また他の警視庁の柔道家・柔術家の注目の的《まと》となった。ふたりとも意地でも負けられない闘いとなった。

ふたりは対戦した。戸張はいきなり私の足を蹴りあげてきた。しかし技として掛からず、大きな音を立てて私の足を打った。かなりの衝撃であった。すぐに私は相手の下腹を押し上げて、自《みずか》ら後ろに身を捨て、巴投《ともえな》げをかけるが、これが崩れてふたりとも転がる。すぐに私は引っ張り込もうとする。寝技に持ち込まれては、と戸張は不利と見て前回同様逃げようとすると思いきや、逆に猛然と身を挺《てい》して寝技に挑戦してきた。その意気込みはたいしたもので、私もちょっと驚いた。（巻一第一一節より）

しかし、寝技はたとえ相手が大きなものでも又右衛門の敵ではなかった。体力の差がある人間に対しては、又右衛門は相手の消耗を待つのである。

鰻《うなぎ》がヌラリ、クラリと抜けるような調子で、きわどいときに、チョイと回転し、また危ないところでヒョイと抜けて、氏の息の乱れてくるのを待つ戦法に出たのであります。こうして自分が疲れないように気をつけながら、相手を疲れさせるようにして、しばらく戸張氏の気力の疲れるのを待ったのでありますが、注文どおり、疲れてハアハアと苦しそうな息を出しましたので、私はシメタとたちまち攻撃に転じて、氏をひっくり返して上になり、追いつけ、責めつけ、息を入れさせぬようにして、道場の西北の隅まで追い込んで行った末に、咽喉を掴《つか》んでこれをギューッと締めつけまして、前回同様な文句のない勝ちを得たのでありました。（巻一第一一節より）

かくして戸張の復讐《ふくしゅう》戦は失敗、みごと又右衛門の勝利に終わった。

小川町の署長以下、署員全員が喜んだのはいうまでもなかった。署長は五円を出して、これでみんな祝杯をあげてくれと祝い金をくれた。そこで、又右衛門は片岡、今井、大島などとともに岡山の仲間を誘い、すき焼き鍋を囲んで、一晩、勝利祝いをやり、怪気炎をあげたという。この夜のことを又右衛門は歳をとってからもいつも懐かしく思い出したらしい。若くてもっとも彼が元気なときである。

片岡と戸張の取っ組み合いの喧嘩

しかし、同じ年、明治二五年の暮れに、戸張瀧三郎は三度目の闘いを又右衛門に挑んできた。どうしても田辺をやっつけなければ、気が済まないというのであろう。しかも、今度は片岡仙十郎にも同時に勝負を挑んできたのである。いうまでもなく片岡は、又右衛門と同じ、岡山出身の寝技組であった。又右衛門の父虎次郎と仲のいい竹内流《たけのうちりゅう》の流れを組む片岡平之進の孫である。試合は神田《かんだ》区和泉橋《いずみばし》警察署の道場で行われた。このふたりに同時に試合を申し込んできたのは、講道館側の何らかの意図があったのか、それとも戸張だけの意向だったのかは分からない。あるいは戸張が講道館の上部から責められたのかもしれない。戸張が負けるたびに、講道館の恥になるからである。

ところが、控え室で、戸張と片岡とが一緒になり、口論を始めた。そのうち二人ともかなり熱を入れて論争をしている間に、戸張は興奮して、やにわに片岡先生に飛び掛かり、襦袢《じゅばん》（柔道着）の袖《そで》をバリバリと破ってしまった。片岡も黙ってはいない、二人は組み合って喧嘩《けんか》となり、ついには床に転がって格闘となった、片岡は襦袢の袖を取られた替わりに、まだ着替えていなかった戸張の羽織と着物の袖を引きちぎって、大騒ぎ。片岡が不利になったら、田辺と今井さらに大島といった岡山の寝技組も助太刀《すけだち》にと思っていたが、幸い片岡が戸張の上に馬なりになっていたので、黙っていた。そこで周囲からやめるように引き分けが入った。（巻二第二三節より）

又右衛門はのちにふたりの喧嘩についての経緯をくわしく書いているが、口論の内容について書いていないのが残念である。おそらく講道館柔道の代弁者のような戸張に、片岡が日ごろの他流の不満をぶつけたのに違いない。片岡も論客であった。片岡もまた講道館にとってはうるさい相手であった。逆にいえば、片岡仙十郎以外に口で講道館に対抗する人間は他流にはいなかったともいえる。以後、片岡も講道館にとっては邪魔者になるのである。

いずれにしても、負けても負けても田辺に挑みつづける戸張を、のちに田辺はむしろ立派だったとも言っている。その点、ほかの講道館の師範たちが、いちど又右衛門に負けたり、また引き分けたりすると、二度と闘わなかったのはずるいと。また戸張が何度も又右衛門に負けたために、講道館で重要視されなかったのは気の毒だった、とも又右衛門は言っている。晩年の又右衛門の人となりが伺えるエピソードである。

三回目の試合は、またしても私が、勢いのいい体力のある戸張をぬらりくらりと受け流しながら、体力の消耗するのを待ち、気力が失われていくのを確認してから、攻勢に転じて、責めつけ、追い込み、また息もつかせず引きずり回して、おしまいには道場の片隅に追い詰めて逃げられぬようにした上で、ゆっくり首を絞めて仕留めたのである。

この後、戸張は少し休んでから、いよいよ片岡と対戦。双方互角のまま進み、なかなか雌雄《しゆう》が決しなかった。そのうちふたりは互いに立ち上がり、勝負をし直そうとしたとき、審査員が間に入って、「それまでッ、引き分けッ」とした。これに、クレームをつけたのは片岡だった。なぜこんなに早く引き分けにするのか、きちんと勝負が着くまでやってくれと審判に抗議。戸張の胸ぐらを放さなかった。さきほどの口論のせいもあって戸張はまたかっとなって、いきなり片岡の足を払い、片岡は投げ飛ばされて尻餅を着いてしまった。もちろん抗議中のこと故《ゆえ》、勝負には認められなかったが、戸張はそれで鬱憤《うっぷん》を晴らしたようだった。（巻二第二三節より）

このようなことは、その後も又右衛門の試合で、たびたび起こった。審査委員が講道館の息のかかった人間で、講道館側が不利になると引き分けにするのである。又右衛門にいわせると、「取り組み中にもっと酷《ひど》いことも行うようになった」と。

またこのころから、講道館ができるだけ他流との試合を避けるようになったのもたしかである。

武道をやり、道場を開くと、必ず腕に自信のあるものが腕試しに訪れたり、道場破りに来るのは、世の常である。日本少林寺拳法も創建のころは多くの人間が道場破りに来たことは、昔の高段者から聞いた。講道館がいつから他流との試合を禁じたのか知らないが、私の愛読した少年時代の柔道漫画にも、主人公の柔道少年が、柔術家から果たし合いや試合を申し込まれるたびに、「他流との試合は禁じられているから」というのである。もちろん私はそれを当然のこととして受け取り、なぜ他流と試合をしてはいけないか、などと考えたこともなかった。

江戸時代、多くの武道家が、他国を行脚《あんぎゃ》し、さまざまな武道家と試合をして歩いたことは多くの人の知るところである。むしろ他流と試合をし、手合わせをすることによって自分を磨いたのだ。講道館はできるだけ他流と試合をしないで、あとは「行政手腕と人事」によって柔道を広めることにしたのであろう。試合をすると柔道は、柔術に負けるからである。

竹内流、片岡仙十郎の技

片岡仙十郎は、岡山時代から、又右衛門をかわいがってくれた。一足先に東京の警視庁の武術の師範として就職、又右衛門が不遷流《ふせんりゅう》の皆伝《かいでん》を受けてから東京に呼んでくれたのも片岡である。やはり寝技の天才で、「その巴投げと、腕挫《うでくじ》きとの技の精妙さに至りましては、到底何人《なんぴと》も真似ることの出来ない神技でありました」と又右衛門は述べている。

（片岡仙十郎は）性格も非常に勝気、負けず嫌いの天性の武人だった。東京に来ても、岡山弁をなおすことなく、気取ったところがなかった。

「サア、来んさい、しっかり来んさい」と稽古で、相手をつかまえながらいつもそう言った。すると間もなく、捨て身で「ヨイショ――」と言われたときは、誰でも得意の巴投げを食らい、身体は中天に高く蹴り上げられていたという。そして投げが最初に効《き》いた場合は、直《ただ》ちに次の寝技に入った（前述したようにこの頃は、投げ一本では勝負ありとはならなかった。投げは二本、絞めと逆は一本で「勝負あった」となる）。

ところが、万一、巴投げがきちんと決まらなかったときは、片岡は、咄嗟《とっさ》に左右の足を入れ換えて投げる。なお相手がうずくまって持ち上げられまいと頑張る場合は、空《あ》いている方の足を、相手の尻の下に差し込んで持ち上げるようにし、どうでもこうでも蹴り上げてしまうのだ。こうして蹴り上げた相手の身体を、自分の真横に並んで落ちるように「ウーン」と掛け声をして引き落とす。しかし、相手の身体が蹴り上げられて下に落ちないうちに、「逆だァー」と一声。たちまち「腕挫き」を取ってしまうという。なんとも言われぬ絶妙な早業だった。「ヨイショ」と持ち上げ、「ウーン」と引き落とす。「逆だァー」と腕を挫く、という三つの「技」の連続は、まさに神技と私をうならせるものであった。まさに名門竹内流の後継者であった。（巻二第二三節より）

不思議な解雇通知

又右衛門は長い人生のうち不可解なことがふたつあった。ひとつは自分自身への突然の解雇通知であり、もうひとつはのちに述べる朋友片岡仙十郎の台湾への転職であった。どちらもはっきりとした理由はわからなかった。

明治二六年夏に、私は三週間の休暇をもらい受け、岡山の長尾《ながお》に帰郷しました。久しぶりの故郷である。ところがしばらくすると、東京の警視庁（本部）から免職の通知が来た。驚いた私は何ら自分が免職されるような不都合なことをしたことはないし、心当たりもないので、高輪で教師をやっている片岡先生に手紙を書いて調べてもらったところ、どうも講道館から私を追い出す策動があったことが分かった。それで片岡は、私が勤めていた小川町警察署の川上警視に確かめ、「田辺の解雇について調査せしところ、別段、解雇の理由としての事実はまったくない」という証明書を出してもらったのである。それを片岡先生が警視庁に突きつけて、新たに、「欠員のありしだい、復職を許可する」という了解を得ることになった。講道館の策謀に、田舎者である片岡も私もそんなことをするしか打つ手はなかったのだ。そしてそのまま私は岡山に留まった。

その後私は、暮れに広島に行き、かつての軍隊の中隊長に会ったところ、中隊長が、自分はいま、駐屯地の衛戍監獄長《えいじゅかんごくちょう》をやっているから、その監獄の柔道教師になれといわれて、それを引き受け、また同時に修道館中学校の教師にもなった。ところが、すぐに日清戦争が勃発。私は充員召集され、朝鮮の平壌《ピョンヤン》に出征するのであります。(巻二第二八節より)

第2章

大日本武徳会の設立

日清戦争に参戦

日清《にっしん》戦争は、「黄海《こうかい》の戦い」が有名だが、清《しん》軍の守る朝鮮の平壌《ピョンヤン》の攻防戦もまたはげしかった。田辺又右衛門《たなべまたえもん》は一兵卒として参戦したが、どのような戦いをしたかくわしいことは口述筆記には書いていない。ただ又右衛門の部隊が、平壌の王城に乗り込んだことと、そのときの「機関砲打ち壊し事件」という武勇伝があったらしいが、それ以上のくわしい話は分からない。

いずれにせよ、ほぼ一〇か月の戦いで日本が勝利、清軍を撃退する。

片岡仙十郎の転勤と月例試合の廃止

明治二八年（一八九五）五月、私は凱旋《がいせん》。すると東京の片岡先生から、近く東京の警視庁に欠員が出る、と連絡がくる。そこで、私は再び上京、晴れて芝区愛宕下《あたごした》警察署の柔道教師に復職した。

ところが、肝心の他流派、反講道館のリーダーだった片岡《かたおか》先生が、私と入れ替わるように、なぜか警視庁の柔道教師をやめて、台湾に異動になってしまった。

これについては私は理解しかねた。後々までずっと疑問だった。なぜなら自分を警視庁の柔道教師に推薦して東京に呼んだのは片岡先生だったからである。しかも片岡は、入れ代わるように田舎に帰り、そして台湾に。何があったのか分からない。

分からないことはまだありました。片岡先生は、東京に出てきた頃から名前を片岡から、金谷《かなや》に変えていた（片岡は金谷と名前を変えたが、本書では片岡で通すことにする）。私はずっとそのことを不思議に思っていたが、聞いたことはなかった。そしてさらに追い打ちをかけるように、台湾から訃報《ふほう》が入る。片岡先生が、台湾で風土病にかかり死亡したと——。

私は驚いた。東京で新しい生活を始めてから、また講道館の連中と対決する中で、私はずっと片岡先生を頼りにしてきたからであります。（巻二第三六節より）

又右衛門は、大きな支柱を失うことになる。片岡の死は、彼にとって生涯の禍根《かこん》となった。片岡がいたらもっと講道館に対抗して、彼を中心として他流の者たちが団結できたのに——。それは武道界にとっても大きな痛手であったと悔やんでいる。そしてそのときから、又右衛門のたったひとりの抵抗が始まった。

又右衛門に言わせれば、かつて岡山の他流派が集まって、講道館に対抗しようとみんなで約束した誓いが、片岡先生に死なれたことにより、誓いは永久に消されることなく「残った」ことになった。それがまた彼の人生を決定したともいう。約束や誓いは、相手が生きていれば、また修正するとか、あるいは方法を変えることもできるが、死なれた以上、誓いは永遠に残るのだと――。

この片岡先生の東京の警視庁辞任というのは、不思議な出来事でありました。台湾に転勤になったと言われているが、理由はよく分からない。以前私が休暇をとって故郷に帰っている間に、解雇通知が来たのも不思議だし、私を再び警視庁の教師に推薦した先生が、突然東京を去るなんて私にとっては信じられないことだったのです。（巻二第三六節より）

ひょっとしたらまた講道館の差し金かと思ったらしいが、そのことについては又右衛門の口述筆記にははっきりと書かれてはいない。第一、証拠もないし、そんな詮索《せんさく》をすること自体、男らしくないと思っていたのだろう。しかもそのことも片岡にも問いただしていないのである。片岡仙十郎《せんじゅうろう》は台湾で間もなく土地の風土病にかかって死亡。明治二八年、片岡三一歳であった。

又右衛門は復職したが、精神的ブランクは大きかった。また又右衛門が東京を去ってわずか二年と少しの間に、「なぜか、警視庁の月例試合が廃止されていて、刺激もなくなり、張り合いのない毎日となった」。月例試合をやめたのも、講道館の差し金だろうか。月例試合があるたびに、講道館と他流との「対決」があったからである。それが又右衛門の励みでもあり、修行にもなったのに。試合がなければ、戸張瀧三郎《とばりたきさぶろう》のように講道館は恥をかかなくてすむからであった。

片岡仙十郎が東京を去ったのはなぜか。又右衛門にはどうしても分からなかった。それでせっかく復帰した警視庁の柔道の教師を、一年半ほどでやめて田舎に帰った。明治二九年一〇月のことである。又右衛門二七歳であった。

村の悪漢を退治する

田辺又右衛門は広島で柔術を教え、さらに日清戦争に行って、帰って来て東京へ。そしてふたたび故郷岡山の長尾に戻ってきた。

やはり故郷はいいとあらためて思いました。物外和尚《もつがいおしょう》は別にして、祖父の代から三代、武田禎治《たけだていじ》・田辺虎次郎《とらじろう》と武道をやってきた土地である。父虎次郎の仲間や弟子も県下にたくさんいて、東京のように人間関係が希薄ではない。みんなが温かく迎えてくれた。本来、私は闘争心の強い人間ではあったが、反面、人懐《ひとなつ》っこい子供のようなところもあり、周囲に温かい味方がいるのは心強かった。

そこで、両親の手助けもあって、苦心惨憺《くしんさんたん》金策をして長尾に道場を作った。小さいながらも初めて作った自分の道場であった。名前を「盛武館《せいぶかん》」と名付けた。こうして私は田舎で柔術を教え始めたが、いかんせん、小さな田舎町である。習いにくる人間は少なく、もちろん私の手応《てごた》えのある相手はいなかった。私は次第に退屈するようになりました。

あるとき、長尾からそう遠くない邑久《おく》郡の福田村で村踊りがあるというので、父虎次郎の門弟たちが見に行きましょうという。もちろんすぐに同意した。村の人たちも踊るが、地方を回《まわ》って踊る、いまでいえば劇団というか踊り子のグループがあって、そういった人たちが興行主の親方に連れられて、各地の村々を回って歩くのである。なんでも飛騨《ひだ》出身の踊り子が多いという話であった。

ところが、踊りが始まってみんなで見ていると、突然みんなの中から女性の悲鳴が聞こえた。群衆が乱れ、何事か起きているようであった。門弟たちによると勇次《ゆうじ》という近在きっての悪漢で、暴れん坊。このような人の集まるところに来ては、狼藉《ろうぜき》を働くのだという。日頃からみんなが手を焼いているのだと。おそらく女性に手を出したのだろう。

勇次はこれまでにも金品を無理やり要求したり、凶器を振り回したりして、暴れ回っていた。町のみんなが仕返しを恐れてなるべく相手にならないようにするので、ますます暴れるのだという。すると一緒にいた門弟の人が、「勇次の奴、また暴れやがって。そのうちいっぺん、〈揚《あ》げ漬《づ》け〉にしてやらなくては」と強がりを言った。〈揚げ漬け〉というのは土地の言葉で、水の中に放り込むこと。ところが、これを勇次が聞きつけて目をギロギロさせながら近づいてきて、「誰だ、ワシを揚げ漬けにするといったやつは」と息巻いた。驚いたのは門弟たち。みんな一瞬のうちに縮まって黙ってしまった。勇次はますます息巻いて、ひとりひとり門弟たちの顔をのぞき込んで、「オイ、お前が揚げ漬けにしてもらいたいのか」と脅《おど》して回り始め、それがついに私のところに来たのである。「オイ、お前はどうか」と私の顔をのぞき込みながら、「ワシを揚げ漬けにできたらやって貰《もら》おうじゃないか」と毒づいた。「売り言葉に買い言葉」、私は「オー」というが早いか、勇次の胸ぐらを引きつかんでドーッとばかり傍《かたわ》らに叩《たた》きつけた。するとこれを見て急に元気の出た門弟たちは、一度にワァーといって勇次を取り囲み、殴る蹴るの大騒ぎになってしまった。私はここで騒ぎを起こしてはまずいと思い、勇次を道場に連れて行き、ウンと油を絞ってやろうとそのまま勇次の片肘《かたひじ》をとらえて歩きだした。

途中、吉井川の堤防が長く続いているところを通り、途中までくると川に沿って幅一間半（約二・七メートル）ほどの小川があり、勇次の家があった。するといきなり勇次は私の手をふりほどいて自分の家に駆け込み、大きな草刈り鎌《くさかがま》を持ち出してきて私たちに挑《いど》んできた。「さあ、この橋を渡ってみろ、片っ端《かたっぱし》から叩ききってやる」その勢いと剣幕《けんまく》はすさまじいものがあり、これには一同驚いたが、私は動じず、いきなり鎌を持つ勇次に近づいて、さっと取り押さえると、襟元《えりもと》をつかんで引き込み、川へ投げ込んだ。すると、再び勇気百倍になった門弟たちは、丘の上から勇次に向かって、石を投げ、竿《さお》で叩いたり、乱暴を働き、まさに虫の息になるまで叩きのめした。私が止めても聞かないのでした。（巻二第三七節より）

こうして勇次は改心し、それ以降はおとなしくなった。村人たちは安心して町を歩くことができるようになったらしい。昔博徒《ばくと》をやっていて、いまはお大師さまの信仰厚いある男が間に入って、又右衛門に詫《わ》びを入れてきて一件落着になった。門弟たちも一対一では勇次に勝つことができても、後の仕返しとか因縁などを恐れて、日頃は手を出せなかったのである。又右衛門の勇気が効を奏したのだ。当時の地方の村や町の状況を知るうえでおもしろいエピソードである。

ちょうど終戦直後、世の中が乱れていたときと似ている。四国の多度津《たどつ》にもいろいろなチンピラがいて、祭りのときや繁華街で弱いものいじめをする男を、少林寺拳法の宗道臣《そうどうしん》が勇気を出してつぎつぎとやっつけたのに似ている。

口述筆記には勇次との話が細かく具体的に書いてある。

清酒「白雪」と小西新右衛門

明治三〇年（一八九七）の夏に、又右衛門は自分の道場を投げ出して大阪に遊びに行く。かつてからよく知っている半田彌太郎《はんだやたろう》先生の道場だ。そこで半田先生から伊丹《いたみ》に行こうと誘われる。行った先は、伊丹の清酒白雪の一一代目、小西新右衛門《こにししんえもん》（業茂《ぎようも》）のところ。

有名な老舗《しにせ》の醸造元である。先代の小西新右衛門からの趣味が武道で、自宅に立派な道場をつくり、剣道・薙刀《なぎなた》・弓・柔術など、それぞれ専門家を招いて、自らも武術をたしなみ、また大勢の使用人や近在の人たちのために鍛練の場を提供していた。「稽古をつけてやってください」と請《こ》われるままにやっていると、半田先生と小西新右衛門とのあいだで、あらかじめ話がついていたのだろう、稽古が終わるとすぐに二人して、「この小西道場で教官をしていただけないか」と頼まれ、私は二つ返事で了承する。

「田舎の盛武館道場をそのままにしてきたので、一度帰ってから」というのを、後で荷物は送らせるからと、準備万端、私はそのまま伊丹の小西道場に居つくことになりました。（巻二第三六節より）

そしてその後の五年間をそこで過ごすのである。もとより両親の協力のもと借金までして田舎につくった盛武館道場をそのままほったらかしにしてきたのであるから、又右衛門も後ろめたいところがあった。

伊丹の小西酒造（白雪）と頭首の代々の小西新右衛門については、ちょっと説明を要する。というのは単なる伊丹の老舗の酒屋ではなかったからである。

創業は、江戸時代の慶長一七年（一六一二）とも、あるいはそれより前ともいわれ、元禄《げんろく》一〇年（一六九七）に伊丹郷町《いたみごうちょう》の惣宿老《そうしゆくろう》に任命されている。

惣宿老とは、領内の司法・行政を司《つかさど》る名主《なぬし》のようなもの。聞き慣れない役職名だが、じつは伊丹郷町は武士の領地ではなく公家《くげ》の治める領地だったから、公家に代わって惣宿老が領地を取り仕切った。

寛文元年（一六六一）に伊丹郷町は近衛《このえ》家の領地となり、元禄になって惣宿老制度をとり、伊丹の二四の酒造家が持ち回りで、行政・司法を司ることになった。四代目小西新右衛門

（霜巴《そうは》）のときには帯刀を許されている。

このころ伊丹郷町はもっとも栄え、江戸からさまざまな文化人も新右衛門霜巴のところに遊びにきている。霜巴はたんなる町の民政を預かるだけでなく、俳句をものにし、また数多くの書物を読破した一流の文化人でもあった。井原西鶴《いはらさいかく》・松尾《まつお》芭蕉《ばしょう》・近松門左衛門なども新右衛門のところにやってきて交流を温めている。おそらく清酒白雪もご相伴《しょうばん》に預かったのであろう。芭蕉は、「夕顔や酔うて顔出す窓の穴」という句を新右衛門のところで残している。頼山陽《らいさんよう》が書いた「白雪」という欅《けやき》の一枚看板や、いまも清酒のラベルに残っている「一杯白雪酪黄泉《こうせん》、千秋歓酌芙蓉霞《ふようのかすみ》」も山陽の白雪讃歌だ。小西家がたんなる醸造家ではなく、行政も預かり、また文化の面でもこの地方の中心的役割を果たしていたのがわかる

天明六年（一七八六）には、小西家は単独で惣宿老を預かることになり、また七代目新右衛門がこのとき私設の道場を近衛家に願い出ている。武士の預かる領地ではないため、もともと軍備を持たない民政の町ゆえ。治安維持のために武術をする人を養成するのが目的であった。のちの「修武館《しゅうぶかん》」道場を開くようになったのはこのときからである。

文化・文政（一八〇四〜一八三〇）のころは江戸文化がもっとも栄えたとき。すでに小西酒造は酒だけでなく、江戸に酒を運ぶための樽廻船《たるかいせん》問屋や両替屋、つまり金融業もやって大坂にも店をたくさん持つようになっていた。金のない大名や旗本にも大枚《たいまい》を貸し付けるように

なった。これを「大名貸し《だいみょうが》」といい、多いときは二〇藩にも及んだという。いまもそのときの台帳が残っている。なかでも姫路藩には二万両も貸し付けている。

明治の御一新は第一〇代小西新右衛門（業廣《ぎょうこう》）のとき、もともと伊丹郷町は武士が政権を持っていたわけではなかったから、政変にほとんど抵抗はなかった。業廣は病院を設立、また伊丹小学校もつくった。

明治二年（一八六九）、道場を一般公開とし、広く武道の師範を招いた。二年後、廃藩置県（明治四年）、脱刀令で武士はすべて失職。小西家では、食扶持《くいぶち》に困ったかつての武道師範を数多く食客《しょっかく》として迎え入れたのである。

明治七年、一一代目小西新右衛門（業茂《ぎょうも》）はとりわけ武道に熱心で「揚武会《ようぶかい》」を興し、剣術・柔術・薙刀《なぎなた》・槍術《そうじゅつ》・杖術《じょうじゅつ》・馬術と幅広い武道の道場にした。また武術だけでなく、漢学者も招いて文武両道をも目指した。

実業家でもある小西新右衛門業茂は、武道の奨励だけでなく、山陽鉄道・阪神電気鉄道・阪鶴《はんかく》鉄道などを敷設するべく運動し、発起人になっている。のちの山陽線、阪神電鉄、福知山線などのもとになった路線である。もともと伊丹郷町の名主のようなものであるから、地域の発展や近代化に尽くすのは当然であった。新右衛門はのちに日本銀行の監事にもなっている。経済人としても一流と認められたのだ。

一方で新右衛門業茂は、維新の社会のなかで、しだいに日本の武道精神が衰えていくのを嘆いた。かつてのお城の武道師範が、浪人となってたくさん町にあふれていた。またなんでも西洋のものはいいという風潮が世間を席巻《せっけん》した。明治一六年には鹿鳴館《ろくめいかん》なるものができ、新右衛門に言わせれば、世の中、廃頽《たいはい》の極み。このままでは長い日本の歴史のなかで育んできた日本人の心が失われてしまう。新右衛門はみずから竹刀《しない》を持って剣道をし、襦袢《じゅばん》(道着)を着て柔術にはげんだ。また能の舞台まで自宅につくったという。またこれからは一般庶民

小西新右衛門業茂と「厄介長屋」 業茂はさまざまな社会事業を行ったが、京都の武徳殿本部を建てるときも大金を出している。上は、逗留する師範や武者修行に来た武人たちを泊めた宿舎。「白雪」の従業員たちが食事から洗濯まで世話をしたので、従業員たちは「厄介長屋」と呼んでいたという。

の教育もしなければいけないと。そして揚武会を「修武館」に改めた。

修武館には、たくさんの武人や武道を志す人びとが集まってきたが、長期逗留《とうりゅう》する食客もたくさんいた。新右衛門はそういった人びとのために、立派な二階建ての長屋を建てたのである。のちにこの長屋は、「厄介《やっかい》長屋」と呼ばれるようになったが、おそらくそこに長期逗留する武人は、食客にもかかわらずわがままな武人が多かったのであろう。白雪で働く世話人たちにもいろいろ面倒や手間をかけたのに違いない。

新右衛門夫人も薙刀をよくし、その後長いあいだ、薙刀の全日本連盟の本部が修武館にあったぐらいだ。

全国組織武徳会の役割

明治二八年には京都に「大日本武徳会」ができるが、この本部の武徳殿の建物を建てるのにも、新右衛門は大きな寄付をしている。日本の伝統武術を継承し、青少年の教育をしていくことに大きな意味を感じていたからである。当時は、廃仏毀釈《はいぶつきしやく》と同時に洋風賛美の風潮が強く、日本文化の衰退をかねがね残念に思っていたため、武道の推進には大いに賛成であった。大日本武徳会は財団ではあるが、国家の武道教育の組織である。総裁は小松宮彰仁《こまつのみやあきひと》親王であった。各県に支部を置き、支部長は県知事が当たった。

新右衛門のこうした思いは、修武館の武道教頭にやとった剣道の富山圓《とやままどか》、薙刀の師範である美田村顕教《みたむらあきのり》、剣術の岡本七郎などと意見が合い、意気投合していた。

新右衛門は、修武館の全体の統括を任せていた富山圓には全幅の信頼を寄せていた。新右衛門と同じ嘉永四年（一八五一）生まれ、警察の剣術教師として八年間勤務し、その後、小西の考え方に同調して修武館にやってきた。明治二六年のことである。そして又右衛門が大阪の半田彌太郎先生につれられてやってきたのが、その四年後の明治三〇年である。富山四四歳、又右衛門二八歳であった。

又右衛門は、ここで思う存分柔術をすることができ、また京都の武徳殿で行われる全国大会にも、ここからたびたび試合に参加することができたのである。武徳会が主催する武道大会には、武徳会に入っている者はすべて参加できる。国家の組織であったからである。講道館派の人間も、これには試合を拒否できないのだ。又右衛門はそこで、また必然的に、講道館の嘉納治五郎や磯貝一・永岡秀一に会うことになった。嘉納は磯貝を、京都武徳会の本部トップとして送り込んできた。

とにかくこの伊丹の小西道場にいたそれからの五年間は、又右衛門の二〇代後半から三〇代前半にかけてで、体力的にももっとも充実していたときだった。あとで振り返ると、まさに又右衛門の「黄金のとき」でもあった。

京都に本部のできた大日本武徳会は、国民の武術の振興に加えて、教育や顕彰《けんしょう》を目的につくられた組織で、おもだった都道府県にもその支部道場がつくられた。当初は内務省の指導のもとに運営され、のちに財団法人になった。

道場は全国各地に日本の伝統的な建物（武徳殿）として建てられ、剣道・弓道・薙刀、そして柔術などをする場もつくられた。この武徳会には天皇が観覧する「天覧試合《てんらんじあい》」が仕込まれていて、全国大会が各地であるごとに天皇陛下が行幸《ぎょうこう》され、この天覧試合に参加することはみんながとても名誉だと思っていたのである。

この大日本武徳会にも、嘉納は講道館の人間を送り込んできたのである。

すでに、片岡仙十郎や田辺又右衛門のいなくなった東京の各警察署の教師にはつぎつぎと講道館の息のかかった者が採用されていき、講道館はしだいにその勢力範囲を広げていた。なにしろ嘉納治五郎は東京高等師範学校に勤務し（のちに校長）、文部省にも宮内庁にも顔がきいたからである。

しかし、国家的組織である大日本武徳会も段位を発行しはじめたので、いわば二重の段位が存在することになった。たとえば講道館の二段という段位を持っていながら、同じ人間がさらに武徳会の初段も持っているという具合である。もちろん段位をとるには金がいる。勧進元には大きな金が入ってくるのである。武徳会は本来、国家のつくったものであるから全国的組織ではあったが、東は本部のあった講道館が勢力を延ばし、西は京都に本部のあった武徳会という勢力図も形成されたのである。もちろん両方に関係する人も多かった。したがって、このころから組織も段位も二本立てになったのである。この段位の発行については、大日本武徳会と講道館との間でかなり熾烈《しれつ》な争いがあったと聞く。（井上俊『武道の誕生』）

国家がつくった全国網の武徳会（各県に支部があった）と、町の一道場である講道館、この二重構造は、二一世紀の現在でもそれに近いものがある。いやそれどころか、全国組織の「全柔連（全国柔道連盟）」の役員に多くの講道館の理事が入っている。それにいまでは柔道の段位は、講道館だけが出している。

なぜなら、終戦後の昭和二一年、占領軍GHQにより「武道は封建的」という理由で武徳会は廃止されたからである。高い精神性を持つゆえに、そのほかたくさんの武道団体やさまざまな結社が終戦後アメリカ軍によって廃止されたが、講道館は生き残った。段位の発行は、唯一講道館だけになり、その膨大な利益と権力に対して、講道館の意のままに動く全柔連に、学柔連が歯向かい、一時は脱会をした時期もあった。（詳細は『柔道界のデスマッチ《全柔連vs学柔連》』高山俊之・小島哲也、三一書房）

このような状態は世界の柔道界に対してもいい影響はもたらさない。今や世界の柔道である。柔道は日本だけのものではない。講道館の館長は、身内の世襲が一二七年続き、そのあと上村春樹が館長になったが、前任の嘉納行光と同じように、全柔連の会長も兼任していた。（平成二五年〈二〇一三〉に女子柔道強化選手への暴行問題や、全柔連の助成金の不正受給が問題になり上村は全柔連を退任したが、講道館館長は続けている）。

世襲の伝統も大切だが、これからは外国の事情にも精通し、英語やフランス語も話せる、国際性豊かな人材が多く柔道界のトップに座る必要があるのではないだろうか。

東大柔道部主将、新日鉄住金の会長で上村の後、全柔連会長になった宗岡正二が、友人の意見として『日経新聞』に日本柔道の改革案として「組織を全柔連に一本化し、講道館を早稲田大学の大隈講堂のように、嘉納治五郎記念講道館として残したらどうか」と提案している。

（『日経新聞』二〇一六年一二月一九日）

明治二八年に創立された大日本武徳会の「役割」とその活動状況については、今ではその具体的なありさまを知る人は少ないが、同じような二重構造が明治四〇年代にすでに表れている。

口述筆記では、大日本武徳会における嘉納治五郎を初め、講道館の面々のふるまい、そして田辺又右衛門とのやり取りが生々しく書かれている。

第3章

不遷流の流れ

流祖、物外不遷

口述筆記の冒頭において、田辺又右衛門《たなべまたえもん》は、自分の曾祖父にあたる物外不遷《もつがいふせん》（「ぶつがい」とも呼ぶ）について述べている。

不遷流の柔道家、物外不遷は流派の祖師で、流祖と呼ばれた。寛政七年（一七九五）三月三日の生まれ。晩年は、俗に「拳骨和尚《げんこつおしょう》」とも言われた。武田信玄の末裔《まつえい》ともいい、武田の名をもらった。もとは松山の藩士の生まれ、幼名を吉五郎。子供のころ、禅宗のお寺に預けられ不遷と名付けられた。

その後一七歳で広島の国泰寺《こくたいじ》に行き（一三歳とも）、さらに長州（山口県）にある瑠璃光寺《るりこうじ》に、また浪速《なにわ》にも行ったというから、どのような境遇であったのかくわしくはわからない。そしてふたたび長州に帰り、二六歳で柳生流《やぎゅうりゅう》棒術の免許皆伝《めんきょかいでん》を得たとされている。

物外はさまざまな手練《てだれ》と試合をしたが、不遷の名を有名にしたのは、なんといってもその怪力にあり、かずかずの伝説的エピソードが残されている。いまでも物外が住職をしていた尾道の済法寺《さいほうじ》は今は観光名所として多くの人が参拝している。又右衛門は父虎次郎や祖父武田禎治《ていじ》から聞いた話として、口述筆記の中で怪力について述べている。

物外不遷の肖像画と墓　尾道の済法寺にある。近くに物外が持ち上げたといわれる大きな石の手水鉢もある。

（物外不遷は）当時幕末の大相撲の力士御用木雲《ごようぼくくも》右衛門《えもん》と、尾道の海徳寺で力比べをして勝った。その証《あかし》にお寺の本堂の欅《けやき》の柱を拳骨で殴り、印をつけた。拳《こぶし》の指のあとが三本、今でも寺に残っているという。また、暴れ回る憤牛《ふんぎゅう》をただの一発の拳骨で倒したという話など、物外不遷の拳骨がいかに強かったかという話は、晩年いた尾道の済法寺の近辺の地元にたくさん残っている。ゆえに拳骨和尚とも呼ばれた。（巻一第一節より）

祖父の武田禎治（もとは田辺だが、武田姓を物外からもらった）や両親から又右衛門が聞いた話によると、あるとき拳骨和尚が、跡取りの禎治の家に行ったが、あいにく土産《みやげ》を持ってくるのを忘れた。それで土産の代わりに、和尚の手形を押してやろうといった。ちょうど出されたお茶の盆を手にとり、大黒柱にあてがい、右の拳で盆を押し、左手で柱を向こう側から押さえて、「ウーン」と声を出して押さえたら、家がメリメリと音を立てて揺らぎ、盆には拳の跡がついたという。

その盆は家宝として私（又右衛門）の家に実物がとってある。それはちょうど安政三年（一八五六）のことで、物外六二歳の時であった。物外はこの盆に拳の形を残すのが得意だったらしく、あちこちに呼ばれ、炬燵《こたつ》に入って、やぐらの上にお盆を乗せ、これに拳を押しつけて痕跡を残したらしい。怪力と拳で、今弁慶とも言われた。（巻一第一節）

と。また尾道の千光寺《せんこうじ》の三〇〇貫（約一一二五キロ）もある石を、自分のいる済法寺までの半里（約二キロ）の道をひとりで運んだとか、雨乞《あまご》いのために寺の鐘楼《しょうろう》を背負って海まで運び、投げ入れたとか、力自慢の話はたくさんある。

物外は腕力だけではなかった。指の力もすごかったという。

三世田辺虎次郎《とらじろう》（又右衛門の父）が若い頃物外と京都から大阪に船で下っているときの

こと、物外はちょっとしたいたずら心から、三〇石《こく》の帆船《はんせん》の舵《かじ》の上の櫓枠《ろわく》の柱根をぐいっと握りしめ、親指を起こして枠柱をギシギシと揺り始めたという。なんだか変な音がすると気付いたのは船頭。櫓を押しながらひょいと後方を振り返ると、物外と目が合った。物外が「おい船頭、この柱を指で折って見せようか」というと、船頭はびっくりして、「やめてくれ、やめてくれ」と叫んだという。とにかく指先で船を揺らしたというのだから、並の力ではなかった。（巻一第一節より）

物外和尚の拳の強さとか、腕力、また指の強さなどの逸話は、代々の不遷流の人たちに伝えられ、みんな流祖のように強くなろうと拳や指の強さなどを鍛えたという。現に四代目の田辺又右衛門は、子供のころから大人と闘い、一度つかまえたら二度と放さないという指の力、握力を持っていた。これは身体の大きさとか、体力とはまた別の強さであった。

物外はまた鎖鎌《くさりがま》ものにしていたらしい。二世武田禎治や三世田辺虎次郎の残した話によれば、

物外は鎖鎌を使うときが一番真剣だったという。右手に鎌を持ち、左手で分銅のついた鎖をビュンビュンとまわしながら、じわりじわりと相手との間合いを詰めていく所作は、

迫力満点だった。その形相《ぎょうそう》は、全身が赤くなり、身体のあちこちの筋肉が、ぷりぷりと音を立てて鳴っているようだった。（巻一第一節より）

物外は、あまり巨大な身体というわけではなかったが、首筋が並外れて太かったという。それゆえに超人的な怪力が出たのかとも思われた。

こうした物外の怪力無双を聞きつけた安芸《あき》（広島）と姫路の藩主が、ぜひ物外の子孫をわが藩のために残してくれと、美人で身体の大きな女性をそれぞれあてがった。女に家を一軒持たせて住まわせたという。当時、物外はすでに六〇歳を過ぎていた。それでなかなか美女のところに通えない。しかもふたりも。それぞれ月に一度行くのが精一杯だった。

あるとき、物外が女のところに行くと、女はいなくて間男《まおとこ》がこたつに入っていた。間男は女が帰って来たと思い、声をかけた。しかしなんと、入ってきたのは物外だった。驚いて男はこたつの中に隠れたがすでに遅し。物外は、すぐに布団をめくって男を見つけ出し、「ははあ――。うちのやつは猫が好きだから、こんなところに猫を飼っていたのか」というなり、男の首筋をつかんで持ち上げ、縁側に出るとまるで猫の子を投げ出すように、ポイッと庭先に放り投げた。投げられた男は宙を舞って落ち、かなり頭と背

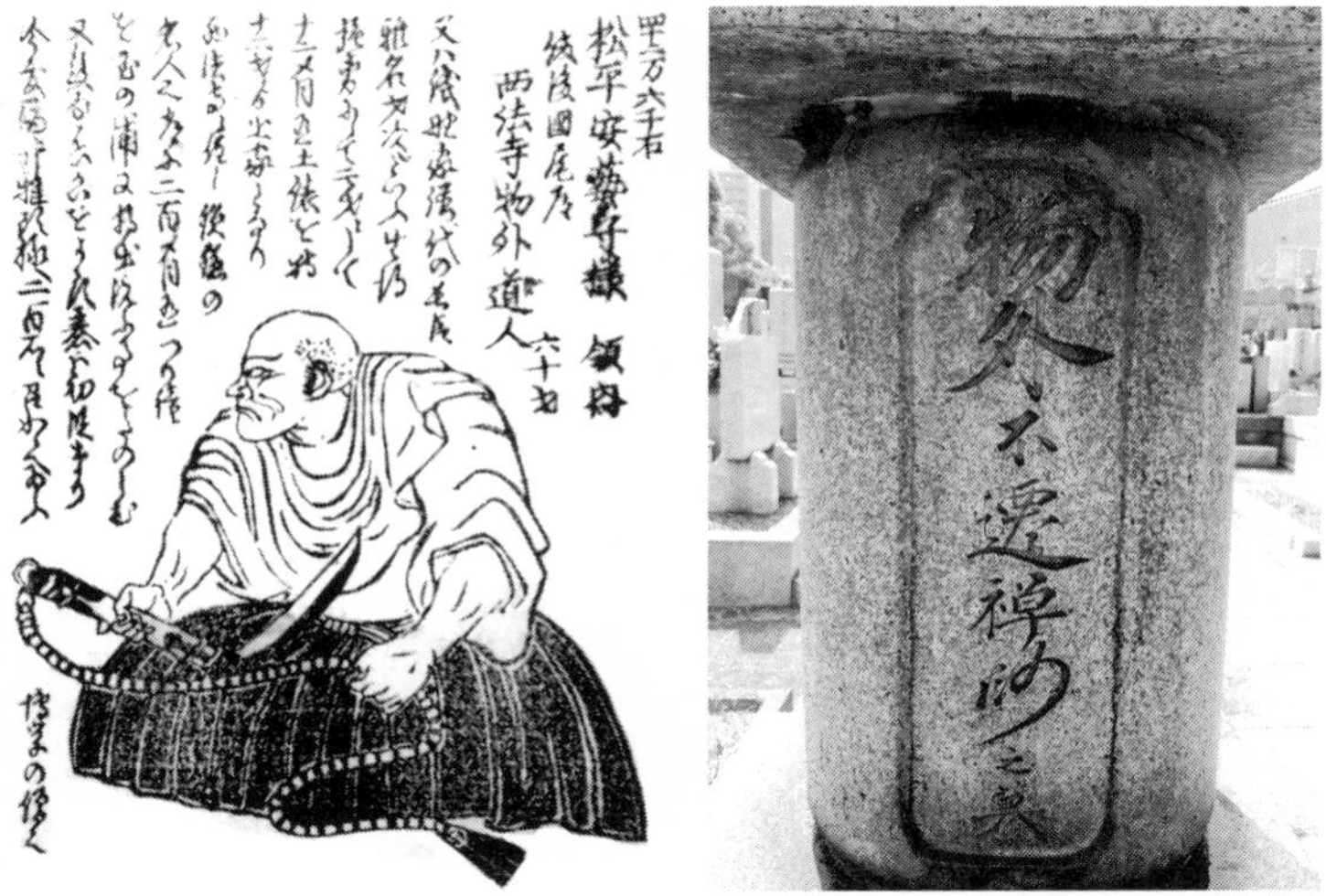

版本に描かれた物外不遷と墓　鎖鎌も得意だった物外。大阪で客死したため、墓は大阪市中央区の禅林寺にもあり、「物外不遷禅師之墓」とある。

中を打ったが、そのまま投げられたことをいいことに転がるように逃げ帰った。（巻一第一節より）

という。この話は、ずっとあとになって、八〇歳を超えたその間男が、田辺又右衛門に直接話してくれた話だそうである。

物外和尚はまた武芸だけでなく書画も達者で、また茶道も楽しんだ文武両道の人だった。あるとき剣客が物外を訪ねてきた。物外が、「何しに来た」と聞くと、相手は「私の剣と、あんたの拳とで勝負して、あんたを殺しに来た」という。それで物外は、「雷公《らいこう》の力も蚊帳《かや》の一重《ひとえ》かな」と書いて柔術の極意を示して相手をたしなめた、という話も残っている。剣と拳とが向き合っては勝負にならないことは、いうまでもないことである。

幕末に勤皇方につき、京都の青蓮院《しょうれんいん》に通って、倒幕運動に加担した話もある。物外は七二歳で旅先の大阪で病没した。「不遷禅師」の墓が、大阪中寺《なかでら》の禅林寺《ぜんりんじ》にあるという。

物外不遷が生涯にものにした武術はたくさんあり、口述筆記によると、「物外和尚の直伝《じきでん》武術」として、「体術―難波一甫《いっぽ》流、柔術―渋川流、剣術―一刀流・無念流、杖術―柳生流(北窓《ほくそう》流)、棒術―北窓流、長鎌《ながかま》―武田流、鎖鎌―平正流、槍術《そうじゅつ》―宝蔵院流(佐分利流)、馬術―大坪流、弓術―吉田流、小太刀―(記述なし)、小具足―難波一甫流、砲術―(記述なし)、忍術―甲賀流、鉄扇術―不遷流、捕縄《ほじょう》術―一甫流」があげられている。

物外不遷については、田辺又右衛門の三代前にあたり、実在の人物であるが、時代も一〇〇年ちかく前で多分に伝説的な話が多い。尾道の済法寺《さいほうじ》の住職であったことから、いまでも地元では有名な僧であり、拳骨和尚《げんこつおしょう》の寺として訪れる観光客も多い。

祖父武田禎治と父田辺虎次郎

不遷流は、いうまでもなく広島県尾道の済法寺にいた物外不遷の創始によるものだが、又右衛門の祖父、二世武田禎治、その娘婿の三世田辺虎次郎について、口述筆記に沿って少し

説明すると、

子供のなかった物外の門に入って、不遷流の免許皆伝を受けたのが二世武田禎治である。武田姓は、物外が武田信玄（機山）の末裔《まつえい》であるところからのちに武田の名をもらい、武田禎治と名乗った。もとは田辺である。備中長尾出身で文政元年（一八一八）生まれ。武術が好きで独学。のち、諸国を遍歴、武術の鍛練と研鑽《けんさん》をし、奥義《おうぎ》を極めたという。その後、物外不遷のもとに行く。（巻一第二節より）

不遷の弟子になるに当たってはこんなエピソードが残っている。

禎治が物外和尚に弟子入りを頼んだときのこと、なかなか承知してもらえなかった。すでに弟子であった者に壇上内蔵太《だんじょうくらた》という人がいて、この人と試合をすることになる。しかし三日三晩闘ったが勝負がつかなかったという。それでやっと物外和尚の弟子にしてもらったということだ。

禎治はまた郷里の長尾村で肝煎役《きもいり》（村の世話人のこと）をして、村の行政にもかかわった。また玉島の領主、松平豊前守《ぶぜんのかみ》の傍に仕えた。そこで武道を教え、道場を開いた。このときの道場の名前を「不遷舎」という。多くの優秀な門弟が輩出した。「遷」の名前の付く最初の道場である。

禎治には三人の娘とひとりの男の子が生まれ、長女貴志《きし》、二女常《つね》、三女政《まさ》といった。長女は虎次郎（三世）を養子にとり、二女、三女はそれぞれ小野氏兄弟と結婚した。この三人の娘はみな柔術をよくし、とくに武田流長鎌および鎖鎌《くさりがま》（平正流鎖鎌術）をものにした。鎖を振り回すので、鎖が耳に当たりみんな耳がつぶれていたという。のちに田辺又右衛門の遷武館に内弟子に入る小野幸四郎はこの二女常の孫に当たる。

三世田辺義貞（通称重次郎）、のちの虎次郎は、天保一〇年（一八三九）生まれ。一八歳で不遷流初伝をもらい、江戸へ出て武者修行。万延元年（一八六〇）物外和尚に師事している。文久のはじめから、諸国を遍歴。ついに奥義をきわめたという。父親と同じく郷里で玉島陣屋《たましまじんや》に勤め、松平豊前守に仕えた。

元治《げんじ》元年（一八六四）、京都の青蓮院に行く。師匠の物外と一緒だった。青蓮院は門跡《もんぜき》で、皇室と深い繋《つな》がりのあった寺。折からの明治維新前夜、天皇方について倒幕運動に加担した。このとき虎次郎は、物外和尚に付き添って、京都から摂津（大阪）・芸州《げいしゅう》（広島）・長州（山口）間を何度も往復しているから、おそらく勤皇方の密書を持って連絡の仕事をしたと思われる。

また慶応二年（一八六六）には、京都三条大橋の橋詰で、幕府の建てた「制札」（お触れを書いた立て看板）に、土佐の勤皇派が落書きをしたり引き抜いたりして鴨川に投げ捨てると

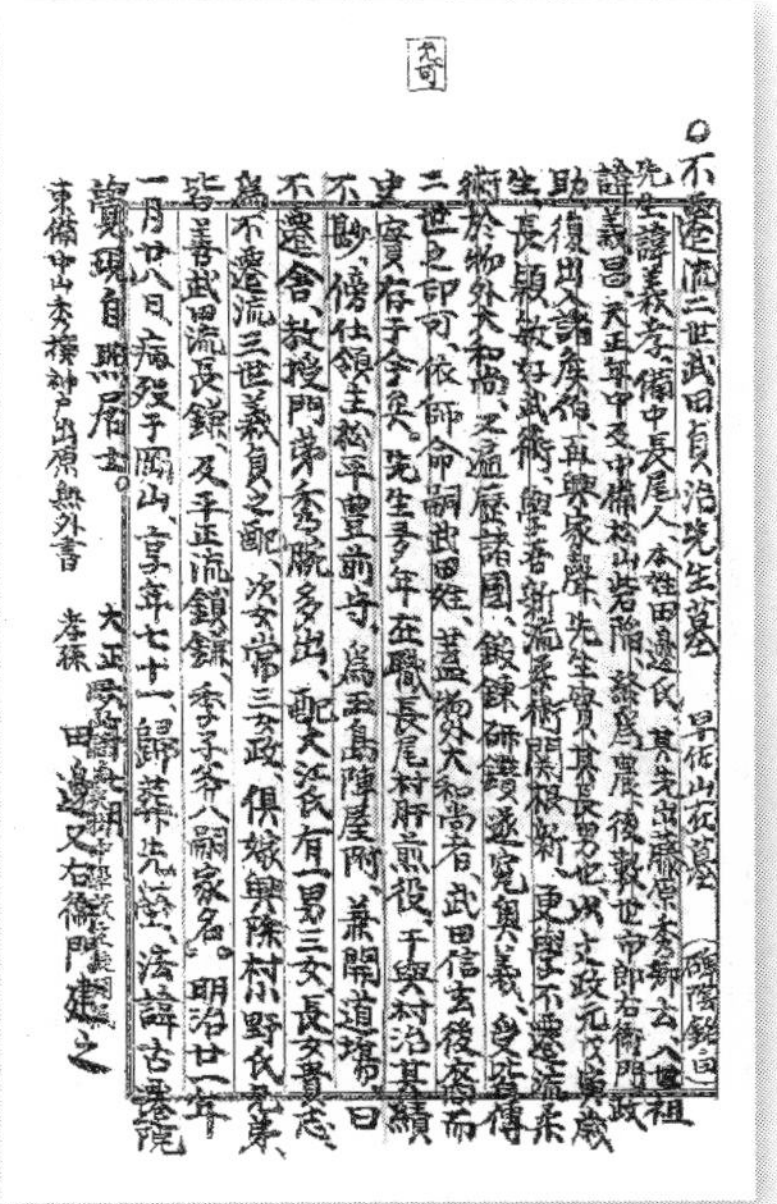
不遷流二世武田貞治先生墓誌
先生諱義孝、備中長尾人、本姓田邊氏、其先出藤原秀郷云、八世祖
諱義昌、天正年中支中備松山岩階、[illegible]後歎世市郎右衛門政
助、復出入諸侯伯、再興家聲、先生實其長男也、以文政元戊寅歳
生、長願敏好武術、與學者新流柔術関根[illegible]、更學不遷流柔
術於物外大和尚、又遍歴諸国、鍛錬研鑽、遂究奧義、受皆傳
二世之印可、依師命嗣武田姓、蓋物外大和尚者、武田信玄後裔而
建實存于今矣、先生多年在職長尾村肝煎役、于與村治其績
不尠、傍仕領主松平豊前守、為五島陣屋附、兼開道場、曰
不遷舎、教授門弟、秀腕多出、配大江氏、有一男三女、長女貰志
為不遷流三世義貞之配、次女常三女政、倶嫁與際村小野氏兄弟、
皆善武田流長鎌、及手正流鎖鎌、季子子斧八嗣家名、明治廿一年
一月廿八日、病歿于岡山、享年七十一、歸葬先塋、法諱古巻院
[illegible]覺現自照居士。
大正[illegible]
孝孫　田邊又右衛門建之
東備中山秀横神戸出原熟外書

不遷流２世武田禎治の墓誌写し　武田禎治の業績が書いてある顕彰碑の碑文。

２世武田禎治（1818～88）

いう「三条制札事件」が起き、新撰組が土佐藩士を待ち伏せして、切り合いになった。制札をめぐって、勤皇方と幕府側が小競り合いを起こしたのである。おそらくこの制札事件にも物外と虎次郎はかかわっていたと思われる。

それは長尾の善昌寺《ぜんしょうじ》の文書、「時天下多事。志士皆趨国歩兵。慶応年中随物外。以大儀奔走於京摂芸長間。就中如援鳥羽制札改作以納泉涌寺。所実投命而行也」とあることから知られる。

また虎次郎の勤王の志士と

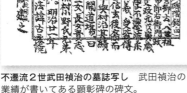

のつながりは、のちに実子中山英三郎（又右衛門の弟、文武に秀でた教育家。郷土史家）の家から古文書が見つかっており、それによると、勤王の志士として物外不遷とともに京都、長州を行き来したことが分かる（『山陽新聞』昭和一九年八月二七日付）。

ふたりとも命を懸《か》けて幕末を生きていたのだ。維新の前年、慶応三年三月、虎次郎は不遷流の允可《いんか》をもらい、不遷流三世となる。同時に粟田殿《あわたどの》（京都青蓮院）の命で武道師範になっている。間もなく物外は大坂で客死《かくし》している。物外七二歳、虎次郎は二七歳、だった。虎次郎は維新後、道場をつくり武道を教えた（おそらく青蓮院の中だろう）。名前を「盛武館《せいぶかん》」という。門弟は二〇〇〇人いたという。明治二年（一八六九）には長男又右衛門が生まれている。

その後、虎次郎は故郷の長尾に帰り、長尾の善昌寺の傍に居を構えていた。善昌寺は、その昔、田辺重郎義昌《たなべじゆうろうよしまさ》の創建とあるが、虎次郎の田辺家とはいろいろとかかわりがあった。また田辺姓は長尾には多く、おそらくみな親戚筋には違いなかろう。寺は享保七年（一七二二）に焼け、また再建されている。摩利支天《まりしてん》・天満宮《てんまんぐう》・金刀比羅宮《ことひらぐう》など三宮が祖霊とともに祀《まつ》ってあるとのことだ。

ところが善昌寺は古い歴史があるにもかかわらず、文政のころから、住職のいない無住の寺となり、いろいろな僧が入山したがみな居つかず、ふたたび無住荒廃を繰り返した。住民たちは困っていたが、虎次郎が備後《びんご》から小畑本弘《おばたもとひろ》という僧を連れてきて住まわせ、さまざま

不遷流３世田辺虎次郎の顕彰碑　幕末に勤王方につき、連絡要員として京都の青蓮院と長州のあいだを物外不遷と一緒に行動している。その後、郷里に帰って玉島陣屋に仕え、盛武館をつくっている。

３世田辺虎次郎（1839 ～ 1918）

な援助をし、みずから檀家《だんか》を代表し、また村人も動員して寺を復興したという。それで虎次郎は、善昌寺中興の祖ともいわれるようになった。

地元の歴史研究家小野正道さんの持っていた資料によると、善昌寺の記録に、「また明治初年は北方裏門より井戸の間に納屋《なや》あり、この納屋にて柔術稽古をなせし事ありともいう。納屋の東方に柿の木ありというも今はなし、この納屋こそ田辺盛武館初期道場（明治一〇年まで□□）」という記述があり、虎次郎は長尾の善昌寺の中にも道場を開いていたことがわかる。

虎次郎はまた、息子の又右衛門を

連れて、備前・備中・備後・安芸《あき》などの道場三〇か所以上をまわって歩いた。みな虎次郎の息のかかった道場であった。又右衛門によると、旅から旅の生活だったという。息子を子供のころから鍛えたのである。

虎次郎は、大正七年(一九一八)四月二三日、七八歳で亡くなっている。

また善昌寺の記録によると、虎次郎は、「神仏の信仰心篤《あつ》く、有徳《うとく》、美事少なからず」とある。

私が柔術の稽古を父親の虎次郎からやってもらいましたのは、明治一〇年の春でありまして、私の九歳のときであります。父が私にわざわざ又右衛門というような老人じみた名を付けましたのは、日本一の強い柔術家にしたかったからだということであります。それほど執心な父親のことでありますから、自分の息子だからと申しまして、寸毫《すんごう》の容赦もないのは当然でありまして、むしろ小さな私にとっては苛酷《かこく》と思われるくらいの修業を強《し》いたものでありました。私が随分はげしく稽古をやったにも拘《かか》わらず、その割合に体軀《たいく》が大きくならなかったのは、畢竟《ひっきょう》幼年時代にあまり無理な力を出し過ぎたためではあるまいかと思われるくらいであります。(巻一第三節より)

したがって又右衛門は小さいときから厳《きび》しい訓練を受けた。いまでいうスパルタ教育である。「あまりにきびしい修練だったので、それで身長があまり伸びなかったのではないか」と、又右衛門は口述筆記のなかで述べている。

一四歳になってから、父虎次郎に連れられ、広島・岡山・兵庫の各地にたくさんあった虎次郎の弟子のいる道場への道場巡りをするようになった。といっても一四歳であるから相手はほとんど大人であったという。そうした訓練を続けるうちに、腕力ではとてもかなわない大きな人に対しても、決してひるまないで果敢に攻めていく根性と、気力を持ったらしい。相手を掴《つか》んだら、どんなに投げられても、引きづられても、組み伏せられても絶対に放さないという執念は、この時代に形成されたのではないかと思う。そのため、腕や指の力、握力が並外れて強かったらしい。

長谷川観山の見た田辺又右衛門

口述筆記の巻頭に「序文」があり、田辺又右衛門に書を教えていた長谷川観山《はせがわかんざん》が田辺の人となりを書いている。長谷川観山は大正・昭和期の書家で、蔵相高橋是清《たかはしこれきよ》の異母弟であり、かつて大正天皇の東宮《とうぐう》時代の御用係書家でもあったという。

「序文」は、約一五〇〇字に及ぶもので、旧仮名遣いなどがあって少し読みづらいが、田辺又右衛門の人となりを、第三者の立場から述べた数少ない文章であるため、原文のまま紹介しておこう。

序文

田辺又右衛門先生は、柔道界の大家でありまして、不遷流の第四世であります。先生は柔術は実に天下一品の大名人でありまして、これは斯道《しどう》界の御方々が一般に認知し居られることと思ひますから、界外の私等が今更喋々《ちょうちょう》いたしませぬ。只《ただ》私は私が先生と多年の御交際に於《お》いて感じました処《ところ》の御人格に就《つ》いて少しく記したいと思ふのでありま す。先生は義の堅き人でありまして、一度約束せられたことは何処迄《どこまで》も違《たが》へぬと云《い》ふ御仁《ごじん》であります。

夫《そ》れから例《たと》えば、他人より僅《わず》かばかりの世話を受けましたならば、其《そ》れを倍にも幾倍にもして酬《むく》ゆると云ふ成され方であります。

先生は意志の強き人でありまして、一度斯《か》くと決心せられた事は、どこ迄《まで》も貫くといふ御仁であります。曩年《どうねん》遷武館道場を新築せられましたが、当時中々困難なる事情がありまして、私も及ばずながらご加勢《かせい》いたしましたが、先生は随分《ずいぶん》辛苦せられました。然《しか》し百難を排し遂に成就致されました。

夫れから斬《か》く申しますと如何《いかが》か存じませんが、先生は私が初めて御面会いたしました時は、名家としては誠に気足らぬ（ママ）学問でありましたから、私は斬程《これほど》の大先生にと思いまして、御交際後間もなく、文学上のお稽古を勧めまして、八幡太郎《はちまんたろう》（義家）の故事やら宮本武蔵《みやもとむさし》筆蹟のこと等、御話し致しました処《ところ》、先生は自分は幼少より武道一点張りゆへ文学に就《つい》ては出来まいと思ふけれど暫《しばら》く考えさせて呉《く》れと申され、二、三箇月の後、私の勧言《かんげん》を御採用になりまして、爾来《じらい》、私の教へを能《よ》く守られて御稽古《けいこ》を励まれ、今日では幅物《はばもの》額面等に揮毫《きごう》せられましても、下手な書家など及ばぬ位《くらい》に上達せられました。先生の意志の強き此《この》一事でも知り得らるるので有りまして、私は常に流石《さすが》と感服して居る次第であります。

先生は又何とも云へぬ温か味のある人でありまして、其の優《や》さしい御風采《ふうさい》は先生に一度接近せられました御方は皆斯《ことごと》く感ぜらるる事と思ひます。私の家内の者共も先生に御目に懸り皆その御優しさに心服致しまして、あのお優さしい先生が、日本一強い柔術の大先生とはなどと御噂《おうわさ》を申上げて居る位であります。要するに先生は強き人に向かっては、どこ迄も強き人と成り、弱き人に対しては、どこ迄《まで》も弱き人と成ると云ふ御仁と思はれるので有ります。

私は先生と二〇幾年来の御交際でありまして、其間先生の御徳を感じました事は数限りなくありますけれど、先生の成され方に対しましては、不平とか不快とか思ったことは真に只の一度もありません。其れは私が能《よ》く先生を知り、先生が能く私を知る、即ち真知己《ちき》と申すべき御交際上に原因する訳でも有りませうが、先生の御人格でなければ此《か》く迄はと思ふのであります。

今般御門人衆が先生より平常聞き取り置かれました柔術界に於ける事実談を纏《まと》めて一冊子を編製せらるるとのことでありまして、私も其稿本《こうほん》を拝見いたしましたが、一々如《い》何《か》にも如何にも成程々々と合点の行くこと計《ばか》りであります。乃《そこ》で此れを記して序文に代へる次第であります。

昭和七年五月

観山　長谷川泰　述職《じゅつしょく》

長谷川観山は、まず、田辺又右衛門は、「柔道界の大家」「不遷流の第四世」「柔術は実に天下一品の大名人」であると書きだしている。

つづいて、柔術・柔道については門外漢であるから言うことは差し控えるが、長年付き合ったところからその人格について言うと、なによりもまず、又右衛門先生は、「義に堅い人」

であり、それから一度他人より世話を受けると、それがわずかばかりのことであっても、何倍にもして恩返しをするといった方である、また、又右衛門先生は、「意志の強き人」で、一度こうと決心するとどこまでもそれを貫く人物であると、又右衛門を評している。

そのうえでさらに観山は、又右衛門先生は「何とも云へぬ温か味のある人」であり、そのことは家内も認めていることで、しばしば、「あのお優さしい先生が、日本一強い柔術の大先生とは」信じられないと噂しているほどであり、あらためて又右衛門先生を評すれば、「強い人に対してはどこまでも強い人となり、弱い人に対しては、どこまでも弱い人になる」といった人物である、と述べている。

この序文は、口述筆記がまとまり、それが近く一冊の書として編集、刊行されることを念頭に書かれたものであるが、文面を通じて、田辺又右衛門がきわめて実直な人物であったことは十分に窺《うかが》い知ることができる。

第4章

田辺又右衛門、苦難の時代

磯貝一とのはじめての試合

武徳会の支部は各県にたくさんあって、地方の者でも武徳会の大会には自由に参加でき、全国大会にも行ける利点があった。東京では警視庁の月例試合が廃止され、田辺又右衛門《たなべまたえもん》はその強さを発揮することができなくなったが、武徳会では毎年、本部のある京都以外の都市でもいくつもの試合が行われており、講道館に籍を置かなくても、全国にある武徳会の試合には自由に参加できた。又右衛門が、年に一度、武徳会全国大会に出て、講道館の面々と試合をすることができたのはそのおかげである。講道館にとってはそれがまた苦悩の種となった。

京都の武徳会本部には何人かの範士がいて、その中に講道館から派遣されている磯貝《いそがい》一《はじめ》（明治四年生まれ、宮崎県延岡《のべおか》の関口流柔術家磯貝恒久の長男）という私より四、五歳若い男がいた（口伝にはこうあるが、実際には又右衛門より二歳下か）。この講道館から武徳会への「派遣」という人事も、嘉納《かのう》（治五郎《じごろう》）の意図である。磯貝は大日本武徳会の武道専門学校の主任教授で、関西の柔道界でもトップといううわさだった。何しろ嘉納治五郎のお気に入りという触れ込みでした。

私はこの磯貝一と試合をすることになった。このときは磯貝から地稽古をやってくれと申し込みがあったのです。私にしても強い相手がいたらどんな者でも勝負を挑み、戦わなければ気が済まなかった。（巻二第四〇節より）

おそらく江戸時代の剣の達人も、柔術の名人もそうであったろう。有名な剣豪宮本武蔵も、彼と戦った佐々木小次郎も、つねに強いものを求めて旅をしたのである。こうしたことは、おそらく武道家の宿命なのだろう。それに又右衛門は自分に絶対の自信があった。明治三一年（一八九八）一月の「稽古始め」のことである。場所は京都武徳会本部の道場であった。

この磯貝とのいくつかの試合を又右衛門は詳細に覚えている。一方が講道館の雄ということで、又右衛門の気持ちもかなり高ぶっていたに違いない。

ついでに言うと、宮本武蔵も岡山県美作《みまさか》出身（播磨《はりま》説《高砂市》もある）だが、私がエジプトで会った空手の岡本秀樹《おかもとひでき》（当時三七歳）も岡山県英田《あいだ》郡、そして少林寺拳法の宗道臣《そうどうしん》も岡山である。岡山には、もともとそういった武人を排出する風土があったのだろうか。岡山の名前のごとく、丸いお饅頭《まんじゅう》のような、なだらかな山が多く、また気候も穏やかで、言葉遣いもやさしいのに、なぜこうした著名な格闘家がでるのか不思議である。

又右衛門の自信は、自分がだれよりも鍛練をしているという自負からきている。なにしろ九歳のときから鍛えられている。どんな敵でも、自分のほうがキャリアも長いし、鍛え方が違う。大相撲の力士とも何度も闘っている。どんなに自分より大きな敵でも、怖《お》じけたことはなかった。それにくらべれば、いくら講道館の雄（のち十段）でもたいしたことはなかろう。それに磯貝は小兵であった。

以下、口述筆記に沿ってそのまま再録する。

立ち上がるや私は、磯貝の両肩をつかんで、後ろに捨て身の巴投《ともえな》げをかけた。これが見事に決まって、磯貝ははるか後方に飛んでいった。この頃は、投げた後、手を離したから相手は高く遠くに飛ぶのである。ズデーンと大きな音がした（前述のように、このころのルールでは、投げは二回で一本だった）。間髪を入れず、私は上から覆いかぶさり、馬乗りになって、襟《えり》をとり首締めに入った。これがいけなかった。いくら相手が弱いといって子供の喧嘩《けんか》ではないのだから、馬のりになるのはまずい。すぐにひっくり返されて揉《も》み合いになった。しかし、寝業《ねわざ》である限り、私の方が一枚も二枚も上。磯貝は必死で寝業を避け、立ち上がろうとした。仕方なしに立ち上がると同時に、私は今度は内股《うちまた》を大きく払い揚《あ》げたが、これは完全に決まらず、二人とも同時に落ちる。技ありとはならなかった。そこで再び立ち上がったが、今度は磯貝が、何がなんでも先手をとろうとして私の肘下《ひじした》を捕らえて、鋭い気合とともに、磯貝の十八番の左つり込み腰をうち、これに私が起き上がって体制を整えぬまま、まともに食ってしまい、投げ飛ばされてしまった。これでおあいこである。それで私の癇癪玉《かんしゃくだま》に火がついた。私は立ち上がるなり、磯貝の襟元と袖《そで》とを引きつかんで、グングンとしゃくりながら、引き回し、体落としをかけた。しかしこれもきちんと決まらなかった。そこで横倒しになった磯貝を私ははなさず、追い込んで散々いたぶると、磯貝は西に東に逃げ回った。寝業に持ち込めば、私のペースである。磯貝はずるずる逃げて、道場の羽目板《はめいた》にくっついてしまい、逆に逃げられなくなった。「さあ、今度は逃がさんゾ」と私は先程、逃した首絞めにかかった。そのとき私は磯貝の身体を完全に制して、磯貝は動けなくなっていた。絞めが始まると同時に磯貝は「アア、もういい、もういい」と言う。そこで私は、「もういいというのは、マイッタと言うことか?」と聞くと、それに答えず、「なんでもいい、もうやめだ、やめだ」という。そこで私は、「寝てやるのが十分だというのなら、立ってやるから立て」と言うと、「疲れたからもう止《や》める」と。「そうか、それなら止めておいてやる」と離れてやる。こういう具合でこの勝負は終わった。すると翌日の日の出新聞には「さすがの磯貝氏も非常に危なかったけれど、奮闘の結果ようやく引き分けに持ち込むことができた」と書かれた。しかし、私は、自分が磯貝の休戦に応じたから引き分けになったのであって、あのまま絞めていたら間違いなくオチていたのは間違いない。だから正確には、「やっ

と引き分けにしてもらった」と言うのが正しい。(巻二第四〇節より)

と又右衛門は述べている。

又右衛門、技を禁止される

武徳会は全国組織であるから、支部の推薦で代表になれば誰でも本部の試合に参加することができる。したがって又右衛門が出て来るのを講道館は拒否できないのである。武徳会の大会で講道館の看板が負けるのはなんとしても避けたかった。

明治三一年の春、大正天皇がまだ皇太子のとき、京都にお越しになり、三十三間堂の裏で、柔剣道の試合をごらんになった。当時こうした試合に出ることは名誉なことで、剣道六組、柔術六組の試合が行われ、私も選ばれたが、なんと磯貝が私のところに来て、「田辺さんは講道館の広岡勇司《ひろおかゆうじ》とやってくれないか」と頼んだ。私はすぐに断った。広岡のような小僧ッ子と、晴れの舞台で対戦するなんて。磯貝は皇太子の前で自分が負けるのがいやなので逃げたなと思う。すると磯貝は、「いいやそんなことはない。広岡は先輩だし、講道館の三段だから」と。それで人のいい私は、渋々承諾するが、案の定、相手にならず、私はすぐに「よーいしょ」とばかり掛け声をかけて、広岡の右脚を右腕に抱え込むが早いが、尻餅をつかせ、「うーん」といって「足挫き《あしくじ》」に極《き》めつけると、広岡はよほど痛かったとみえて、「アアアーッ」と突拍子もない悲鳴を上げ、同時にぱたぱたとあわてて、床を手で叩き、すぐに降参してしまった。この「足挫き」は講道館派の人たちにとっては、まったく知らない技らしく、広岡は見るも情けない顔をしていた。勝負が決まるまでわずか一分という私の早業《はやわざ》だった。広岡はもともとは他流の人間で、講道館に他流試合を申し込み、逆に破れて講道館に膝を屈し、ついには講道館の旗頭にまでなったという。まもなく、講道館によって、この「足挫き」という技は禁止されることになった。

足挫きが禁止される過程を又右衛門は口述筆記の中で次のように述べている。嘉納治五郎との直接のやりとりもよくわかる。この技の禁止は寝技組にとって致命傷にもなる大事なことで、又右衛門もまた繰り返し抗議したようすがうかがえる。

それは明治三二年の五月、武徳会本部の大会のために京都に集まった柔術家の主だった者が、第三高等学校（のちの京都大学）の道場に集合したときのことであった。講道館の嘉納治五郎が口を開いて、「『足挫き』という手は、足の神経を害する恐れのある危険な技であるから、今後は一切試合に用いないことにしたいと思う」という突然の提案を出した。あらかじめ、講道館派の間では、打ち合わせがしてあったと見えて、誰一人異議を申し立てるものはなかった。それで、私は立ち上がって、「そんな馬鹿な話はない。足挫きが足の神経を害する恐れがあるというのは、とんでもない言いがかりだ。私は今まで足挫きをかけられたために、足の神経を痛めたという話は聞いたことはありません。そんな例も見たことはない。足挫きを勝負から除外するなんぞ、もっての外です」と反論。すると、嘉納治五郎が、「田辺君は足挫きを決《け》っして危険ではないと言うけれど、実際は情け心のないむごい手で、足の神経を傷つけ、片輪《（ママ）》になる心配がある。非常に危ない技であることは明らかである。だからこれはやめにした方がよかろうと考える」と主張し、自説を曲げなかった。

そこで私はさらに、「あなたはしきりに足挫きを危険だと主張されますが、事実これまでにそういった実例を見たことがありますか。足挫きを剣呑《けんのん》な手だとそしるのは、これを除きたいために、無理に考え出した難癖に相違ないと思います」と再び反論。その上でそばにいた広島の松田魁輔《かいすけ》先生に向かって、「松田さん、あなたは一体足挫きをかけられたために神経を痛めて片輪になった人を知っておられますか」と尋ねると、松田は苦笑いしながら、「そんな馬鹿なことがあるもんか。足挫きは少しも危険な手じゃあない。片輪になるなんぞ、聞いたことがない」と極《きわ》めて大雑把《おおざっぱ》な言い方で賛成してくれた。私は再び嘉納の方を振り返って、「それごらんなさい。松田さんも、危険はないと言っているではありませんか。それに足挫きを廃止するということは、立ち技の者には寝技を振り放して逃げるときに、足の逆の心配がいらなくなるから、はなはだ都合がよくなるけれど、寝技の者はその反対に、つけ込む機会が少なくなるからやりにくく不利益をこうむる。これは立ち技組の利益になるだけで、寝技党の不利益になること間違いない。非常に不公平な取り決めである。私はどうあっても賛成することはできん」と執拗《しつよう》に異議を申し立てた。すると会場にいた熊本出身の扱心流《きゅうしんりゅう》の大先生だという星野《ほしの》九門《くもん》というよぼよぼの老人が、嘉納におべっかを使って、「足挫きと言う手は、元来汚い手だから、嘉納先生のご説の通り、やはりやめにした方がいいでしょう。それにあんな手はなくってもことが足りるからいっそ廃止した方が」と嘉納に提灯《ちょうちん》を持った。そこで私は星野に向かって、「あなたのようなお偉いお方は、ご自身が勝負をしないのだから、足挫きなどなくてもかまわないかもしれないが、実際勝負をする者にとっては、足の技が一つでも減るということは非常に大問題であって、そんなに軽々しく廃止説に同意しないでもらいたい。だいたいよく効《き》く手だからといって、危険だといって除外してしまうのは、卑怯千万《ひきょうせんばん》ではないか。足挫きが、あなたが言うように汚い技であるとすれば、そのように思う人は、使わなければいい話だ。立ち技の者にだけ得になるようにして、寝技の人に損になるような不公平なことを、なぜ取り決めなくてはならないのか。立ち技の者が、足の心配がいらなくなって、手の逆ばかり注意すればよいことになって、寝技の者は、勝つ機会がなくなってしまう。なぜそういった一方的な規定をこさえるのか。私は反対だ」と極力反対説を主張した。

しかし、多勢に無勢、ほかに嘉納に反対をする勇気のある人間もなく、最後には、多数決で提案どおり「足挫き」の技は禁止されてしまった。（巻二第四一節より）

「このようにして、講道館の覇業《はぎょう》は着々と下準備が進行していったのであります」と又右衛門はくわしく述べている。

この足挫きについては、ごく最近になって、不遷流の柔道をやっている井上清気《いのうえせいき》（名古屋在住）さんに聞いたところ、「足絡《あしがら》み」という技なら知っているとのこと。

私も実際に掛けてもらった。右足で相手の股の付け根を押さえ、左足は相手の身体の下から絡むようにして股関節を押さえつける。それで動けなくするのだ。もちろんいまは柔道では禁じ手だが、これが当時の「足挫き」かどうかは分からない。明治期には、足技は足固め・足絨《あしがらみ》・足挫き・足詰めなどがあったらしいが、いまはよく分からない。

井上清気さんはもとは岡山の不遷流の系統の方である。父親は一利さん、祖父は岩吾さんで、和気《わけ》郡備前町伊部《びぜんちょういんべ》の出身。その師匠の吉田才造《よしださいぞう》さんは、同じく備前の西片上《にしかたがみ》の出身である。

大事なことは、いまの柔道では禁止になっているが、田辺又右衛門が広岡勇司の足を取って寝技に持ち込んだことである。「(広岡の)右脚を(田辺が)右腕に抱え込むが早いが、尻餅をつかせ」とあるように、試合中すぐに「足を取って」寝技に入ったことである。これはいまの柔道では禁止されている。寝技に入る条件として、抑え込み技は、相手を立ち技で崩したさい、相手の背中か、一方の肩が畳に着いた状態からでないと寝技には入れないことになっている。しかし「高専柔道」では、いきなり寝技に入るのは、つねに使っていた方法であった。現在でも相撲には「足取り」という技はある。レスリングのタックルにいたっては、いうまでもないことだ。

この「足を取る」のも、のちに禁止されている。この足を取るのを禁止されなければ、柔道の技や試合の幅が大いに広がると思う。ひとつの技を禁止することによって、その後の武道そのものの形がおおいに変わることが分かるであろう。「組み手争い」ばかり延々続けているところで足取りが入ると、「柔道」の試合が一変するとは間違いがないところだ。

最大の敵は審判、佐村正明

その翌年、明治三二年（一八九九）の五月、京都武徳会本部の大会で、又右衛門はふたたび磯貝一《いそがいはじめ》と闘うことになった。今度はみんなの目の前で審判付きの本勝負である。

このときは大日本武徳会総裁の小松宮彰仁親王《こまつのみやあきひと》の御台臨《ごたいりん》もあって、みな緊張して望んだ。衆目をあつめた試合である、又右衛門は今度こそは勝たねばならないと誓った。それは日ごろお世話になっている伊丹の小西道場の小西新右衛門《こにしんえもん》に対しても、また半田彌太郎《はんだやたろう》先生に対しても勝たねば面目がたたないと思った。

その日はかつて、警視庁にいた佐村正明《さむらまさあき》（武徳会範士）が審判を務めた。のちの講道館八段の佐村嘉一郎《かいちろう》の父親である。もともとは熊本出身の他流であった。又右衛門は今回も最後は絞めか逆で決定的な勝敗を決めないとまずいと胆《きも》に命じていた。当時は「押さえ込み二〇秒」というような決まりはないから、寝技組は寝技で徹底的に追い込んでいく戦法。

今回も、私は、磯貝を巴投げで崩し、寝技に持ち込んで磯貝の足を肩の上に担《かつ》ぎ込み、さらに相手の足の間に自分の足を押しこんで、完全に磯貝を下にして追い込んだ。こういう体勢になったらもうしめたものであります。磯貝はもがき、起き上がろうとして必死に抵抗するが、これもまた私の作戦。起き上がろうともがけばもがくほど、磯貝は体力を使い、消耗する。私は、磯貝がもう少しで起き上がる寸前まで頑張らせておいて、あとちょっとのところで、再び押さえ込むという持久戦。磯貝の勢力は次第に失われていった。磯貝は死力を尽くして動き回る。私は追う。そこで、磯貝の身体が畳の上から半分ほど出たところだった。ところがそのとき佐村正明審判が、私に近づいてきて、「離れて。立って、中程でやり直して。二人とも中に入って」とふたりを引き離した。

そこで、私は真ん中でやり直しをするつもりで、最初の位置まで戻り、稽古着の袖の崩れを直しながら、磯貝が来るのを待っていた。

ところが、磯貝は立ち上がったと思うと、その場で帯を締め直し、総裁殿下の方に向かって一礼し、さっさと退場してしまった。そして審判員の席に腰を下ろして、ハアと肩で息をしている。驚いて私は、佐村審判のほうを見ると、佐村は磯貝の方を見ながら、「双方疲れたからそれまでッ。引き分けッ」と宣言してしまった。

なんということだ。逃げ回った磯貝の身体が半分畳の外に出たというだけで「元に返ってやり直せ」というだけでも私は不満なのに、磯貝はそのまま退場、しかもそれを見た佐村審判はなんと、「双方疲れたから引き分け」とは。本来勝負は「三本勝負」であったから、時間が足らないというのなら、途中で「一本勝負」と通告してもいいはず。元に戻れといわれたのに、勝手に総裁殿下に礼をして退場する磯貝も磯貝だが、それを見て疲れたから引き分けというのは信じられない判定である。

そこで私は、佐村審判に対して、「誰も疲れたなどと言ってはいない。まして私はまったく疲れていない。ここで中止させるという法があるか」と抗議。しかし、佐村は「疲れたから引き分け」と繰り返した。どんなに言っても聞かなかった。磯貝は審判員席に座って、あいかわらずハアハア言っている。

「磯貝が疲れているのなら、長くはしなくていい、五分だけでもやらせてくれ」と私。しかし佐村は「イヤ、もうそれまで」と繰り返す。「五分が駄目なら三分だけでも」と私はさらに食い下がったが受け入れられなかった。私は、釣り上げ掛けた魚を、ふいに横合いから逃がされたような気がして、なんともやるせない気持ちで、中止せざるを得なかった。もともと審判が、途中で中に入ってやり直せといったにもかかわらず、勝手に試合を放棄して、退場したのだから、そちらを負けにすべきではないか。私は、不満のやり場がなかった。(巻三第四五節より)

この佐村正明審判は、その後も、又右衛門が講道館とやるときには決まって審判として出てきたのである。

審判法の「改正」

技の禁止の後は、審判佐村正明による技の規正、そして次は審判法の「改正」である。それは田辺又右衛門対策であると同時に、柔道全体に対する規正でもあった。こうしたやり方を又右衛門はどのような気持ちで受けとめていたのであろうか。

翌、明治三三年の武徳会本部の大会の直前に、審判法「改正」が行われた。しかも本来は大会に参列する大御所が出席することになっているのだが、なぜか今年は、私は外されていた。

講道館の敵である私を外すのは考えられないことではない。これまでにも講道館のトップである戸張瀧三郎や磯貝一と互角に戦っている私である。それを外すのに、いいわけが立つように、講道館のやはりトップクラスである永岡秀一も外してあった。また何か悪巧《わるだく》みを考えているなと、向こうの作戦は手に取るように私には分かった。そこで、ひとり、審査員が集まっているところに入っていくと、磯貝一が出てきて、ここは今審判法の改正について、話し合っているのだから、それ以外の人は入らないでくれと。「いや、私も意見があるからみんなにちょっと聞いてもらいたいことがある」と私。「しかし、君と永岡とは今回選ばれていないのだから、意見があるのなら、どこかほかのところに行って」と磯貝が再び拒否。私はむーっと来て、「どこかほかのところに行って話せとは、どこのことか。事務所にでも行けというのか」と。

「まあ、どこでもいい、よそに行って」と食い下がる。それから二、三やりとりをしていると、審判団の中から、大阪の半田彌太郎先生が、「あれも一方の大将ですから、彼の意見も一応聞いてやる必要がありましょう。とにかく一通り、意見を聞いてみたらどうでしょう」と。

するとと嘉納治五郎も、半田の言い分も無理な話ではないので、仕方がないと思ったのか、「それじゃあ田辺君、こっちへ来て、君の意見も聞かせてもらおうか」と。私が入ると、嘉納は改まって「田辺君、なにか審判法の改正について、意見があるという話だが、いったいそればどんなことか」と質問。

「それは、審判の採点を、警視庁と同じにしてもらいたいということです」

すると嘉納は、「警視庁なみというのはどんなことか」

「それは、絞めと、逆とをそれぞれ一本、と判定し、投げを二本で一本とするということです」と私。これは自分が警視庁に勤めていた頃からの、決まりだった。つまり、投げは、本当に一本、相手が投げ飛ばされるとか、心底から参ったというほどの技が決まらなく崩れたような投げが多いから半分とする。しかし、逆を取ったり絞めをとったりすると、それで相手は動けなくなり参ったとなるから、これは一本である。警視庁ではこれが一般的に行われていた審判法であった。（巻三第四六節より）

又右衛門はさらに続けた。

もう一つは〈歩《ぶ》〉の取り方です。これまでにも、〈絞め〉三分、とか〈逆〉四分という審判をしていますが、われわれ寝技組にしてみれば、相手に上になられたとき、起き上がる術として、わざと相手に首を絞めさせる――ということをやります。首を絞めにかかると、相手を押さえつけている力がそちらに回り、起きやすくなるからです。それをあたかも絞められているからといって、〈歩〉に加算されるのはおかしい。それが本当の〈絞め〉か、作戦上の〈絞められている〉のか、立ち技の人には区別つかないでしょうから、本当に技が決まり、相手が『参った』というまで、〈歩〉は取らないでもらいたいということです。つまり、中途半端な技で〈歩〉をとると、試合そのものがおかしくなる。するとと、嘉納のそばにいた横山作次郎《よこやまさくじろう》が口をはさんで、「田辺君の話は違う。警視庁で、投げ二本に対して、逆と絞めが一本、というのはあり得ない」。（巻三第四六節より）

又右衛門は、

「何も違ってはいない。現に私自身が、警視庁で審判をやっていたのだから、間違いではない」。

今度は別の人が口を開いた。岡山県人の近藤という男だ。「警視庁でやっていた方法は、確かに田辺さんの言っていた通りです。間違いありません」。

すると今度は嘉納自身が口を開いた。「投げも、絞めも、逆も、みな同一と見るのが妥当である。ここでは警視庁以上の審判法をつくる考えであるから、何も警視庁の真似をする必要はない。田辺君は、投げを軽く見ろという意見であるが、投げも甘く見ると、投げ殺されることがある」。

「投げ殺されるというのは、大人と子供のようによほど技術や体力に差がない限りあり得ないでしょう。そんな差がある組み合わせは、審査員が寄って決めるのであるから、そういった極端に差のある組み合わせはあり得ない」。（巻三第四六節より）

と反論する。

「それでは田辺さんは、投げも、絞めも、逆も、みな一本であるとしたら、立ち技の人と勝負をするのに具合が悪いとおっしゃるのですか。立ち技の人は立ち技の人と、寝技の人は寝技の人とだけ対戦しろと」と揚心流《ようしんりゅう》の大家である戸塚美作（英美の間違いか）が質問。

「いえ違います、私は立ち技とか寝技とかの区別をするものではありません。もしも立ち技の人が強かったなら、寝技の者が寝技に引っ張り込もうとしたときは、引き起こして立ちで勝負するでしょうし、反対に寝技の人が強ければ、寝技に持ちこむでしょう。だから私は、寝技でも立ち技でも相手を選ぶものではない。私は相手が誰であっても、かまいません。相手が投げの人であろうが、絞めであろうが。私は誰でも、相手が望めばやる。私もやりたい人がいる」と。すると嘉納が、あいかわらず憎たらしいことをいうと思ったのか、私の顔を見ながら、「では、参考までに聞いておくが、いったい田辺君は誰とやりたいと思っているのかね」。

私は即座に、「それは横山君です。横山君にはこの前広島で出会ったとき、勝負をしてもらおうと思って申し込んだが断られました。しかし、この次に会ったときは必ずやろうと、堅い口約束をしてもらっている。今回はぜひ横山君とやらせてもらいたいと思っているのであります」。

横山作次郎は少し吃《ども》りながら「うん、そういうこともあったなあ」と曖昧《あいまい》な返事をした。嘉納は私の対戦希望は少々意外だったとみえて、「そうか、それは参考までに聞いておき、協議の上取り決めることにしよう」と、これまたはっきりしない返事だった。

当時、講道館の横山作次郎は「鬼横」と呼ばれて、たいそう評判がよかった。私はかねてからこの大立者《おおだてもの》の鬼横と対戦して、鬼退治をしようと思っていたから、審判法について自分の意見も言い、また対戦相手の申し込みまでして気分がよかった。反対に嘉納は、秘蔵っ子の横山が田辺との対戦を望まないような返事をしたので、彼としては少々不満なやりとりになった。

しかし、現実はいつものように厳しく、私の要求はことごとく聞き入れられなかった。鬼横との対戦も、握りつぶされたのである。しかし、審判法に〈歩〉を取るということはその後廃止され、「技あり」を採用することになったのはこのときからで、私の意見も参考になったのである。(巻三第四六節より)

このやりとりと経緯を考えてみたとき、大日本武徳会のなかで、大勢の手下を持つ嘉納治五郎と講道館の勢力は揺るぎないものだが、その講道館につねに反抗するのが又右衛門という構図がよく分かる。こうしたことは現在の社会においても会社や組織の中でおこなわれていることかも知れない。あるいはそれぞれ両者の立場に立った経験のある人も。ある種の集団いじめの雰囲気もある。又右衛門の気持ちはどうだったであろうか。私が子供のときに見た柔道漫画では、柔道を修行する「よい青年」の主人公に対して、古いバンカラの柔術使いがつねに悪者として描かれていた。講道館としては、又右衛門の言うとおり、いつも目の上のたんこぶとして、田辺は困った存在であったのに違いない。

柔道を武術の第一として勢力を伸ばしたい嘉納にとっては、講道館の強者どもが、つぎつぎに田辺に負けるということは、致命傷になるからであった。それからもうひとつ、警視庁の審判が、絞めと逆を最大のポイントとし、投げを二本取ってやっと一本とするとしたのには、もともと、相手を取り押さえて動けないようにするという警視庁本来の目的があったからだろう。また相手をきれいに投げ飛ばしても、うまく受け身をとったり身を翻《ひるがえ》して立ち上がったときは、それが勝負のポイントにはならないのである。江戸時代から伝えられてきた格闘技としての武術の当然の帰結でもあった。

投げられたとき、うまく受け身をしたり立ちあがった場合はポイントにならない、あるいはのちに、投げは二本で「技あり一本」とするという警視庁の審判のやり方は、映画「姿三四郎」で志村喬《しむらたかし》演じる柔術家・村井半助《むらいはんすけ》が姿三四郎に投げられたときも、志村が綺麗な受け身をしてポイントにならなかったことを見てもわかる。警視庁の判定を嘉納が知らなかったはずはないと思うのだが。

又右衛門の姿勢は、警視庁の目的と似通っていて、武道として格闘技として相手をやっつける、動けないようにするという柔術本来の闘いの証しではなかったかと思う。また、明治三一年の又右衛門と講道館の広岡勇司との試合のとき、又右衛門の使った、寝技で絞めに入るひとつ前の手として「足挫き」を、つぎの年の武徳会の席で、嘉納が禁止技としたことからわかるように、柔道はつぎつぎと、柔術が持っていたさまざまな技を禁止していった。それがやがて柔道そのものを、見ていてもおもしろくなく、すぐに判定に持ち込ませることになる。このことが逆にやがて柔道の技の幅そのものを狭くしていくことに、嘉納自身気が付かなかったに違いない。

現在の柔道において、判定のため、ポイントを稼ぐための、「仮の技、見せかけの技掛け」が現れる原因の一因ともなった。現在はそういった見せかけの技は、ポイントや、「優位」とはとらないよう指導されているが――。田辺はすでにこのころからそう予言していたのだ。

前にも述べたように、中国のあらゆる武術が、清朝《しんちょう》時代に、武術を修練する人間が徒党を組んで地方の役人に反旗を翻したり、あるいは皇朝に対しても歯向かったりすることから、全面的にふたりで闘う「対練《たいれん》」が禁止され、武道ではなく見せるためのひとりで演舞をする

「表演《ひょうえん》」へと変貌させられていったことと相通ずるところがある。つまり格闘技から観賞するスポーツに変遷していった過程とよく似ているのである。しかし、嘉納治五郎が最初から、柔道のスポーツ化を目指し、青年の精神の鍛練としての柔道を目指していたかは疑わしい。

余談であるが、私は三〇年来、中国の内モンゴル地帯を走り、モンゴル人の生活や文化を見てきているが、草原や塞馬場《さいばじょう》で行われるモンゴル相撲と日本の相撲を比較するとなかなかおもしろい。モンゴル相撲は広い草原や広場で、土俵の制約はなく、組み合ったままどこまで行ってもいいし、また技をかけるのに自由にスペースを使える。反対に狭い土俵の中での勝負である日本の相撲は、技に制限があるし、土俵を出ると負けだから、瞬間的に勝負が決まる。大いに違いがある。

相撲は、スポーツ、とくに球技のように競技をするスペースが決まっていて、その枠内から球が出るとやり直したり、負けたりするのと似ている。その唯一の例外が、野球である。野球は打った球が、場外に出るとホームランといって得点になり、また走者一掃で大きな点が加算されることになる。このルールはとてもおもしろい例外である。野球のおもしろさの大いなる特徴でもある。

これはアメリカでできた上がったものだ。柔道も、ある時点で「土俵」がきちんと決められ、「場外」での技は有効とならなくなった。しかし、又右衛門の時代は、時間制限もないし、スペースも道場の中、全体だったから、寝技も、相手を追い込んで、心ゆくまでできたのである。格闘技は本来そういうものだった。

鬼の横山作次郎を追い回す

武徳会の審判規定「改正」の席で、又右衛門は横山作次郎との対決を希望すると嘉納治五郎に言ったにもかかわらず、叶《かな》えられなかった。また、又右衛門が東京の警視庁にいる時分に、横山は、広島県の江田島《えたじま》の海軍兵学校の教師をしていて、近々東京に帰って来るという噂《うわさ》があったので、又右衛門は警視庁に頼んで、「今度横山が帰って来たら対戦させる」という約束を取っていた。しかし、これも実現しなかった。

又衛右門は、前述したように、広島の松田《まつだ》魁輔《かいと》道場で偶然横山と会っていたのである。話は遡るが、口述筆記では広島での経緯をつぎのように述べる。

そこで早速、「横山君、一本稽古をつけてくれないか」と申し込む。松田先生も、すぐに新しい稽古着と帯を持ってきて、二人の前に置いた。私は早速着替え始める。ところが、横山は、両手をあげて、「まあまあ、今日は少し酒を飲んでいるから稽古はダメだ。

今度酒を飲まないときにやることにしよう」という。私は、酒を飲んでいるのなら仕方がない。後で酒を飲んでいたから負けたと言われても困ると思い引き下がる。しかし、考えてみれば、広島で会ったのも何かの因縁。この機を逃したら、今後、いつ会えるか分からない。そう思った私は、翌朝、松田先生の弟岩井《いわい》熊吉《くまよし》を連れ、稽古着を持参して、横山の宿泊している旅館を尋ねた。

「今朝はまだ、酒は飲んでいないだろう。君の話によると、酒を飲むと稽古が出来ないということだから、まだ酒を飲まない間にやってきた。さあ、朝の内に一本稽古をつけてくれ」。

するとと横山は、吃《ども》りながら、私をなだめるように、「こ、今度は初めて会ったのだから、や、やらんことにしよう。そ、そのかわり、今度どこかであったら、必ずやることを約束するから」と言って、どうしてもやらなかった。（巻三第四八節より）

そして〈今度会った〉のが、前述の、武徳会の審査基準「改正」のときであった。

そのとき、私又右衛門は嘉納の質問に答えながら、みなのいる前で「横山とやりたい」と申し出たが、ついに対戦は叶わなかった。私は悔しかった。広島でも再三逃げて、しかも、今度会ったら必ずやると、約束をしたのに、やらないというのは、男の約束としても許せない。

これより前、横山は武徳会第一回の大会で、「私は講道館の横山作次郎と申します。もしどなたか、お望みの方がありましたら、どなたでも勝負をお申し出ください」といったという。私がいなかったときである。しかし、誰も、鬼の横山の名前に恐れをなして、申し込みはなかったという。横山の名前は、ますます高まった。それを聞くと、私は自分がそこに居合わせなかったことが悔しくてならなかった。それを考えると、ますます頭に血が上ってくるのであった。(巻三第四六節、第四八節より)

横山が、試合を拒否して「逃げた」のは、そのときばかりではない。明治三二年二月の徳島における武徳会での大会で、京都から磯貝、大阪支部からは又右衛門の門弟であった伏見《ふしみ》辰三郎《たつさぶろう》が出席した。彼はもともと大阪の半田彌太郎道場の人間だが、伊丹の小西道場であずかっている男。なかなか体格もよく、柔術の技もたいした男だった。立ち技もやれば寝技もこなした。その伏見辰三郎が、「私が磯貝に一本願ってみましょう」という。「よしやってみろ。力一杯ぶつかってみろ。骨が『ワリワリ』になるまでやってみろ」と又右衛門は激励した。伏見は早くから稽古着に着替えて試合場で待っていたのだが、こちらの意図を知ったのか、磯員は着物を着替えないで、そのまま逃げてしまった、と又右衛門は言う。
なぜ、又右衛門が横山作次郎を執念深くつけ回したかというと、

私には十二分にこの講道館の大看板、「鬼横」に勝つ自身があったからである。もともと横山は足を広く踏み開いて立つので、これは立ち技の勝負には転びにくい。しかし私から見ると、飛びこんで脚をとり、担《かつ》ぎ上げてからさまざまな細工をするのにすこぶるおあつらえ向きだと思ったからである。絶対に勝つ自信があった。（巻三第四八節より）

横山作次郎（1864～1912）　講道館の四天王といわれた。最後まで又右衛門との試合を逃げた。

しかし、横山は最後まで、又右衛門との勝負を逃げつづけ、又右衛門に言わせれば、「いやしくも武道をするものとしては卑怯千万《ひきょうせんばん》なやつ」であった。
ここでも寝技の得意な又右衛門が、足を開いている横山の「足を取る」と言っている。この時代はまだ最初からレスリングのように、足を取って寝技に持ち込むことができたので

ある。現在では、前にも述べたように、立ち技が崩れたとき、肩か背中が床に着いたときに限り寝技に入ることができると、寝技に対して条件が付いている。寝技の不得意な講道館が、条件を付けたのであろうか。組み手争いを延々と続けているときに足を取ることができれば、勝負はずいぶん展開する。一つ技を禁止されれば、試合そのものが変わってくるのである。

姿三四郎こと西郷四郎が、又右衛門との対戦を断る

又右衛門との試合を避けた、逃げた男は、横山作次郎のほかに、同じく「講道館の小天狗」と言われた西郷四郎《さいごうしろう》、それに羽賀《はが》の「八天狗付《はってんぐつ》き」とうわさされた竹内藤一郎《たけのうちとういちろう》の三人である。西郷四郎にいたっては、又右衛門が伊丹の小西新右衛門の道場、修武館《しゅうぶかん》にいるときにわざわざ稽古場に尋ねてきておいて、それなのに対戦を拒んで逃げて帰った。西郷は、四尺七、八寸(実際には五尺一寸とも。約一五三センチ)の小兵であったが、嘉納治五郎の愛弟子で五段。うわさによるとその十八番の「山嵐」という技の切れ味は、名刀「村正」をしのばせると言われていた。

又右衛門は新しい稽古着を二枚並べ、「さあひとつ一本願おう」と何度も言ったのに、彼は急に対戦を避けたという。西郷をわざわざ小西道場に連れてきた千葉兵蔵《ちばひょうぞう》とは、又右衛門

は格別親しいわけではなかった。たまたま先年、熊本で無理やり対戦させられただけである。それにもかかわらず西郷四郎をつれて伊丹の修武館に又右衛門に会いにきたのであるから、当然、又右衛門と勝負をしにきたと思うのが自然である。会いに来て勝負しないのはおかしいと思ったが、しかし、そのまま西郷は逃げて帰ったのである。（巻三第五一節より要説）

又右衛門の口述筆記には、西郷四郎はこの部分のたった一か所にしか出てこない。又右衛門は西郷をまったく問題にしていないのだが、すでに書いたように、この西郷四郎こそ、のちに『姿三四郎』として富田常雄が小説に書き、また黒澤明が「姿三四郎」「続・姿三四郎」として映画にし、大ヒットする主人公なのである。

とくに姿三四郎こと西郷四郎の得意技「山嵐」は、小説のなかでも、映画の中でも最後の決定的な技として登場する。富田常雄の父親富田常次郎は、嘉納家の奉公人で、のちには講道館のいわば番頭役となる。初期の講道館において嘉納治五郎をはじめ、講道館の主だった面々が、自分たちの知らない柔術の技を繰り出す又右衛門の取り扱いに「苦労」していたのを、常次郎は息子の常雄につねづね伝えたのだ。嘉納治五郎が、講道館をわずか数名で立ち上げたとき、嘉納と一緒に稽古したのが富田常次郎であり、また西郷四郎であった。若いとき、嘉納がまだ柔道着を着ていたわずかの時間であろうが、そのとき嘉納は西郷に一目置いていた。のちに嘉納が、西郷を持ち上げることにより「英雄」姿三四郎が生まれ、またひいては「悪役」田辺又右衛門が誕生した。以後、講道館神話、三四郎神話は現在にいたるまで続いている。

又右衛門は、こうして自分との対戦を避け、逃げて帰っていった者に対しては、みな自分が勝った、「退治した」というふうに口述筆記のなかで言っている。そのような気の弱い者は武道家ではない、とも。それより自分が敗れても敗れても、果敢《かかん》に対戦してくる戸張瀧三郎の方がはるかに男らしいと——。

講道館のスカウトマンか間諜か

結局、又右衛門が嘉納治五郎や審査委員など衆目の前で対戦を申し込んだ横山作次郎との試合は実現せず、その代わり永岡秀一《ながおかしゅういち》とすることになった。やはり横山は逃げたのである。永岡は横山の愛弟子ともいうべき者で、のちに講道館九段、文理大学の柔道教師で、投げ技の切れ味については定評があった。又右衛門と同じ岡山県の出身、というより又右衛門も知っている起倒流の野田権三郎《のだごんざぶろう》道場の出で、その後講道館に入った。

この野田道場には前述したように、又右衛門は若いとき出かけたことがある。そのときはまだ永岡はいなかったが、又右衛門が何度行っても、風邪を理由に逃げられ、「この道場はみんな風邪を引いているのか」と又右衛門が毒づいた道場である。

永岡は「横捨て身の大家」と言われていた。この永岡を講道館に連れていったのが、馬場《ばば》七五郎《しちごろう》という男で、この男には又右衛門は会ったことがある。

明治二六年の夏に、私が警視庁の休暇をもらって岡山に帰っているとき、玉島の羽黒神社に、父虎次郎の門弟、野田簾太郎《れんたろう》と一緒に参拝に行くと、後からついてきた男に声をかけられた。それも「もしもし、あなたは片岡仙十郎先生ではありませんか」となぜか、私の先輩の名前を言う。「いいえ、私は田辺です」。すると男は「ああ、田辺先生ですか。ご高名は伺っています。私は馬場七五郎というもので、柔道を少しやっています。この先の山中旅館に泊まっていますので、よろしければお近づきのしるしに私の宿で一献《いっこん》」という。調子いい言葉に、つい私ものってしまった。ところが、宿についても食事を頼んだというのになかなかでてこない。そこで、お膳を、と私が頼むとすぐに出てきた。馬場が金がないのを宿の者はよく知っていたのである。馬場は「放浪」の果てに金を使い果たしていたのだ。

そして食事の後、馬場の申し出により、近所の柏島にある小幡宗衛門《こばたそうえもん》の道場を借りて、馬場と立ち会うことになった。小幡宗衛門は私の祖父、武田禎治《ていじ》の門弟である。

勝負はすぐについた。たいした男でもないと私はがっかりした。余計な道草を食ったとも思ったのである。ところが馬場と私のお供をしていた虎次郎の門弟、野田簾太郎と立ち会いをすると、段違いに馬場が強いのである。野田が懸命になって仕掛ける技も、逆も、てんで受け付けなかった。

私は、不思議な気がした。それで一息入れた後で、私はもう一度やってくれないかと頼む。しかし、再度やっても結果は同じだった。やはり自分とは格が違うのかと私は自分に納得させたが、しかし傍にいた野田も、不思議に首をひねっていた。私にはわざと力を出さなかったのであろうか。稽古後、私がこれから尾道に行き、物外不遷《もつがいふせん》和尚の墓参りに行くことを知り、馬場は一緒に連れて行ってくれという。私はやんわり断った。

後で分かったことだが、この馬場という「放浪者」は、柔道の宣伝隊のような男で、講道館の「宣伝」をして地方を歩いていたらしい。このとき岡山の野田道場で永岡秀一を見つけ出し、講道館に送り込んだのだそうだ。岡山出身の私に対抗するのに、同じ地方から強い男を探していたのか。同じ柔術の土壌をもつ人間なら、私に勝てると思ったのだろうか(このころから講道館は、強い男を見つけ出すスカウトマンも雇っていたらしい)。

羽黒神社で後ろから私を突然に追いかけてきたのも、後で考えればおかしな話だ。このとき私は警視庁から三週間休暇をとって帰っていたわけで、その後、突然に解雇通知が来たのだ。(巻二第二八節より)

明治二八年（一八九五）という時代に、すでにヘッドハンターを兼ねた間諜《かんちょう》を雇っていたのだろうか。「片岡仙十郎先生ではありませんか」と尋ねてきたのもおかしい。片岡仙十郎ものちになぜか警視庁を首になり、台湾に「転勤」になっている。口述筆記では、

この馬場七五郎という青年は、妙な青年でありまして、こういう具合で日本全国を遍歴して歩いた一種の柔道宣伝隊のような男であったということでした。私にしてみると、このとき会った馬場七五郎が、同じときに岡山の野田道場で、その後私が因縁の試合を何度もすることになる永岡秀一を引き抜いたというのも、まことに奇妙な行きがかりであった——。（巻二第二九節より）

この馬場七五郎という男はどのような人物かわからない。ところが私がこの『田辺又右衛門口述筆記』をまとめたあと、半年ほどして九州の図書館に新聞小説の切り抜きがあるのがわかった。昭和三四年（一九五九）一二月一二日から、『報知新聞』に七五回にわたって連載された小説『秋霜の人々——柔道薄明のころ——』である。作者は古賀残星《こがざんせい》で、この人は柔道家でかつ詩人でもある。小学校の教員をし、のちに東京高等師範学校の体育科に入学。中学校で柔道を教えている。講道館六段。その後文筆活動に入り、『嘉納治五郎』『天才永岡秀

二』など上梓《じょうし》。文武両道の人らしい。

『秋霜の人々――柔道薄明のころ――』はサブタイトルが示すとおり、柔道のはじまりのころ、それらにかかわった人びとをいわば総なめに紹介する小説である。ここで馬場七五郎が出てくる。それどころか、この小説の前半部分のさまざまな柔道家やまだ地方には多く残っていた田辺又右衛門ほか柔術家などを紹介するところでは、彼は「狂言回し」役を演じている。またいかにも小説らしく、彼に恋をさせ女と駆け落ちをさせ、最後は酒に酔って、溺死《できし》させている。

内容は、基本的には講道館の高名な柔道家を紹介するのが目的であるが、田辺又右衛門についてはいろいろなエピソードをまじえてかなり書き込んである。

いままでに田辺又右衛門について書かれたものはほとんどないので、そういった意味では興味があった。しかも又右衛門しか知り得ないような、私の持っている口述筆記と同じような話が二、三あり、ひょっとしたらこの口述筆記を読んでいたのではないかと思えるところもある。しかし、最後は、又右衛門みずからが、「自分の柔術が古くて現在では通用しなくなっている」と述懐までさせているところもあって、そこら辺は、やはり講道館柔道の擁護派であろう。

それはともかく、小説では、馬場七五郎は、酒におぼれ、破門されて東京にいられなくなったが、それでも嘉納治五郎の温情で、使いばしりのようなことをしていたのかも知れない。馬場七五郎は、東京から岡山に行き、玉島(このとき田辺に会ったのか)から尾道へと転々とし、さらに福岡県久留米の南筑《なんちく》柔術館に、それから京都に行き、奈良を経て愛媛県松山に行っている。たんに放浪というには、田辺や片岡の地元が多いような気がする。そのつど仲間の紹介ということだが、なぜか嘉納治五郎や磯貝一・永岡秀一などの京都での打ち合わせのときには京都に行って同席している。磯貝や永岡は講道館の顔ともいうべき高段者だが、馬場七五郎は二段である。しかも酒癖が悪く、一度は破門になっているような男だ。それなのに講道館のトップクラスの会合に顔を出しているのは不思議だ。

こうした打ち合わせのあと、東京に帰る嘉納治五郎を磯貝や永岡が送っていくというのを、嘉納は、「いや積もる話もあるから」と馬場ひとりだけをお供にして駅に向かっている。嘉納には特別かわいがられていたのかもしれない。あるいはふたりだけの特別な話があったのかと勘ぐりたくもなる。又右衛門が警視庁から三週間の休みをもらって郷里に帰り、玉島の羽黒神社に詣でたとき、うしろからつけてきたのがこの馬場七五郎で、その後、休暇中に突然、又右衛門に解雇通知がきたのは不思議な出来事であったこと、また馬場が一度は講道館を破門されたのにその後嘉納が重宝して使っていたことを考えると、あるいは又右衛門の突然の解雇と関係があるかもしれない。馬場はたんなる引き抜きマンだけではなかった可能性もある。前後繋ぎ合わせて考えると、片岡仙十郎の台湾への転勤も不思議な気がする。

小説であるからどこまで本当かもわからない。ひょっとしたらこの小説『秋霜の人々――柔道薄明のころ――』を書いた古賀残星という柔道家兼作家は、馬場七五郎に会って直接話を聞いているのかもしれない。いずれにしても、小説という形を取っている以上、真偽のほどはわからない。

永岡秀一と闘う

永岡秀一は又右衛門と同郷で、又右衛門はあまり闘いたくはなかった。しかし、又右衛門は以前、「ワシは鬼横と闘いたい。これまで何度も逃げられた」と永岡に訴えたことがある。永岡は講道館側の人間で、もちろん試合の組み合わせを決める立場にもあったからである。そして、例の審判法改正のとき、又右衛門と一緒に、その年に限って審判から外された男である。又右衛門を審判から外す口実に、永岡も外されたのである。そのとき、「もしお前と闘うことになれば、勝負の世界だから、手加減はしない」と又右衛門は永岡に言ったことがある。

又右衛門にしてみれば、同郷の永岡を敵に回したくなかったが、嘉納治五郎は上京してきた永岡を自分の家に同居させ、とりわけかわいがっていたのだ。永岡にしてみれば、もし田辺と闘って負ければ、それは講道館の名折れになることはたしかだった。嘉納から言わせれば、若い永岡と又右衛門を闘わせ、重鎮ともいうべき肝心の横山は温存しておいたのかもしれない。

永岡の柔道は、その天性に負うところが大で、その十八番は「横掛け」の絶妙なる技と「小外刈《こそとが》り」で、その早業《はやわざ》は到底、何者も及ばないと言われていた。その後、永岡は、立ってよし、寝てよしの名人になったが、その頃はまだ寝技はそれほど強くなかったので、私は寝技に持ち込めば当然勝つ自信があった。

いよいよ試合になって、私は前日の審判法改正について自分の意見を受け入れられなかったせいもあり、また肝心の横山作次郎とも試合をすることも出来ず、かなり鬱憤《うつぷん》がたまっていたせいもあって、永岡には悪いが、厳しく立ち向かう決心をした。永岡は私より、四、五歳ほど下で、当時二七、八歳の青年だった。私から見たら若輩だが、ちょっと気を抜くと立ち技でやられないとも限らない。それに審判法の改正で、立ち技に優位に「歩《ぶ》」を取るという傾向にあったので、いきなり寝技に持ち込もうと言うのが私の作戦だった。

ふたりで礼をすませたところで、私が審判を見ると、今まで控え席にいた佐村正明が、いつのまにか交代して審判として立っていた。私は驚いた。またあの佐村が――。思わず血が逆流してくるのが分かった。かなり動揺した。前年の磯貝一との対決で、不公平な審判によって引き分けにさせられたあの佐村である。とにかくちょっとでも守勢にまわると、どんな審判を下されるか分からない。立ち技でちょっとでも技を掛けられたり、同時に転んでも、負けを宣言させられるかもしれない。それまでは、永岡には絶対に勝つ自信があり、結構気楽に構えていたが、そうは言ってはおれない。私はかなり緊張した。立ち技でまごまごしていたら危ない。

私はすぐに引っ張りこんで（寝技に持ち込んで）おいてから、ひっくり返して自分が上になり、散々揉《も》んで、追い回している間に、都合よく「腕挫《うでくじ》き」のとれる機会があったので、しめたとばかり、永岡の右腕を膝で挟み付けておいてから、これをグーッと引き伸ばそうとしたら、永岡はしまったとばかり、右肘をかがめて、その手首を左手でしっかと引っ掴《つか》んで、必死に伸ばされまいとこらえる。永岡はもともと小柄で身長も高くないのだが、意外に力のある男で、土を入れた俵を持ち上げて、一間あまりも投げることが出来る男、なかなかの強力である。しかし、私から言わせれば、こうした体勢になった以上、なかなか逃れるのは難しい。私は、永岡の左手を外さなければいけないので、責めようとする永岡の右前腕の真ん中を、左手に掴み、相手の右拳の上から右手を当ててしっかり握りしめ、しずかに相手の右肩の方向に押し放そうと試みた。そうすればいかに永岡の小手先の力があったとしても、到底助かる見込みはない。永岡の左手のつっかい棒がはずれたときこそ、永岡の右肘がボリッと脱臼してしまうときであった。永岡は絶体絶命の立場になった。

するとそのときであった。間髪を入れず、佐村正明審判が傍に駆けつけて、「アッ、そこを握っちゃいかん」と言って、永岡の右拳を掴んでいる私の右手を上から掴んで引き剝《は》がそうとしたのである。私は試合中に自分の手を審判につかまれたことに驚くとともに、いったいなんということをするのだとびっくりした。「今、まさに相手を攻撃している腕を離せというのか」。私は、とてつもなく腹が立った。それで下から佐村の顔を見上げて、「ナニッ、君は逆を取る技を知らないのかッ、これを取らないでどうして逆がとれるッ」と叫んだが、佐村は私の手を上からしっかと抑えたまま、「イヤ、手の先を握ってはいけない」と言って離さない。「なんということを言うのか、ここを握らないでどうして相手の手を外すのかッ」と私は真っ赤になって、言い返したものの、佐村は聞かず、私の手を握って離さない。

それでしかたなく、「ようし、それではこうするまでだ」と、私は右手を離して、永岡の右前腕に深く引っかけて、自分の左前袖《まえそで》を固く握りしめ、左前腕も同様に永岡の右腕に引っかけて、私自身の右前襟《まええり》を硬く握り、右前腕を中にして、自分自身の両腕をX字型に引っかけ、さらに自分の胸に引き寄せるようにして、永岡の右肘をしっかりと倒してしまったのだ。そうしておいた上で、自分の両腕と胸とで、相手の右腕をギュッと絞めつけ「それじゃあ、仕方がないから気長にやろう。さあ永岡の手がしびれるか、僕の身体がしびれるか、辛抱比べだ」といいながら、身体をじりじり後ろにそらし始めた。こうなると時間は少々かかるが、腕と全身との争いになり、永岡ががんばっても時間の問題である。永岡の右腕は、私の両腕で、ギッシリ私の胸に引きつけられて締めつけられ、おまけに肘先を挟まれながら、私の身体でグーッと引き延ばされているのだから、どんなに抵抗しても時間が経てば否応《いやおう》なく疲れてしまって、早晩引き伸ばされなければならない状態になった。

このときの永岡の壮絶な踏ん張りは、私としても同情するばかりだった。永岡は、単に自分の名誉のためばかりでなく、講道館のために負けられぬ立場にあったので、ほとんど血涙を流さんばかりの死に物狂いで踏ん張っていた。私にしても、寝技の名誉のためにも許してやるわけにはいかなかったのである。

ところが、永岡の我慢も限界というところまで来たとき、再び、審判佐村正明が出てきて、またしても、大きな声で「あまり長引くので、やり直し。立って」と再びちょっかいを出した。私はさらに腹をたて、「君は何を言うかッ。ここまでやっておいて、後ちょっとというところで、やり直しとはどういうことか。ムザく放してやれるものか。永岡も立派な柔道家だ。試合は二度とあるものじゃない。君もあんまり出鱈目《でたらめ》な審判をするのはよせい」と。しかし、佐村審判は頑強に「どうしても立て」と言う。「それじゃあ僕は止めだッ」「やめると、引き分けにするゾ」「引き分けでもなんでもいい、みなが見ていたから、僕が勝っているのは知っている。誰がこんな馬鹿らしい試合などするもんか」といきまいた。それで止めてしまった。永岡は窮地を脱したのである。（巻三第四九節より）

このときの対戦を、又右衛門は歳をとってから、つぎのように言っている。

「君は逆をとる技を知らないのか」とか「ここまでやっておいてムザムザ腕を離せるか」と審査員に楯突《たてつ》いたのは、やはり若かったのだと思う、と。また「それにしても私が闘うたびに出てきて審判をやり、なんとか私に勝たせまいとする佐村正明は、なんとしても許せないが、講道館派の武道家たちも、寝技を修練していない情けなさに、斯《か》くのごとき応援を依頼するほか策がなかった。なんとか田辺の寝技を封じなければ――嘉納治五郎も内心苦しかったのに違いない」と。

それで、翌年、例によって、武徳会の大会で、今度は「今後いかようなことがあろうとも、審判の申し渡しに試合中に異議を申し立てることは、相成らぬ」という取り決めが行われ、田辺にもお達しが回ってきた。こうして、毎年、田辺又右衛門のために、技を禁止したり、田辺の抗議を受け付けないようにしたり、いろいろな取り決めが講道館派によって決められたのである。またこれもあとの話だが、このとき闘った永岡秀一は、又右衛門との試合のあと、嘉納治五郎の宿を尋ね、涙を流し、悔しいと言って嗚咽《おえつ》してやまなかったと、又右衛門は聞いた。嘉納は「泣くな、泣くな、今に勝つこともあろう。気を大きくもて」と慰めた——と口述筆記にはある。

永岡は嘉納に特別にかわいがられたらしい。丸山三造編著『大日本柔道史』(昭和一四年)によると、永岡は一七歳のとき上京し、嘉納の自宅に寝起きしていたこともあるという。また永岡が高熱を出したときは、嘉納みずから夜中に布団を掛けにきてくれたとも。また明治二七、八年ごろ、京都から上京した磯貝一と嘉納と三人で、夜遅くまで形と乱取りの研究をしたことなど、永岡は、四六年間におよぶ嘉納との終生の付き合いを「先生の慈愛」というタイトルでこの本に思い出として書いている。

第5章

柔術の卓越性

柔術の卓越性

とにかく講道館の連中にとって、目の上のたんこぶは田辺又右衛門《たなべまたえもん》で、入れ代わり立ち代わり対戦すれども、だれひとり敵《かな》わなかった。審判の力添えがあって引き分けにしたとは言うものの、やはり本人はおのずと負けたと思っているだろうし、新聞に引き分けと出たとしても、講道館が勝っていないことに変わりはない。

又右衛門は、

これは何も私が特別に跳び離れた才能を持っていたからというわけでもないのでありまして、畢竟《ひっきょう》、私の柔術そのものが、講道館柔道より優秀であったからにすぎないのであります。勝負法としての柔道というものは、断じて真正なる柔術の敵ではないのであります。……いずれにしても体育半分の柔道というものを持って、勝負に全力を注ぐ柔術の相手をしようというのでありますから、到底勝てないのは明らかなことであります。

（巻三第五二節より）

と述べている。また、

自分の身を守る、そのために相手もやっつけるという勝負の世界において、その目的を達成するための柔術は、どうしても逆や絞めを折り込んだものでなくてはならず、投げというものはそれに付随するものにすぎない。現に、大きな敵に対して、単に投げるだけで自分の身が守れるかというとそうではなく、相手はすぐに起き上がってきて、再び攻撃に転じることが出来るからである。それに反して、逆や絞めは、それで相手が動けなくなるので決定的な勝利を得ることができる。この柔術は長い年月をかけて先人が編み出したもので、訓練し加減をすれば、それによって人間が死ぬとか骨を折るとかそういった不都合はない。したがって、嘉納治五郎《かのうじごろう》が説く柔道というものが、身を守る武術としては、はなはだ無理に構成されたものであることが分かる。（巻三第五二節より）

とさえ又右衛門は言っている。

勝負が常に自分より体力が劣るものとやるのならいいが、自分より強豪な敵と対戦するのなら、どうしても寝技が必要で、相手の腕や脚を、こちらの身体全体で制しないと負けてしまう。嘉納氏はこの本末を転倒して講道館柔道を編み出したものでありまして、余計な骨折りを門弟どもに強いたものでありますから、時流に棹《さお》さすに巧みな結果、多士済々として、どうどうとした陣容を揃《そろ》え、その陣容を誇っていたにもかかわらず、遂に本筋の柔術に精通した小さな取るに足らない一田辺又右衛門なるものを征服することができなかったのであります。（巻三第五二節より）

又右衛門は老いてその人格が穏やかになり、相手の気持ちも考えてものを言うようになっても、嘉納のつくった柔道に対して口述筆記のなかでそう述べている。おそらく又右衛門の生涯をつうじての思いであったのだろう。

のちに年老いて、又右衛門は、磯貝《いそがい》や永岡《ながおか》から昔話として聞いている。

磯貝は毎日、本部の稽古が終わった後、こっそり第三高等学校の道場に入り、中から鍵をかけて、佐村《さむら》・田畑（昇太郎と思われる）とともに打倒又右衛門を目指して必死に寝技の訓練をしたという。また後に講道館より、永岡秀一《しゅういち》が武徳会に移ってきてそれに加わり、血を吐くばかりの稽古をしたという。あるときは食べ物も喉に通らないくらい。また血尿も出たと。それほど、又右衛門に執念を燃やして稽古を続けた。だからこそ、磯貝も永岡もその後の柔道界において名声をなし得たのであります。（巻三第五二節より）

講道館の手先となって、たびたび又右衛門に不利な審判をした佐村正明《まさあき》の息子嘉一郎《かいちろう》は、明治三三年（一九〇〇）の武徳会本部の優勝決定戦で又右衛門の弟の田辺武四郎《たけしろう》と闘って敗れている。又右衛門の弟、二男武四郎は、又右衛門の寝技に対して、立ち技の投げの名手であったが、明治三七年一〇月、日露戦争で清国万宝山《しんこくまんぽうざん》において戦死している。若冠二五歳であった。

又右衛門ひとりで講道館と闘った不遷流《ふせんりゅう》にとっては、武四郎さえ生きていれば——とだれしもが思うところである。同じように、又右衛門の朋友であり先輩でもある片岡仙十郎《かたおかせんじゅうろう》の早世《そうせい》も不運な出来事であった。「片岡さえいれば、不平等な審判も、足挫《あしくじ》きの技の禁止も、また審判法の『改正』も簡単にはいかなかったのではないか」と又右衛門は言っている。ともあれ、孤軍奮闘する又右衛門に対して、嘉納治五郎を中心とする大部隊の講道館、しかもその大陣容をもってさまざまな取り決めや組織作りを行う講道館に対して、又右衛門ひとりでは、いかんともしようがなかったこともたしかであった。

片岡さえ生きていれば、弟の武四郎さえ生きていれば——。さらに言うと、娘久子さんの婿になった田辺辰男も、大日本武徳会武道専門学校を首席で出て関西学院大学の柔道師範となり、太平洋戦争に出征し軍の副官となったが、昭和二〇年（一九四五）六月二三日、沖縄本島、摩文仁《まぶに》の激戦にて戦死している。三〇歳であった。

さまざまな思いが又右衛門にはあったはずだが、口述筆記にはそういった愚痴は一言も書いてない。むしろ周辺の不遷流を習ってきた弟子たちが、みな残念に思っていたのである。虎次郎やその親である禎治《ていじ》の時代から、広島・岡山・兵庫を中心に、不遷流はしっかりとした基盤を築いて多くの弟子がいたからであった。

嬉しかった松田魁輔先生のエール

又右衛門には、生涯忘れられない思い出がある。それが広島での松田魁輔《まつだかいすけ》道場へ行ったときの出来事であった。永岡秀一との最初の試合をしたあとの明治三三年秋のことであった。

私が予備役《よびえき》から後備役《こうびえき》となり、勤務演習に召集されたときのことであります。当時は現役の兵隊の任務が終わると予備役になり、さらに後備役となるが、時々軍から召集がかかり、一定期間入隊して訓練をするのであります。

私はその後、広島に行ったら必ず寄る松田道場の松田魁輔先生を訪ねた。私が二〇歳のとき現役兵として召集され、広島の歩兵二一連隊に新兵として入隊したとき、暇を見て通った真貫流《しんぬきりゅう》(柔術)の道場である。松田魁輔先生にはそのときにたいそう世話になった。松田先生はその後、東京の警視庁の下谷《したや》（台東区）警察署の教師になり、私がやはり東京に出て警視庁の教師になったとき再会した。このとき、下谷警察に先生を訪ねると、なにかの弾《はず》みで先生と試合をやる羽目になり、私は嫌々ながら対戦。のらりくらりして引き分けに持ち込もうとしている間に、審判が、私の「投げ」と「抑え」で一本、と私の勝利宣言をしてしまった。引き分けにしようと思っていたのに、おかしいと抗議したがダメ、勝ったことになり、私としては心苦しい後味の悪い試合となったことがある。

その松田先生に、広島の道場で久しぶりに再会。松田はよく来たと大歓迎をしてくれた。しかも、私が講道館の強者を相手に、孤軍奮闘しているのはよく知っていて、「田辺さん、よく来てくれた。よく来てくれた」と大歓迎。しかも、「あんたは実によくやっている。たったひとりでがんばっている」と。その頃は、かつて警視庁のたくさんある各警察署の、柔道教師を、何流が何人、何流が何人、という具合に全国からさまざまな武道の流派がそのポストを狙《ねら》って集まり、その覇《は》を競っていたのに、なぜか月例試合もなくなり、今ではすっかり講道館の柔道に席巻されようとしていた。松田魁輔先生もまた、東京の下谷警察署の教師をやめて故郷の広島に帰っていたのだ。それで、京都の武徳会本部や、各地の武徳会での試合で、私が講道館の猛者を敵に回して次々に試合をするのを聞き、他流派の一員として、松田先生は私のことを誉れがましく思っていた。また武徳会で私が嘉納治五郎から技を禁止されたときも私に賛同してくれたし、また横山作次郎と試合を望み、結果的には逃げられたものの、試合の段どりをしてくれたのも松田先生の道場であった。

（巻三第五三節より）

松田は、又右衛門が講道館にいじめられているのを間近でずっと見ていたのだ。

広島での後備役の勤務演習を終え、いよいよ私が伊丹《いたみ》に帰ろうとするとき、松田魁輔先生が、私の日頃の労をねぎらうということで、門弟一同と小網町《こあみちよう》の一旗亭というところで、盛大な送別会を開いてくれた。

席上、松田先生は、私が講道館の師範連中を相手にすべて勝つか引き分けに持って闘ったことを弟子たちの前で称《たた》え、弟子たちも喝采《かつさい》してくれた。松田先生としても、私が講道館にいじめられているのを長年見ていながら、自分は何もできないという負い目もあったのに違いない。

私としては、自分の歓迎会というのは初めての経験であった。宴会は大いに盛り上がったのである。会場の高揚は皆の日頃の鬱積《うつせき》を晴らそうとするもので、通常の騒ぎではなかった。

私は大いに気をよくした。しかも、いよいよお開きになり、私が停車場に行く段になって、門弟たちが、みんなで私を見送るということになった。私は断ったが聞き入れられなかった。それで四〇名以上の人たちが、なんと当時はあまりなかった車を連ねて広島駅まで送ってきたのである。まだ人力車がたくさん走っていた時代に、広島で何一〇台も車を連ねたので駅周辺も大騒ぎになった。

私は困った。実は三等車に乗って帰るつもりだったが、みんなが送ってきたのでそうもいかず、無理をして二等の切符を買った。しかし金がないので、玉島まで買ってごまかし、途中実家の長尾に降りて、汽車賃を借りてまた汽車に乗り、やっと伊丹までたどり着いた。

こうした思いがけない出来事もあったが、私としては広島でのこうした歓迎は、日頃悔しい思いをしているだけに、生涯忘れられない楽しい思い出になりました。私に対しての思いもかけない歓迎ぶりは、地方に埋もれている他流の人たちが全国に大勢いるということの証《あかし》でもあったのです。（巻三第五三節より）

柔道が、全国的に広まっていくなかで、多くの諸派柔術がないがしろにされていたのである。

運命の分かれ目、東京帝国大学の柔道教師に誘われる

人間誰しもあとから考えると人生の岐路に立たされたときがある。そのときどう対処するかでその人の運命が変わってくるのだ。

あるとき京都の武徳会の本部の控室にいるとき、講道館の横山作次郎が私に話しかけてきた。

横山は改まって、「今度東京帝国大学で柔道部をつくることになった。ついては、田辺さん、もう一度東京に出てきて、そこの教師になるつもりはないか。自分がひとつ推薦して決めてもらうようにするから」と言う。

私は驚いた。自分はいつも講道館の敵となっている者なのに、講道館の親分ともいうべき横山がこのような申し出をするとは。多士済々《たしさいさい》たる講道館の中に、帝大の教師になるような人間はいくらもいるはずなのに。これはうっかり話に乗ると、義理のなんとかで、横山に頭を下げなくてはならなくなる。私は咄嗟《とっさ》にそう思い「僕のような田舎者に東京はなじめないからだめだ」と。すると横山は、さらに真面目な顔をして、「いや、田辺さんなら大丈夫だ。とにかく僕が責任を持って世話をするから、ぜひ東京へ来てくれ」

としきりに薦める。私は、ここで頭を下げると男が廃《すた》ると思い、「いや、僕はやめておこう。講道館はたくさん人もいることだし、何も僕のような他流の田舎者を入れなくても、お膝元にたくさん立派な人がいるではないか。せっかくの話だけど、ワシはやめておこう」と申し出を断った。

おそらく、自分が横山の申し出を受け入れて上京していたなら、肝入《きもい》りで講道館に入門しなくてはならなくなり、親分肌の横山のことだから、必ずや、自分を嘉納門下に入れたのに違いありません。そうすれば、自分は嘉納門下の高足《こうそく》として、柔道界にときめいていたかもかもしれません。（巻三第五四節より）

と又右衛門は述懐している。広島で大歓迎を受けたころというから、明治三三年ごろであろう。

おそらく田辺が横山の話を聞き入れるとそれは寝技の滅亡を意味し、ひいては古流柔術の廃滅《はいめつ》を意味すると又右衛門は固く信じていた。だから、一般的にいえば、せっかくのいい話もきっぱりと断ったのである。それに又右衛門としては、もうひとつ大きな理由があった。それは盟友、いまは亡き片岡仙十郎先生との約束であった。「講道館の立ち技に対して、われわれ寝技組が徹底的に突っ張ろう。古来伝わるわれわれ他流の技をなくさないためにも」と、かつて他流同士、誓いあった、その誓約を又右衛門は破るわけにはいかなかった。世渡りがヘタな、まことに損な性格で、意地っ張りな、持って生まれた性分でもあった。

もしこのとき、又右衛門が横山の申し入れを承諾し、東京帝国大学の柔道部の師範になっていたら、講道館から高段位を与えられ、『大日本柔道史』にも堂々と講道館の名誉師範として組み入れられ、大きな写真入りで後世に名前を残したことであろう。

そうすれば、また『姿三四郎』の小説も成立しなかったし、その後の柔道漫画にも悪役として登場することもなかったかもしれない。まさに運命の分かれ目であった。

岡山の縄張り

武術の世界は、つねにどちらが強いかである。強いほうがより優れた技をもち、優れた武術であることになる。講道館が、田辺又右衛門をなんとしてもやっつけなければならないのは、そういった意味があった。それはそのまま、各地の他流とのあいだでもそうであった。

当時、岡山市には起倒流の岸本重太夫（重太郎の写し間違いか）という先生がいて、その弟子筋で野田権三郎の道場もあった。いわば同じ流派の師弟関係にあるふたつの道場である。

前述したように、この野田道場から講道館の永岡秀一が出た。このふたつの道場は、講道館のトップクラスの永岡が出たということを宣伝して、弟子を集めていた。したがって永岡は彼らの看板であり、永岡びいきも大勢いた。永岡の崇拝者たちである。

一方、同じ岡山に、赤沢義正《あかざわよしまさ》という男が小さな道場を開いていた。この男は、かつて又右衛門が稽古をつけた男である。ところが、市内では、永岡秀一の評判がすこぶるいいので、弟子がなかなか集まらない。そこで赤沢は、当時伊丹の小西道場、修武館にいた又右衛門に手紙を書き、事情を説明した。岡山市では、永岡の評判が日本一だと言っていると。ぜひ、一度岡山に来て田辺先生の腕前を見せてやってもらいたい。

そこで、又右衛門は返事を書いて、事情はよくわかったが、すぐに行くわけにはいかないので、今度郷里の長尾の祭りに帰ったとき必ず寄るからと――。（巻三第五六節より要約）

それからしばらくたって、私が長尾の祭りに帰ると、岡山から赤沢の弟子が使いに来て、岡山では、岸本や野田の道場の者も、先生の来るのを待っているからぜひお立ち寄りください。このまま伊丹に帰られると、先生が逃げたように取られるからと――。

そこで仕方なしに、岡山市の赤沢道場まで行くと、大勢の門弟たちが待っていて、稽古をつけてくれという。起倒流の岸本や野田の門弟たちはまだ来ていなかった。

私は、赤沢道場の門弟たちにひとりずつ、稽古をつける。その数、数十名はいた。それらをひとり残らずやっつけたところで、岸本重太郎先生が弟子を引き連れてやってきた。

岡山市内の強いものばかりを一八人もつれて乗り込んできたのである。私はかなり疲れていたが、対戦しないわけにはいかない。ここで田辺と永岡とどちらが強いか噂になっているからには、なんとしても彼らをぎゃふんといわせなければならない。

そこで私は、遠慮なく出てくるやつを片っ端から投げ倒しては締め上げ、ひっくり返しては絞り上げ、容赦なくとっちめてやりました。ほどなく一八人全員をへなへなにしてまいらせてしまったのでありました。

すると、岸本重太郎先生が、養子の徳太郎という男を呼んで、最後に「徳、田辺先生に一本お願いしろ、寝ては大松にサバるようなもんじゃ」といいましたから、私はこれに答えて、「よろしい。それでは立ったままでやろう」と言って立ったままで勝負することにした。「大松にサバる」とは、大きな松の木にぶら下がるようなものという意味で、到底寝技に持ち込まれれば、相手にならないということである。起倒流はもともと立ち技が得意な流派で、嘉納治五郎も東京で允可《いんか》を取っている。しかし、岸本の跡継ぎも、立ったままでも私の敵ではなかった。私はすぐに徳太郎を投げ倒して、締めつけた。

なにしろ、三、四〇人の稽古をして、かつ一八人の敵と闘い、ことごとく一本も取られることなく、短時間のうちにやっつけたのだから、赤沢も岸本もその門弟たちも驚いたのに違いない。これはすごい先生だと。とにかく技もそうであったが、私は人の何倍もタフであった。それは、子供の頃から父親の虎次郎に連れられて、父親の回っていた道場で稽古をし、また他流試合をやり、ときには柔道角力で自分の何倍もの身体の相撲取りと闘ってきたからである。岸本の弟子筋をみんなやっつけて、赤沢義正が喜んだのはいうまでもない。後で、打ち上げのとき、赤沢の弟子たちに、「オイ、岸本の道場に行って、永岡秀一と田辺又右衛門、どちらが強かったか聞いてこい」と冗談半分に言うと、「いえ、もう十分に分かっています。分かっています」と言ったのであります。（巻三第五六節より）

これで岡山市内の永岡や起倒流の評判は落ち、反対に不遷流と田辺の名前は回復したのである。「お前の先生より、ワシの先生の方が強い」こう赤沢道場の門弟たちは顔をあげて市内を歩くことができるようになった。いまから考えると子供の喧嘩《けんか》のような話だが、武道の世界では、つねに強くなくてはだめで、こういったことはそれからも日本中で行われていたのである。

伊丹の小西道場（修武館）を去る

一方、又右衛門がお世話になっている伊丹の清酒「白雪」の醸造元、小西新右衛門《こにししんえもん》は武道が趣味で、みずから剣道も柔術も弓も引いたが、とりわけ剣道が得意だった。小西道場（修武館）の総まとめ役は、又右衛門が行く前から、剣道の富山圓《とやまどか》という人で、又右衛門にいわせればなかなか如才のない人だった。又右衛門が小西に柔術の稽古をつけるときは、オーナーだからといって手心を加えないが、富山は適当に相手に華を持たせるようなところがあった。

これが確執となって、又右衛門は富山を嫌うようになったのだが、思うに、野人又右衛門としては、多分に世渡り上手な富山が気に入らなかったのに違いない。このところを又右衛門は口述筆記でながながと書いているが、言い訳がましいところも感じられる。

とにかく、あるとき富山が伊丹の料亭で酒を飲み勘定が足らなくなり、仕方なく着ていた羽織を脱いで抵当《ていとう》に置いて帰った。その話を私は聞き、あるとき皆の前で、「誰かこの道場のもので、金がないのに酒を飲み、羽織を脱いで置いて帰った者がいる。みっともない」と発言すると、直ちに富山が、「それはワシじゃ、ワシじゃ」と頭をかいて名乗り出た。普通ならそれで笑い話ですむところだろう。ところがそれに私は執拗《しつよう》に噛《か》みついた。「いやしくも武道をする人間が――」とさらに食い下がった。その場はそれで治まったが、私の気持ちは収まらなかった。自分自ら剣道の竹刀《しない》を振り回して憂《う》さ晴らしをしたがなんとしても治まらない。それでとうとう辞表を出したのである。（巻三第六〇節より）

大人げないといえば大人げないが、又右衛門にはそういった純粋なところがあった。

又右衛門の生活は一変した。彼は姫路の兵庫県警察本部の柔道教師として就職したが、いままでのようにはいかない。小西道場では、立派な師範用の長屋に住み、飲み食いはただ、酒も自由に飲めた。料亭に行く小遣いももらえたのである。

明治三五年（一九〇二）九月のことであった。当時三四歳だった又右衛門は、体力・気力ともに充実したときであったが、経済的にはかなり困窮した生活になった。それまで、「白雪」の小西道場で、いかに恵まれていたかをあらためて感じることになる。

小西新右衛門には本当にお世話になったと、晩年述懐している。若いときは、自分が恵まれていたことが見えなかったのだ。警察教師としての俸給は本当に少なかったのである。どこに行っても食えるとタカをくくっていたが、たちまち困窮してしまったという。

それで彼は、東京にいた若いときから天神真楊流《てんじんしんようりゅう》の水谷《みずたに》先生のすすめで訓練してきた「骨接ぎ」を始めた。そのころは整復術といったが、当時は整復術としての医療行為は認められていなかったので、接骨業をするには医師の看板を借りなければならなかった。最初は客もそれほどなく、しかも借りた看板の名義料は払わなくてはならず、そうでなくても苦しい家計なのに結構負担になった。それに又右衛門の名前を聞きつけて、門弟にしてくれという者が何人も来て、断れない性分の又右衛門は、つねに二、三人の居候を抱えていて結構苦しい

ことになった。（巻三第六二節より要約）

それで又右衛門は、内職の襦袢《じゅばん》づくりをはじめた。稽古に使う道着である。「襦袢刺し」と又右衛門が言っているように、やはり単なる布の襦袢ではなく、紐《ひも》を編《あ》んで布状にして、その上から糸でかがって、襦袢をつくったと思われる。この姫路の道場のとき一緒につきあったのが弟子筋の根木《ねぎ》金一《きんいち》である。繰り返しになるが、のちに兵庫の遷武館で内弟子になる又右衛門の親戚の小野幸四郎の話によると、「根木さんは又右衛門の弟子たちに着せる柔道着をつくっていて、普通の柔道着は布でできていたが、根本さんのは、上着の帯から上が紐のような太い糸で編んであって、その上から糸でかがってあった」という証言と結びついてくる。とくに寝技などのとき襦袢と身体が擦《す》れたとき痛くないのである。その又右衛門の「刺していた」襦袢を、弟子の根木金一がその後そのまま引き継いでつくった。根木はその後も、田辺虎次郎の時代から息のかかった不遷流の道場にその襦袢を卸したという。

その襦袢と同じものを、のちに少林寺拳法の中野《なかの》理男《みちお》がのちに使ったのではなかったか。叔父にあたる春名《はるな》文七《ぶんしち》の家に丁稚《でっち》奉公に入ったときも、「蛇腹《じゃばら》のような変わった柔道着を持っていた」と、その妻の春名アサノさんが、晩年私が岡山県の作東町に尋ねたとき証言した。又右衛門が、のちに兵庫に移り、遷武館（赤壁道場）をつくったとき、中野理男が国鉄兵庫の駅前の散髪屋にいて、傍にあった赤壁道場に通ったのである。また中野は、道場の一角にあった整復術、のちに骨接ぎとして田辺又右衛門が治療していたのをよく見ていたのだ。少林寺拳法に、「整体」という健康治療法があるのはそのためである。

柔術と整復術は一体

根木金一さんの息子さんが今でも姫路で医者をしていると聞いて連絡を取ったが、父親の柔道着はすぐには出てこなかった。どこかにしまってあるからとのお返事だったが、その後確認はとれていない。

ともあれ、又右衛門は姫路に行って、内職ともいうべき襦袢づくりにはげんだのである。稽古襦袢の製作は、子供のころから手慣れていたと又右衛門は口述筆記のなかで言っている。しかし、昼間は警察で稽古をやり、整復と骨接ぎをやる傍らで、夜は襦袢刺しをやった。

私は毎日暇を見つけては、一生懸命に襦袢刺しをやり、夜分も内弟子たちが寝入った後で昼の疲れも忘れて、一心に針を運ばせました。かくして私は精を出して、弟子どものの食い扶持《くぶち》稼ぎに努めたのでありますが、稽古疲れでグウグウ寝込んでいる門弟どもの

雷のようないびきの声を耳にしながらひとりで針を運ぶ気持ちは、決して楽しいものではありませんでした。（巻三第六一節）

と又右衛門は述べている。

又右衛門の「糯袢刺し」はどの程度やったのか詳しくは書いてない。最初は弟子の稽古糯袢をつくろってやったのかと思っていたが、かなり本格的に稽古糯袢をつくっていくらかは配布したかもしれない。その頃は布を二枚・三枚と張り合わせておいて、手差しで、上からひと差し、ひと差し、縫っていくもので、かなり時間がかかる。又右衛門の縫ったものは「前《まえ》身《み》ごろ」の上半分は横にステッチが入り、それより下は、斜線模様に縫った。したがって普通の稽古着とはひと目で違って見えた。間もなくその「糯袢差し」は弟子の根木金一に引き継がれた。そしてさらに、明治四二年からは、姫路で足袋《たび》や仕事着の仕立て屋をやっていた藤本政吉に引き継がれ、本格的に稽古糯袢を販売することになる。この頃の政吉商店の大福帳をすべて調べた岩本真一氏の『近代日本の衣服産業―姫路市藤本仕立店にみる展開』（思文閣出版）によると、この稽古糯袢は神戸のみならず、兵庫県だけでなく大阪方面まで出荷されている。小中学校や、各地の道場、また企業の「柔道部」だけでなく、各地の衣類の問屋までが政吉から仕入れた。評判がよく生産が間に合わないくらいだったという。政吉商店では、

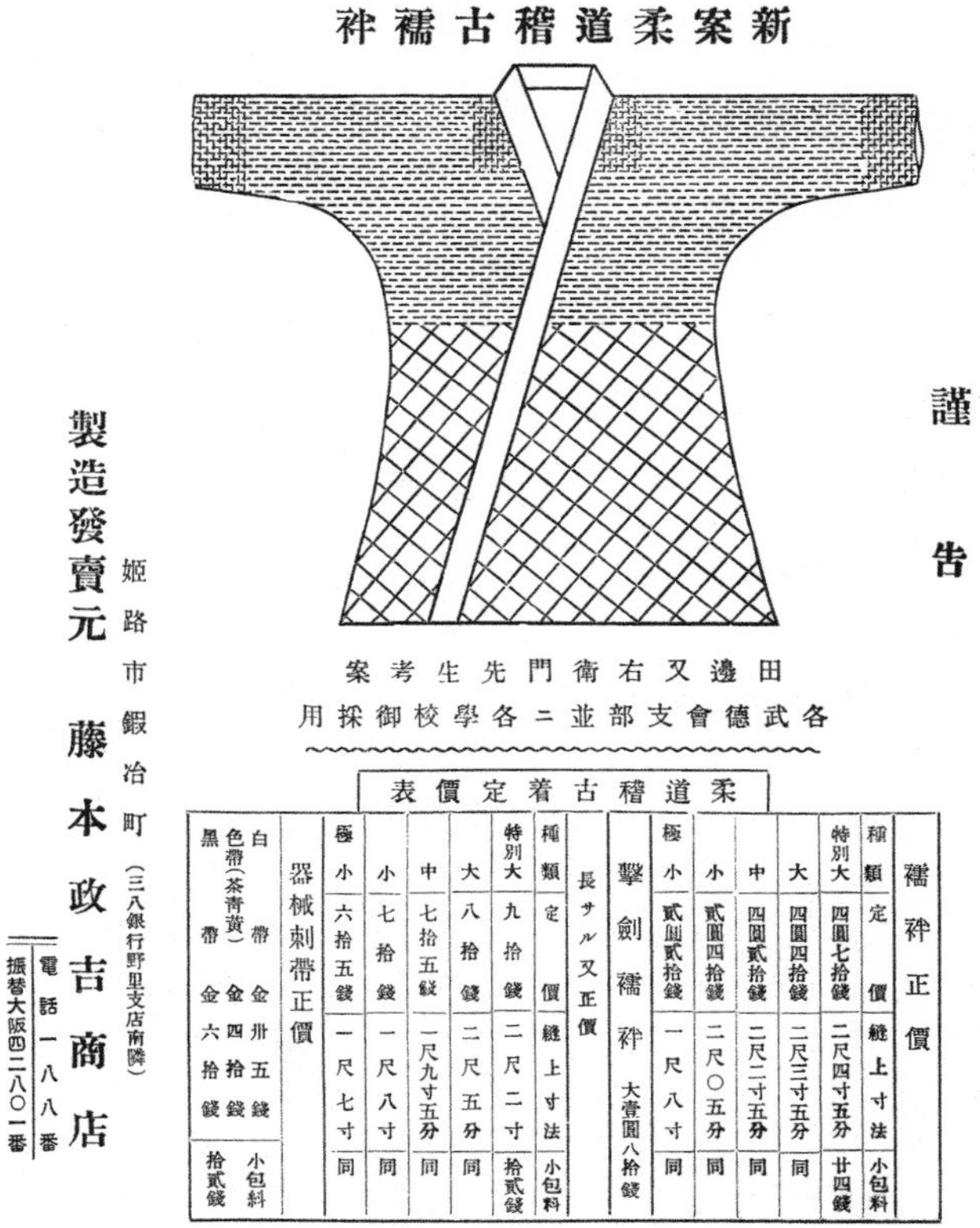

新案柔道稽古襦袢　のちにはミシン縫いになったが、初期の襦袢は、「前身ごろ」の上半分は横線、下半分が斜文となっていた。ひと針ひと針運針した「手差しの刺子縫い」だった。「田辺又右衛門先生考案　各武徳会支部並ニ各学校御採用」とある。

特殊なミシンを四〇台購入し、従業員も四四人に増やして生産した（政吉商店は稽古襦袢だけでなく、仕事着や各企業の作業服も多く生産した）。

このころから学校教育で広く「柔道」が行われていることが分かる。政吉商店とその下請け問屋の山田商店は、又右衛門の稽古襦袢を、大日本武徳会教士の田辺又右衛門新案とか武徳会支部御採用とか名付けて宣伝した。これは、一方で前年から講道館が新しい柔道着を発売したことと関係あると思われる。

講道館の柔道着は、今までの大袖の半袖襦袢と、膝上の丈の短い股引《ももひ》きであったものが、筒袖になり、また猿股は膝下一〇センチほどに伸びている。これがすぐに足を取って寝技に持ち込む寝技組への対策であったかどうかは定かではない。いずれにしても、東に勢力を拡大する講道館と、西の武徳殿中心の他流、その代表である又右衛門との確執も伺えよう。さらに言うなら、まだこの時代までは、講道館に対して他流の柔術各派が対等に存在していたともいえるのである。武徳会は小松宮彰仁総裁に創設されてから毎年一〇万人を超える会員を増やし、のちに又右衛門が中心になる武徳会神戸支部、通称諏訪山武徳殿は明治三四年の統計によると、兵庫県だけで、九万八千五百人の会員を擁している。

又右衛門の弟子になった藤本政吉は、明治三九年から五年かけて不遷流の皆伝をもらい、巻物五巻と物外和尚自作の陶製の花瓶をもらっている。兄弟子の、同じ姫路の根木金一と弟子として常に身近にいて、姫路時代の又右衛門を支えたと思われる。根木は昭和五年に不遷流五段の允可状をもらい、又右衛門が神戸の兵庫駅前に遷武館を建て、移っても師範代として、第五世田辺輝夫とともに常に田辺を助けた。

稽古襦袢はともかく、又右衛門は姫路に来てから副業として「整復術・骨接ぎ」をやった。若いころ東京時代に水谷先生から指導を受けたのが始まりである。

「武術教師ともあろう者が、按摩《あんま》の真似をしたりして、骨接ぎ（整復術）をやるなどということがあるもんか」と、又右衛門が骨接ぎをすることを中傷した人もいるらしいが、又右衛門は自分の食い扶持のためにも、我慢してその後もずっとやりつづけた。そのころは柔道家と骨接ぎは結びつけて考える人も多くなかったが、その後又右衛門とその弟子たちは、国家に「骨接ぎの開業」の免許制度を申請し、国家試験をやることになった（発起人になった。その中には弟子の政治家内田信也もいた）。それでその後柔道家に骨接ぎをやる人がふえた

藤本政吉（1880～1962）　姫路で老舗の仕立て屋。明治39年、田辺の盛武館に入門、のち稽古襦袢を広く販売した。

のである。

不遷流にはもともと整復術（健康法や医療行為）がいろいろあった。その不遷流に伝わる整復術の巻物を、私はのちに中山和《なかやまやわら》さんのところで見せてもらい、一部コピーをもらった。

私の子供のころは、骨接ぎの看板をあげている人のほとんどは、柔道家であった。それが当たり前のように思っていたが、これは又右衛門の功績でもあったのだ。

しかし、前にも述べたように、又右衛門はそうした運動の結果、第一回の骨接ぎの国家試験のとき、字が書けなくて落第している。言い出しっぺが落ちたのである。それで二回目には、婿養子《むこようし》の田辺輝夫が代筆で付き添い、みごと合格した。その後、又右衛門を批判していた人たちもみんな試験を受けた。柔道家だけでは食っていけないからであった。

又右衛門は、姫路に来て、経済的に困窮したことによって自立を促され、また世間を知ることになり、大いに自分の人生にとって勉強になったとのちに述べている。又右衛門の後半生は、こうして骨接ぎをやりながら、道場が維持されていったのである。こうしたことは、姫路時代から、晩年の兵庫・赤壁道場まで続いた。

磯貝一との二度目の試合

明治三五年（一九〇二）五月の武徳会本部の大会で、又右衛門はふたたび磯貝一《いそがいはじめ》と対決することになる。磯貝をはじめとして講道館の面々が、夜っぴいて打倒又右衛門を目指して鍛練した結果を試そうというわけであった。

前にも述べたように、又右衛門が、このようにたびたび講道館の人間と試合ができたというのは、武徳会という全国組織があったからである。武徳会は全国組織で、それぞれの地方(県)でも大会を持ち、また全国大会も京都の本部ほかで持ち回りで開催していたから、講道館に属していない地方にいる又右衛門も、地方代表で出席することができたのである。

反対に講道館にしてみれば、この武徳会の全国大会や各地での試合があるがゆえに、又右衛門と試合をせざるを得なかったのである。当然、武徳会の役員や幹部にも、嘉納は講道館の人間を送り込んでいた(現在でも講道館は全柔連に人を送り込んでいる)。

この試合で、又右衛門ははじめて、磯貝の成長を見、又右衛門の攻撃をかわす術を磯貝が身につけたことを認めている。磯貝は、又右衛門の攻撃に対して受け身ではあるが、引き分けに持ち込んだと。「このときも、やはり審判は佐村正明で、佐村もこのときばかりは、試合途中で手を出したりするような見苦しい助太刀《すけだち》をしないですんだ」と又右衛門も言っている。

すると、この試合の後で、磯貝と又右衛門の二人に優等賞という名で、短刀が贈与された。私は、引き分けなのに褒美をもらう必要はないと思ったが、これはあくまで、嘉納治五郎が、磯貝に「無事に又右衛門の攻撃から逃げおおせた」ということだろうと思った。それほど磯貝は、私との試合を目指して努力し鍛練したのである。引き分けでありながら、磯貝だけに褒美をだすのはおかしいということでありましょう。（巻三第六二節より）

福岡修猷館の飯塚國三郎を破る

又右衛門はまた、明治三六年（一九〇三）五月、福岡の講道館の探題《たんだい》ともいうべき修猷館《しゅうゆうかん》の教師、飯塚國三郎《いいづかくにさぶろう》と勝負した。このときも審判は佐村正明であった。又右衛門は前にも修猷館の千葉兵蔵《ちばひょうぞう》と闘ったことがあり、その後任が飯塚であった。

修猷館が単なる一中学校にすぎないにも拘《かか》わらず、講道館が重鎮を派遣するのは、福岡には、「双水執流《そうすいしりゅう》」という古来からの柔術があり、青柳喜平《あおやぎきへい》という強者《つわもの》がいたからである。そのため講道館は、飯塚を派遣して福岡の抑えとしたのである。（巻三第六二節

より）

福岡の抑えというより、嘉納治五郎は武徳会といわず主だった道場に講道館の息のかかった人間を送り込んだ。つまり人事権を握っていたのである。

福岡は武道の盛んなところで、天真館《てんしんかん》・明道館《めいどうかん》・振武館《しんぶかん》など、いくつもの道場があった。

飯塚は身長五尺一寸（約一五三センチ）ぐらいの小男だが、精悍《せいかん》無双な柔道家で、「大外落し」と「膝車」の技は絶妙との評判であった。しかも控えには審判として佐村正明がいた。しかし私はもう動じなかった。佐村だって、武道をやる人間として、講道館の使い走りとして講道館に常に有利なように審判することは、男として、心が痛むに違いない。私はそう思っていた。また何よりも私は、それまでにも、講道館の山下義韶《やましたよしつぐ》・戸《と》張瀧三郎《ばりたきさぶろう》・広岡勇司・千葉兵蔵などに勝っていたし、磯貝一・永岡秀一にも優勢なうちに引き分けにさせられ、また横山作次郎や「小天狗」西郷四郎も私の申し込みに対して、対戦を拒否している――という自負があった。恐いものはなかった。

試合場に入ると、講道館派の面々が並んで目を見張っていた。ここでまたしても講道館派が他流の私に負けたら、福岡に地盤を持つ双水執流の者たちに物笑いになるからであった。講道館の全国制覇のためには、負けられないのである。

私は、またしても佐村正明の審判ということで、闘志を燃やして試合に臨んだ。審判の文句のつけようのない勝ち方をしなければ、また不正な判定をされかねない。

しかし、勝負はすこぶる簡単に決まってしまった。私は組むが早いが相手を引き込んで、自分の身を捨てるや否や、大きく一本、巴投げを打つと、相手は軽く上方に跳ね上がって転がっていった。素早く私は相手の上に乗り、咽《のど》を締めつけて、苦もなく最初の一本をとることができた。二本目も、同じく巴投げ、さらに首絞めでまったく同じように一本取って、合わせて二本。なんなく勝つことができたのである。これにはさすがの佐村も、口をはさんだり、試合中に又右衛門の手を掴《つか》んだりすることもできなくて、正統な審判をせざるを得なかったのだ。

佐村正明は熊本の出身で、「扱心流《きゆうしんりゆう》」あたりの出身。もともとは他流であった。私が東京の警視庁に初めて行ったときには、佐村はすでに助教授をしていて、年齢的にも大先輩である。それがどうして、講道館の味方になって、常に私を制する立場になったのか、私は理解に苦しんだ。いやしくも武道を志す人間として、信じられない。たとえそれが息子の佐村嘉一郎が講道館に入り、後に八段になったことに対して、講道館に恩義があるとはいえ、それとこれとは関係ないことだと思う。それにしても佐村が講道館の手先

となって審判をし、度重なる私の試合を妨害したことは、まさに「金鵄勲章《きんしくんしょう》」に値する。（巻三第六二節より）

と又右衛門は言っている。

「おそらく、佐村正明にしても、心のどこかで苦痛を味わっていたのではないか」とも又右衛門は思った。「そうであったのなら、背後で糸を引く者の罪は大きいと――」。

佐村正明の死

又右衛門は、磯貝一と二回目の試合をし、翌年、飯塚國三郎と試合をした。どちらも、佐村が審判をしたのであるが、その翌年か、あるいはその二年後のことだった。明治三七、八年のことである。

佐村正明は京都に出てきて、武徳殿の橋向かいの定宿《じょうやど》の家に泊まっていたが、突然、脳卒中になった。そしてそれっきり動けなくなってしまった。そのまま寝たままになり、半身不随《はんしんふずい》に。

佐村が半身が動けなくなって、また寝たきりになってどのくらいたったのか分からないが、あるとき、私と若いときから仲のよかった大島彦三郎がやってきて、いきなり、「佐村の親爺《おやじ》の見舞いに行ってやってくれ」という。私はびっくりした。あれだけ、講道館の手先になって、私の試合に不正な審判をした男である。その佐村の見舞いに行けと大島が熱心に言うのである。私は耳を疑った。

「なんで、ワシが、佐村の親爺の見舞いに行く必要があるのか」と尋ねると、「なんでも構わんから、とにかく行ってくれ」と。それで私はしばらく考えて、「よし、それじゃあ見舞いに行こう」と言って、大島・今井のふたりと一緒に、病床に行ったのであります。

佐村正明は半身が効《き》かず、また言葉も呂律《ろれつ》が回らなくて横になっていた。それで、私は気の毒が先に立って、佐村の顔を覗《のぞ》き込み、「オイ、佐村君、具合はどうだ」と尋ねると、佐村は振える手を差し伸ばして私の手をしっかり握りしめ、「ああ、よく来てくれた――本当によく来てくれた」と言葉にならぬ声で、感謝の意を述べた。しかも、しきりに涙を流したのである。そして涙を流した後で、再び私の手を握り、嬉《うれ》しそうに微笑《ほほえ》んだ。

その涙と、握った手に、私は、佐村の自分自身への懺悔《ざんげ》と、私に対するお詫《わ》びの言葉をくみ取ったのである。佐村は、私と仲のいい大島に、どうしても私をつれてきてくれと頼んだのである。それから幾ばくもなく、佐村は亡くなった。私は佐村の境遇を可哀《かわい》

相《そう》に思った。（巻三第六三節より）

「佐村正明は、講道館派擁護のために、名前のごとく〈正明〉でなかったため、そのために、天罰《てんばつ》としてその生命を削ったのではないかと私には思えます。佐村は講道館の楯《たて》として、無理な役割を努め、しこうしてその精神を傷つけ、その命数を縮めたかにみえます。これも嘉納治五郎の計画に基づく講道館の柔道覇業完成の道程における、ひとつの気の毒な人柱《ひとばしら》的な犠牲であったと、私は解釈している次第であります」と又右衛門は口述筆記で述べている。

又右衛門、嘉納治五郎の宿に押しかける

佐村の審判に苦しめられた又右衛門に、さらなる難関が持ち上がった。

明治三七年五月、私が武徳会本部の大会に行くと、仲間の大島彦三郎が、「今度、武徳会に範士とか教士とかいうものができて、講道館出身の有力者は言うまでもなく、今井やワシのような他流のものまで、そういった称号をもらっているのに、同じ審判員の内で、君ひとりが抜けていて、仲間外れにされているのは、どういうわけか」という。

驚いた私が番付を見せてもらうと、たしかに範士・教士という肩書が並んでいるのに私だけない。頭に血がカッと上って、廊下を歩いていくと、永岡秀一にばったり。それで、「ワシに試合をして勝った者がいるか。負けた者がみな範士や教士になってどういうことか」と詰め寄ったら、「あれは銓衡《せんこう》委員が決めたことだ」と。銓衡委員は誰だと聞くと、嘉納先生だという。「技術の分からぬようなど盲目《(ママ)》を銓衡委員などにしたってなんの役にも立つものか――」と私は一杯飲んだ勢いもあってあたり散らかした。「それはなにか、銓衡委員になにか考えがあってのことだろう。いずれ君も、早かれ遅かれ、教士になるのは決まりきったことだから、そんなに怒らなくても――」と慰めるが、私は承知しない。すると、大野という武徳会の委員が来て、「あなたは、今日の審査委員の辞令をお持ちですか」と尋ねる。「ああ持っている」というと「それではどうか審判をやっていただきとうございます」と懇《ねんご》ろにいう。それで幾分私も気分を取り直し、数組の審判をして帰った。その年はそれで済んだのである。（巻四第六五節より）

この部分、口述筆記ではめずらしく又右衛門が本音をぶちまけている。日頃は口に出しては言わないが、もともと大金持ちの坊ちゃん、身体の弱かったインテリの嘉納治五郎が、健康のためにはじめた柔術。二年や三年やって柔術などわかろうはずはない。それにくらべれば又右衛門は四代続いた柔術家の名門、しかも子供のときから鍛え上げられているのだ——。又右衛門にはそうした自負があった。

しかし、おわかりのように、全国組織の大日本武徳会の役員である詮衡委員や、新しくつくられた範士・教士の役職も、多くの講道館派が幹部として入っていて武徳会を動かし、そのトップに嘉納治五郎が君臨しているのである。

ここのくだりを、岡山県の『矢掛《やかげ》新聞』に連載した(昭和三六年一月一五日から二月二五日まで五回)中山和さんが、「田辺又右衛門」の連載(四)のなかで取り上げて、つぎのように書いている。中山和さんは前にも書いたように、田辺又右衛門のじつの弟中山英三郎の息子である。

三七年五月の番組中(ママ)に範士とか教士の肩書きができ、審判員の中で又右衛門ひとりだけが何の肩書もないのを同じ他流の大島彦三郎に指摘され、又右衛門は傍にいた門人の三宅多留次《みやけたるじ》に清酒「正宗」の一合瓶を買ってこさせ、五酌《しゃく》位飲んだ所で「おい勝った方が範士、教士か、負けた方がそうか」と永岡秀一や佐藤法賢《さとうほうけん》に当たり散らしている。

口述筆記とほぼ同じ内容だが、おもしろいのは、田辺の身近なところに三宅多留次がいたことである。もちろん三宅多留次は又右衛門の弟子だが、中山は注をつけて、「沖田村出身、グラスゴーに娘さん健在」と書いている。

三宅多留次は、いうまでもなくタロー三宅としてのちにヨーロッパやアメリカで有名なプロレスラーとつぎつぎに試合をして活躍したが、もとは又右衛門の弟子で、不遷流をきわめ、明治三六年「全国武術大会」で講道館を相手に優勝、一時は神戸警察の柔道教師になっていた男である。

英米で柔道普及に貢献の
故三宅多留次さん（旧沖田村出身）

故三宅多留次さん

48.5.27山

英で娘さん健在
数十年ぶり グラスゴー市から便り

岡山市に合併して二十周年になるのを記念して旧上道郡沖田村史の発行を計画している岡山市沖田地区連合町内会（肥塚光会長）は海外で柔道の普及に功績があったといわれる故三宅多留次さんのエピソードを集めようと、六十六年前に多留次さんが滞在していた英国・グラスゴー市に問い合わせの手紙を出していた。同市は新聞広告までして娘さん捜しに協力、このほど「娘さんが見つかった」との返事に続いて娘さんからも手紙が届いた。

沖田村史は、昨年五月に旧上道郡沖田村が岡山市と合併して二十年目になったのを記念し、当時の村の歴史をまとめようと資料集めを進めているもの。"人物編"のうち歴代村長などの資料は集まったが、日本柔道の草分け（講道館八段）として英国や米国の柔道普及に努めた三宅多留次さん（昭和十年五十五歳で死亡）については海外生活が長くほとんどわからずじまい。

このため"人物編"の執筆を担当している同市沖元、沖田神社の金谷照勝宮司(六三)は、三宅さんが英国・グラスゴー市の女性と結婚し一女は同市にいるらしい—とのうわさを聞き、三月初め同市あてに問い合わせの手紙を出した。「七十年近く前のことなのでわからないだろう」と半ばあきらめていたが、このほどグ市のウイリアム・S・グレー市長から「新聞広告した結果、娘さんから連絡があった」との朗報が届き、続いて娘さんのハナコ・チャンドラさんからも手紙が金谷宮司のもとに寄せられた。

ハナコさんの手紙には「なぜ遠い昔のことをいまごろになって知りたいのかしら…」という驚きがこめられていたが、三宅さんの生家を継ぐ同市沖元の三宅久さん(62)は「祖父の弟が多留次。父からもイギリスに娘がいるらしいと聞いた記憶はあるが、まさか健在だとは……」と金谷宮司からの知らせにびっくり。「これから文通し、できれば一度あってみたい」と話す。金谷宮司はハナコさんあてに折り返し"三宅さんの英国時代の思い出を知らせてほしい"という手紙を出したが「グラスゴー市長が見知らぬ一日本人の問い合わせにもかかわらず新聞広告までして捜してくれたことに感謝しています」と喜んでいる。

三宅多留次の娘さん健在のニュースを伝える新聞
（昭和 48 年 5 月 27 日山陽新聞）

余談であるが、イギリスで亡くなったタロー三宅は、その後、生家の岡山県上道《じょうとう》郡沖田村（現在は岡山市に合併）とも連絡が途絶えたままだった。そこで歴史研究家でもある沖田神社の金谷宮司がイギリス、グラスゴー市に手紙を出したところ、市は新聞広告を出して、娘さんを捜し出した。その結果、娘のハナコ・チャンドラさんが見つかったという。昭和四八年（一九七三）のことだ（『山陽新聞』五月二七日）。

若いころ不遷流を習った三宅多留次は、その後イギリスにわたり、同じころイギリスに行っていた谷幸雄《たにゆきお》・上西貞一《うえにしさだかず》などとともに柔術教室や道場を開いている。また試合をして金を稼いだともいう。上西貞一は又右衛門もよく知っている半田彌太郎道場の出身。天神真楊流。日露戦争で日本が勝利し、イギリスで日本人の株が上がったころ大いに尊敬を集めた。このころは日本の武道はあくまで「柔術」であった。

翌年、やはり武徳会の大会のとき、京都に行った私は、嘉納治五郎の宿に押しかけた。「沢文《さわぶん》」という宿坊だった。前日雨が降って道が悪いところに、私の乗っていた人力車がぬかるみでつまずいてひっくり返ったが、危うく私は飛び降りたため難を逃れたものの、白足袋《たび》を泥だらけにしてしまった。なんとなくむしゃくしゃしながらも宿に向かい、嘉納治五郎に会った。だがそこは私、永岡秀一に対してのような暴言は控えて、極《きわ》めて丁《てい》寧《ねい》に、武徳会の範士や教士はいかなる規範に乗っ取って決めるのか尋ねたのである。

するど、嘉納は、私がかつて、東京で警視庁の教官をやめた理由は何か、とか、小西道場をやめたのはなぜかなど、尋ねた。私は「こいつは本当に古狸《ふるだぬき》だわい。人の過去のことを繰り出して、けちをつける。それも事実に基づかない中傷によるもの。誰かがそういった中傷を嘉納の耳に逐一入れていたのであろう」とムッと来たが、私は丁寧に、「あの時は事実無根で、警視庁からいきなり解雇通知が来たので、片岡仙十郎先生に頼んで警視庁に調べてもらったところ、正統な解雇理由はなく、復職の約束を取り付けました。講道館の差し金ではなかったのですか」などと反論した。伊丹の小西道場の件も説明。自分の就職口について嘉納からとやかく言われる筋はないと思いながらも、そこはぐっと我慢した。その後いろいろ議論したが、嘉納は今年は、ともかくおとなしくして、審判もやり、試合にも出て、万事穏健にすませてくれ。そのうち君にも何分かの詮議《せんぎ》があるだろうから」という返事があり、私は宿から帰って来た。

その年の武徳会の大会では、例によって審査委員の主だった人たちの会合で、嘉納治五郎が、「今年の模範試合は、いったい誰と誰がやるのか」と言いだしたので、私は、「模範試合というのは、負けないように逃げ回る手本にする勝負のことをいうのですか」と尋ねた。

すると嘉納は、それには答えず、一同の方を見渡しながら、「今、田辺君が言った通り、これまでは、立ち技の者と、寝技の者と模範試合をする場合には、一方は振り放して逃げようとするし、一方は食い下がって引き込もうとする一式という按配《あんばい》で、すこぶる具合の悪いみっともない試合になっていた。これは実際模範になる筋合いのものではないと思う。それで今年はひとつ、立ち技は立ち技同士、寝技は寝技同士でやるということにして、立ち技の方は磯貝と永岡、寝技の方は、田辺君と今井君とがやって見せることにしたらよかろうと思う。田辺君、今度ご苦労じゃが、今井君とひとつやって見せてもらおうか」というのである。

私は、それでも駄々をこねて「やめときましょう。みなさんは教士とか範士とかいう立派な称号ある人たちばかりですが、私は肩書のないペイペイですから、今年の模範試合はお断りしておきましょう」と言って席を立って出てしまった。すると、今井が後から追いかけてきて、「田辺君、そんなことといわないで、ワシとひとつやろうじゃないか」という。私はさらに駄々をこねて、「イヤ、よそう。ワシはやらん。君たちは立派な看板を掛けてもらったのだから、勝負をやりやすいだろう。誰かほかの人にやってもらったら」とさらに断るが、今井は聞かず、どうしてもやってくれという。それで私もつい、「もしワシとやるなら、目から火が出るようにやるからそれでもいいか」と吹きかけましたら、「そう、怒らないで、とにかく二人で要領よくやろう」とやわらかく口説かれ、私も仲のいい今井に恨みがあるわけではなし、結局折れて、承諾した。

このときの模範試合は、それぞれ内輪同士だったが、磯貝・永岡組は、永岡が後輩であったにも拘わらず、とても元気のいい突撃ぶりで、永岡の技がかなり冴《さ》えていた。磯貝の方がかなり押されていた。私と今井の方はというと、お互いに寝技で地味に組み合っていたが、私が「腕挫き」がとれる機会があったので、咄嗟《とっさ》に今井の肘《ひじ》を制した。それを引き延ばし掛けている間に、まてよ、ここで今井に勝っても仕方がないとフト思い、今井が必死に逃れようとして、力を入れてきたのを幸いに、私は腕を放した。

すると、試合が済んでから、審判員の会合の席で嘉納治五郎が、この八百長を看破していたのか、あるいは私を喜ばしてやろうと思ったのか、一同を見渡して、「どうでしょう。寝技の方は引き分けではありますが、田辺君が特に寝技の技量を現したということで、優勝者と認定して、大刀を送ることにいたしたいと思いますが——」と切り出した。

それで満場一致で賛成となり、私は一振りの大刀をもらい受けたのである。しかもその大刀を持って、姫路に帰ったところ、私がもどるより一足先に、武徳会の本部より教士号が届いていたのだ。（巻四第六七節より）

処世術に関しては、嘉納のほうが又右衛門より一枚も二枚も役者が上だというエピソードであろう。
前述の中山和は同じく『矢掛新聞』のなかで「嘉納氏に対して催促して教士になった者は、おそらく日本中に田辺が唯一人であろう」と書いている。ついでに講道館の段位について、つぎのように書いている。

近来ではいろいろあって、姫路中学の出身で武専教授であった栗原民雄《くりはらたみお》が昭和二八年（一九五三）七月スポーツタイムス紙へ［柔道段位制度の改革について］で発表した記事には、しかるにこの頃は柔道の技術の体得実力よりも、柔道の普及功労あるいは年功に対して高段を贈ることが流行して、一度に何十人、何百人の七段八段が製造される。柔道ではたいした技術も実力もない者が功労または年功でどんどん七段八段に昇段して行く、そしてそれらが柔道界の上層に立って威張っている。それは社会的地位がものをいうているのである。［中略］段を昇るには年限の制限があるが、優秀な実力者であって三〇歳で六段になっても、後は最低三七歳（にならないと）で七段（になれなく）、四五歳で八段、五四歳で九段ということになり、この年限の制限（規定）は老いて弱くならないと段が登らないという規定である。［後略］高段者が必ずしも強豪ではないことを示している。

いまではそれが当たり前のようになっているが、このころから、段位が年功序列、社会的地位を基準に決められることが多くなったことがわかる。このことについてはのちに、『大日本柔道史』を編纂した丸山三造も、同じようなことを手紙に書いて中山英三郎に送っている。みずから講道館を批判しているのだ。

ちなみに昭和四年の御大礼記念武道大会で優勝した栗原民雄は、又右衛門が姫路時代にもっとも頼りにした弟子根木金一のそのまた弟子であった。のち栗原民雄は武道専門学校の主任教授や京都府警で教師となり、指導者としても力を尽くしたが、後年姫路に帰り、『兵庫県柔道史』を書き、田辺又右衛門を高く評価している。その啓蒙を受けた道上伯《みちがみはく》（一九一二〜二〇〇二。柔道家。長い間フランスで柔道を教える）が後年講道館を批判したのは、偶然ではないと思われる。

第6章

柔道の限界

とにかく寝技に持ち込まれると全く歯が立たない講道館派は、いろいろ考えて、あるとき「いい手」を思いついた。それが口述筆記の第六節に書いてある。ちょっと昭和五一年（一九七六）のボクシングのヘビー級チャンピオン、モハメド・アリとアントニオ猪木の試合を思わせる。猪木が最初からずっと仰向けに寝そべって、試合にならなかったのである。

柔道の限界、永岡秀一の新手

明治三八年（一九〇五）の秋に、私が香川県の武徳会支部の大会に行くと、本部から永岡秀一《ながおかしゅういち》が来ていて、何度目かの試合をすることになった。五年前の武徳会本部での試合ではかろうじて引き分けになったものの、永岡はかなり私に痛めつけられたので、今度はその復讐戦《ふくしゅうせん》と思ってやって来たのだろうと私は思いました。その後、磯貝と、三高の稽古部屋で、夜、鍵をかけて、ふたりで猛烈な寝技の鍛練をしたのだから――。

ところが、予想に反して永岡は極めて自重した守勢の態度に始終して、一向に攻勢に出てこない。何か仕掛けてきたら、それにつけ込んでひどい目にあわせてやろうと思っていた私は拍子抜けしてしまった。元来、私は意気の男、死に物狂いで攻撃に出る私に対して、永岡は理詰めで技を仕掛ける人。なかなか捨て身では攻撃に出てこないのです。

ところが私が寝技に持ち込むと、永岡は、ぴったりと腹這《はらば》いになり、両足をながながと投げ出し、自分の頭を、私の股の中に入れてきた。ちょうど睾丸《こうがん》の下に頭をあてがって、顔を畳《たたみ》に擦《す》りつけ、両手を私の股下から回して、前帯を握りしめて、私の足を働かせぬようにし、そのまま動こうとしない。

これが永岡が考え出した対又右衛門への新防御策でありました。もちろん攻撃などするはずもなく、ただ、守勢一点ばりの戦法であった。私は驚いた。私はとにかく永岡に引き分けにさせられるのは不名誉だと思っていた。なんとか相手をやっつけなければという頭があったから、永岡のこの戦法にいささかたじろいだのであります。

それで、自分から仕掛けなければだめだと思い、相手を下方から押し上げて、上に抜けようと試みたところ、永岡は直《ただ》ちに膝《ひざ》を曲げて座り込み、両腕に力を入れて私を抱え上げようとするのである。それではと私は永岡の背後から手を伸ばして、永岡の足先を捉えようとすると、永岡は今度はズーッと足を伸ばして、またしても前の体勢をとり、ペッタリと腹を地につけて、足を投げ出すのであった。

このようなことを繰り返していると、時間が経過してまた引き分けにされてしまうので、私は少々無理があったが、首を絞めてやろうと思い、相手の顔をコジ上げるようにして、片手を差し込んで、ギューッと引きつり加減に首を絞りかけると、永岡は「痛いッ、痛いッ」と私に訴え、私の両手を同時に下へ入れさせない。それでは絞めが完全に効《き》かないので、私は片足を相手の頭上から反対側に回し、クルリとうつむきになった。すると永岡は、私に変化されることが恐ろしかったと見えて、後ろから組み、うつむくこともせず、横に回ることもせずに、そのまま私を放して、立ち上がってしまったのです。

私は、消極的な永岡のこうした試合運びに業《ごう》を煮《に》やしていたので、立ち上がると同時に、永岡をズンズンと突き飛ばして進み、そのまま見物席の中に突き倒した。すると永岡は顔色を変えて、「何をするかッ」という。そこで私は「ようし起こしてやろう」といいながら、永岡を起こす。すると永岡は、起こされるが早いが、私に組み付き、「ウーン」と一声、得意の「横掛け」を掛けた。ところが腹立ちまぎれにろくろく体も決めないいまで掛けたものだから、少しも効果がなく、私は膝をつき、また永岡は横身に倒れた。すると永岡は大急ぎでまた私に武者振《むしゃぶ》りつき、またもや私の股の間に首を差し込んで、前回同様足を伸ばしたまま動こうとしないのである。寝技に入ったら、どこまでもこの姿勢をとり、自分から攻めることもなくただじっとして、時間の経過を待って引き分けに持ち込もうとする戦法でありました。（巻四第六九節より）

のちに、又右衛門《またえもん》は、「これが永岡が私に対して考え出した、新しい戦法であった」と述べているが、試合としてはまことに見苦しいものであった。口述筆記には、四巻目の六九節に、「睾丸を戴《いただ》いて」と題して書かれている。

同じようなことが、佐藤法賢《ほうけん》と戦ったときも行われたらしい。中山和《なかやまやわら》の『矢掛《やかげ》新聞』の連載によると、つぎのようなエピソードが載せられている。

「明治四四年一月一日の神戸《こうべ》又新日報《ゆうしんにっぽう》には、「神戸の柔道界」として、「実に神戸は柔道を持って天下の一敵国をなし得べし云々《うんぬん》。曾《かつ》て彼（又右衛門）が京都の武徳殿の勇士佐藤法賢と神戸に闘うをみたるに、秀麗なる彼が、鬼面夜叉《きめんやしゃ》のごとき佐藤を自由自在に攻付《せめつ》け、ついに佐藤が最後の一策として彼（又右衛門）の攻め手を防がんがため、両手も持って首を抱えてうつむきとなり、彼をして如何《いかん》ともなし能《あた》わざるの策を執《と》れるに、あくまで沈着なる彼は、悠々として双手を延べ、足先を執《とり》て苦もなくこれを仰向けとなし、その咽《のど》を扼《おさ》えて勝ちを制したる折りは、来賓の外人または内村前警務部長は思わず手を拍《（マ》っ《マ）》て嘆賞《たんしょう》せり」とある。このように永岡秀一ならずとも、講道館の面々がさまざまな手を使って又右衛門の寝技を防ごうとしたことがわかる。

力で遮二無二突っかけてくる敵とはどう闘うか？

口述筆記では、又右衛門はまた、永岡秀一の「柔道」についてつぎのようなエピソードと感想を述べている。

まだ私が姫路にいる頃、岡山県浅口郡亀山村というところに、平山という元気のいい青年がいて、この男が滅法《めっぽう》柔術が強く、村の噂《うわさ》では、田辺又右衛門とどっちが強いだろうという噂でした。もともと、この岡山は、爺《じい》さん（祖父武田《たけだ》禎治《ていじ》）の代から「柔術は田辺」の地盤であったから、このような噂が立ったのであろう。そこで、各地にいる私の父虎次郎の門弟たちから、「今度長尾で柔術の大会があり、平山も出ることになっているから、先生もぜひ来て平山をへこましていただきたい」という連絡が入った。私は、少々強いといっても、小さな田舎の村の青年である。そんなものを相手にすることもなかろうと思ったが、古くからの父、虎次郎の門弟の要請とあって、断れない。それでわざわざ村の大会に行って、自分の方から「一本稽古をしよう」と誘った。

勝負はいうまでもなかった。私は組み合って、投げては絞め、また逆を取ったりして痛めつけた。平山はヘロヘロになってしまった。その稽古の後、平山が私に言ったのであります。

「いやあ、田辺先生にはまったく歯が立たない。しかし、先日、岡山の武徳殿で、永岡秀一先生にお手合わせをお願いしたのですが、最初から最後まで、一本も投げられることなく、互角に闘うことができました」と。

そうか、だから平山が自分も強くなったと思い「田辺の先生にも勝てる」と豪語したのか――。それにしても、講道館の看板とも言われる永岡が、田舎の一青年をやっつけることができないはずはないのだが――と思った。

すると平山青年は、永岡先生は稽古の後で、「平山、お前は遮二無二《しゃにむに》頑張るからいかん。あれでは柔道はできん」と言われたという。

永岡は理詰めの柔道である。押してきたら引き、あるいは引かれると身を寄せる。その間に相手の力を利用して、投げたり、足を掛けたりする。決まれば綺麗《きれい》である。勝負する両方がそれを心得ていれば、「綺麗な柔道」の試合となろう。あるいは「申し合わせ」ともいうべきかもしれない。しかし、平山という、粗削りで、力で「頑張る」田舎の青年には、永岡のこういった技がまったく通用しなかったのだ。これに対して私は、相手が遮二無二頑張ろうが、強引に技を掛けてこようが、さらに上回る気合を入れてやっつける。若い頃から、他流の柔術、身体の大きな相撲取り、あらゆる敵と闘ってきた経験があった。試合はお遊びや決まりきったルールではないのである。

私は、これとまったく同じ永岡の「柔道」を「見た」覚えがある。岡山の平山青年のときからずっとあとのことだが、名古屋の武徳殿の発会式に行ったときのことだ。これには、私のほかに、永岡秀一・磯貝一、それに磯貝の弟の誠三が出席した。

地稽古のときに、私と永岡は四人、磯貝とその弟はそれぞれ二名を相手に「乱取り」をやって見せた。

私は一生懸命に頑張って来る相手を、ウンとしゃくりあげては投げ飛ばし、ぐいぐいと引きずり回しては、ひと落しして、逆や絞めで責めたて、相手をキューキューいわせて全員を早々と降参させてしまった。私は、相手が強引に突っ張ったり、力で攻めて来るような相手と試合をするのは慣れているのである。だから、四人くらいを相手にしただけでは、汗も出ないくらいだった。

ところが、私が控室にいると、永岡がしばらくしてから帰って来て、独り言のように私に言った。「どいつも、こいつも皆、馬鹿に頑張りやがって、ずいぶん骨を折らしやがった」としきりに汗を拭《ふ》き、はあ、はあ、息を切らして言っているのである。

そのとき、私は以前の岡山の亀山村での、平山青年の話を思い出した。「さては、永岡大名人は〈頑張る相手〉をやっつけるのは苦手なんだな」と思ったのである。これは永岡だけの話ではあるまい。このとき私は、「講道館柔道が行きつつあるひとつの方向」

の弱点に気がついたのである。

柔術は、決められた動きや動作の中で行う芝居や踊りとは違う。申し合わせの形にそって組み、動いて、理詰めの投げや、転《ころ》ばし合いは、体育の形としてはいいが、相手がどのように動くか想像のつかない乱取り、特に相手が力で押して来るような場合は、勝負法として柔道はまったく物足りない。投げ飛ばして、綺麗《きれい》に勝とうというだけでは、相手が「頑張る」場合はなかなか通用しないのではないか——。（巻四第六九節より）

「私は、講道館柔道が、結局、私どもと同じ柔術に戻らなければならないことを固く信じておりました。しかしこの予想は未だ十分に実現されてはおりませんけれど、明らかにその傾向が現れてまいりましたことは、何人《なんぴと》も否《いな》めないことでありまして、まことに欣快《きんかい》に存ずる次第であります」（巻四第六九節より）と又右衛門は言っている。

この口述筆記が書かれたのが、昭和六年（一九三一）ごろと推定すると、又右衛門は六二〜六三歳ということになる。

このことは、そのときから九〇年ほどたった現在においても、「柔道の枠内」とはいえ、力で押してくる外人選手と日本の柔道選手が闘い、苦労しているのを見るにつけても考えさせられる問題である。

高専試合と講道館柔道の確執

又右衛門はつづけて、その例として、当時あった帝国大学連合の主催で行われていた「高《こう》専《せん》試合」を上げている。この高専試合に出場する選手らは、ほとんど寝技の稽古ばかりで投げ技についてはそれほど重きを置いてなく、ほどほどに稽古をしていた。投げ技ではあまり差がつかないということだ。この「高専」ルールで稽古をこなした者と試合をやると、純粋に講道館流の修行をやった者は、ひとたまりもなくやられていると。

嘉納氏はなぜか、寝技の勃興を嫌いまして、〈高専試合〉に異議を申し込みましたところが、主催者側の大学の方が、ポーンとこれを一蹴《いっしゅう》いたしまして、『もし講道館が、試合の方法について文句を入れるなら、大学は講道館から脱退して、独自に大学で段をだすことにする』と強硬に反対し、依然寝技を主として優勝戦を続けていますのは、明らかに柔術のゆくべき真の方向を指示するものでありまして、立ち技専門の講道館に対する『頂門《ちょうもん》の一針《いっしん》』であると信ずるのであります。今日は、嘉納治五郎氏という大きな鎹《かすがい》がありますがために、無理な統一状態が保たれているのでありますが、この中心がいよいよ無くなった暁になりましたならば、さぞや面白い変化がもたらされることだろうと考えるのであります。現役を遠の昔に退いて、隠居の役の私ではありますが、死ぬまでのうちには、一度私の予想した現象を目撃することができるのではないかと、思って楽しんでいます。(巻四第六九節より)

と田辺は結んでいる。

「頂門の一針」とは、頭のてっぺんに刺す鍼《はり》のことで、急所を衝《つ》いたきびしい批判の言葉のこと。戦国時代、北宋《ほくそう》の蘇軾《そしょく》が性悪説の荀卿《じゅんけい》(荀子《じゅんし》)を批判した言葉であるが、それを、王《おう》遵巌《じゅんげん》が荀子に対するきびしい急所をついた言葉であると言った故事によるもの。

また、一時は講道館一とあがめられた永岡秀一が、技の上では格段の差がある者に対しても、それをやっつけるのに多大の苦労をしたりあるいは時間を要したのは、ほかならぬ、遮二無二に頑張ってくる者には柔道は有効な手を持たないことの証明である。

いまから何十年も前のことであるが、私が高校時代、柔道の日本選手権の試合をテレビで見ていて、本当におもしろくないと思ったことがある。スポーツとしてみていても、もたもたして時間ばかりかかって退屈な覚えをしたことがある。以後、テレビでもあまりやらなくなったが、それ以来こちらも関心をもたなくなった。つまり、試合で遮二無二頑張ってくる相手には、なかなか技が決まらないのだ。とくに柔道の伝統のない外国選手のように遮二無二頑張る、あるいは力で攻めてくる者には、なおさら技は決まらない。そして、時間切れまでもたもたした試合が続くのである。それで技が決まらないでも優劣が判断できるように、「優勢」で点数を取りはじめた。あるいは、消極的戦いを続けたとして、「注意」「指導」が取られることになった。そうすると、「優勢」を取るための、「見せ掛けの技」を掛けたりする者が多くなり、また「指導や注意」をもらわないために、意味のない動きをするようになった。柔道の限界が感じられた。

いまでも柔道のルール改正は毎年のように行われている。もう一度原点に帰って、「柔道への統一」が行われた時点に帰り、江戸時代から各地にあった、さまざまな柔術のどんな技が消えていったのか、あるいは講道館の都合で、田辺又右衛門に負けないために、禁止されていった技を考え直してみることが必要なのではないかと思う。

突きと蹴り、当て身後退の決定的事件

その後、又右衛門は宿敵磯貝と試合をして引き分けたり、また嘉納治五郎の見ている前で講道館の佐藤法賢を軽く片づけたりしたが、磯貝との試合は、痔《じ》を患《わずら》っていたため苦戦をし、二度、絞めに行ったが逃げられた。しかしこの引き分けは、又右衛門も苦労したと正直に述

べている。しかし、あいかわらず講道館に味方する雑誌が、磯貝が引き分けたあと、「もう一度やらせてもらいたい」と言ったなど、さも磯貝が有利だったような話を書いていると、又右衛門は文句を言っている。また又右衛門が有利だったと証言する者もいたと。

形の制定会議は何度かあったらしいが、明治三九年の武徳会の形制定のときであった。

講道館の嘉納治五郎が、全国から集まった柔術家に向かって、「今度の武徳会の形制定について、参考までにみなさんのご流儀で、極意としている〈一子相伝《いっしそうでん》〉の秘密の形をご公開願いたいと思うのですが、いかがなものでしょうか」と言った。一同、異議に及ばず賛成したが、香川県の揚心流《ようしんりゅう》の形専門の「大家」平塚葛太《かった》という先生が反対を唱えた。「これは嘉納先生のお言葉とも存じません。一子相伝とは読んで字のごとく、ひとりの子供に限って伝えようという大切なものでありまして、他人の目の前で、やって見せるような筋合いのものではありません。それは嘉納先生のお言葉とも思えない無理な注文と心得られます」。

これを聞いた嘉納はちょっとまずい顔をしたが、聞いていたほかの者も同じようにおもしろく思わなかったらしい。すると嘉納は、「ああそうですか。それではやむを得ませんから、拝見するのはお願いいたしますまい」とグッと堪えて静かに言った。しかし、ちょっと腹の虫が治まらなかったと見えて、平塚葛太が、突き蹴りを得意とする「形専門」であることを承知で、「いったい柔道稽古をするのに、『形』（当て身をする）が有利か、あるいは『乱取り』（組んで柔をする）が有利か、はっきり知りたいと思うのですが、どなたか、乱取りをする人の中で平塚さんと勝負をして見せてくれる人はいないでしょうか」とえらいことを言い出しました。

「形専門」というのは「突き」や「蹴り」の形のことで、平塚のところでは、柔のほかに、この突きや蹴りを常にやっていたのである。つまり当て身である。当て身は、相手の急所を突いて、相手を倒す、いわば拳による飛び道具で、これと寝技を含めて、柔（やわら）専門の者とを対戦、勝負をさせるというのは、どだい無理な話であることは、誰もが考える当然なことであった。したがって、このとき、日本一の突きや蹴りの「形」の大家と自任している平塚に対して、柔だけで、自ら進んで対抗しようという無鉄砲者も当然ながらいなかったのである。会場はシーンとなった。

私は、こうして各柔術の大家が集まって、いずれも武徳会のために、進んで各流派の奥義を公開しようとしているのに、もったいぶったことを言う平塚の態度が癪《しゃく》に障《さわ》ったので、「それでは、私がひとつお願いしましょう」と名乗り出た。

すると嘉納がちょっとニコッとして、「ウン、田辺君ならよかろう。平塚さん、ひとつ田辺君とやって見せてくれませんか」と言った。すると勿体《もったい》やさんはグーッと反身《そりみ》になり、「私の方は、当然のことながら〈当て身〉が入りますがそれでいいですね。〈当て身〉なしではわれわれとしては――」と脅し文句を言う。当て身というのはもちろん飛び道具、突きや蹴りのことである。そう言うと、たいていの柔道家は引き下がると思ったのである。

（巻四第七二節より）

このことは、又右衛門が晩年、兵庫の赤壁道場の古い弟子である小野幸四郎や榊原忠雄《さかきばらただお》などにも、突きや蹴りの稽古もしたと証言している。おそらく又右衛門も若いときはもっと訓練していたと思われるからだ。当て身は本来、不遷流にもあった。

私が昭和六二年（一九八七）一月に、中山和《やわら》さんから見せていただいた「不遷流口伝」のなかにも「死の当たり銘目録」というのがあって、ツボや急所が一二か所書いてあった。ここを狙って当て身を食らわせれば、かなり効果的、または死にいたらしめる。しかもこの急所は必ずしもその場で死ぬということではなく、あとでじんわり効いてくるというのもあるらしい。すなわち顛倒・田琢・雷炎・山根・寿脇・形合・関戸・中臓・留飲・雲月・輪玉・隠鐘――などである（一般に指圧やツボ療法でも古来知られている急所で、不遷流の口伝のなかにもこれらの急所の図がある。漢字は巻物により異体字や写し間違いの字が多く、読み方もわからないものも多い）。

日本少林寺拳法の宗道臣《そうどうしん》も、講話で、「当て身を食らわせてから三年後に死ぬという急所がある」というようなことを言っている。

のちに、又右衛門は不遷流の当て身の極意について話している。「不遷流の当て身は、場所をあまり多く選ばない。拳のあたったところを急所という主義である」と。そして、流祖物外和尚《もつがいおしよう》の言葉として「当て身は金槌《かなづち》で板を叩くがごとく」であるとも。つまり「自分の拳を金槌とみなして、当たったところを打ち砕け」というのが不遷流の教えである。

実際、金槌で板を叩くような調子で殴りつけられたなら、体中どこに当たっても、それは急所になるのだと（これは、口伝のなかの一二の「死の当たり銘目録」と矛盾するようだが、つねに実践を旨とする又右衛門流の解釈の仕方で、実際に試合をするときは、いちいち相手の急所ばかりを狙ってはおれないという意味だろう。急所を狙うより、自分の拳を固く強くすることが大事だとつぎに述べている）。そして、自分の父親の体験を逸話として挙げている。

私の父田辺虎次郎が、流祖物外和尚の拳骨の威力をうらやましく思い、拳を鍛えるつもりで、いつも板を叩いて訓練していた。すると物外和尚が笑いながらこれを見て、「オイ、虎次郎。お前はいったい何の真似をしているのか」と尋ねた。すると虎次郎は、「和尚さんのような拳骨になりたいと思いまして、暇のあるごとにこうして板を打って鍛えているのです」。

するとと物外は、「そんなことをお前たちがしたところで、拳はそんなに固まるもんじゃぁない。ワシの拳は、ウンとこう握りしめるから鉄のように硬くなる。まず、握力がウンと強くなっていなければ、いくら手先だけ鍛えたところでたいした役にもたちはしない。先に握り方を第一に鍛えることが肝心なことだ」と教えてくれたという。実際、握り締めた物外の拳骨には、欅板《けやきいた》を殴るとゲンコツの跡がつくだけの威力があった。和尚はあちこちで柱やお盆に拳骨の跡をつけた話が残っている。堅い拳で叩かれたなら、当たった場所は、金槌で殴られたと同様に、たちまち打ち砕かれるのであります。（巻四第七節より）

「当て身の場所を、あれこれやかましく言う替わりに、〈当て身は金槌で板を叩くがごとく〉と教えられた流祖物外の言はまことに味わい深いものと私は信じているのでございます」と又右衛門は述懐している。相手の袖《そで》や襟《えり》をつかんだら絶対に放さないという又右衛門が、人一倍握力が強かったのも、こうした教えがあったからかもしれない。

前述したように、日本少林寺拳法の古い弟子たちは、宗道臣の手の拳がとても堅い、まるで空手をする人のように固まっていた――と証言する人が多い。戦前、宗道臣が大阪の田辺

（東住吉区）の借家に住んでいたときも、玄関二畳の鴨居《かもい》からサンドバッグのようなものをぶら下げて、仲間と拳でこれを打ち、鍛えていたというから、宗道臣がこのころから拳を鍛えていたことは間違いない。柔道が普及し、立ち技が優遇されていくなかで、古くから伝統の柔術を志した者は、まだ「当て身」の効果を、拳を鍛えることで実践していたのである。また戦後、宗道臣が日本少林寺拳法をつくり上げていったのは香川県で、揚心流の大家平塚《ひらつか》葛太《かつた》も同じ香川県というのも、まんざら関係ないとは言えないのではないだろうか。

さて、平塚葛太は、当て身をすると言うとたいていの人は引き下がると思ったところが、なんと同じ他流の私が勝負をするというのであります。

平塚は戸惑い、しばらく考えた。それでなんと思ったのか、突然、頭を下げて、「田辺先生とは、とてもやれません」と兜《かぶと》を脱いでしまったのであります。

逆に驚いたのは、私である。さきほどあれだけ見栄《みえ》を張っていたのに、いざやろうというと、やめますという。これでは降参しましたと言うのと同じことだ。本来なら、講道館柔道に対して、他流同士、団結して戦わなければいけないし、また試合をすることによって、当て身をやっている香川の揚心流の存在価値を高めるではないか（実際多くのほかの柔術ではまだ当て身をやっていた）。

意外な結末に会場の面々も驚いたが、嘉納は微笑み、我が意を得たりといわんばかりの顔つきで、「それじゃあ、形の人たちは、乱取りをやった人たちには、かなわない——と言うことですね」と言った。

全国の各流派の集まっている会議である。以後、「突き」や「蹴り」をやっている人たちやその流派は、その会議の中で力を失うことになってしまった。「形は、乱取りに及ばず」と決定されたのであります。(巻四第七七節より)

日本武徳会の形の制定の会議である。これが結局、柔《やわら》重視、しかも「立ち技重視」の講道館柔道の流れのなかで、他流の「当て身」「突き」や「蹴り」、またそのほかの「技」や「逆」といった勝負の技を失っていくきっかけとなったことも否めないと考えられる。

又右衛門は、揚心流の平塚葛太と戦おうとしたとき、咄嗟《とっさ》につぎのような作戦を考えたという。

相手は、年中、突きや蹴りの当て身を入れる稽古ばかりしているので、受けたり、払ったりしようと思えば、こちらは負けて、当て身を受けてしまうに違いない。そこで、相手が突きかかってきたら、まずは相手をつかまえようとしないで、自分の拳を固く握って腕を硬くしておいて、相手の攻撃に負けないように素早く、相手の腕を強く叩き殴ってやろう。そうすれば相手の手が折れてしまうか、うまくいかなくても痺《しび》れてしまうだろう。私は子供の頃からの鍛錬のおかげで、相手をつかまえたらどんなことがあっても放さない自信がありました。たとえそれが自分より体が大きな相撲取りであってもである。腕力と握力は誰にも負けなかった。もしかりに、うまく相手の攻撃を払えないで、肋骨《ろっこつ》の一本や二本、折られたとしても、接近してしまえば必ずこちらのものだ。もし、相手が、突いただけですぐ逃げるようだったら、そのままツツーッとつけ込んでいって、つかまえて、どこまでも追い詰めて押しつける。あるいは反対につんのめるほど、前に突きかかってきたら、相手の攻撃の身体の直らない間に、引きしゃくり、引き出して前にのめらせて倒してやろう。組んでしまえばこっちのものだし、まして寝技に持ち込めば間違いなく勝てる。とにかく、接近してしまえば、相手をねじ伏せて、相手の肋骨を激しく拳で殴りつけてやろう。(巻四第七七節より)

「どうだ、乱取りをするものの当て身は、よく効くだろうと、啖呵《たんか》を切ってやろう」そう又右衛門は作戦を考えていたのだ。又右衛門は自分の拳が相手の肋骨に入ると、血を吐くことになると信じていたのだ。それほど彼は拳にも自信があった。

明治39年（1906）に行われた大日本武徳会柔術型制定会議の面々
前列左から三浦流・稲津政光、扱心流・江口彌三（やぞう）、揚心流・片山高義、四天流・星野九門（くもん）委員、講道館・嘉納治五郎委員長、揚心流・戸塚英美（ひでよし）委員、関口流・関口柔心（じゅうしん）、竹内三統流・矢野廣次、揚心流・平塚葛太（かつた）。
後列左から双水執流（そうすいしりゅう）・青柳喜平、関口流・津水茂吉、竹内流（たけのうちりゅう）・大島彦三郎、講道館・佐藤法賢、竹内流・今井行太郎（こうたろう）、不遷流・田辺又右衛門、竹内流・竹野鹿太郎、講道館・永田秀一、講道館・横山作次郎、講道館・磯貝一、講道館・山下義韶。
この時代はまだ、江戸時代から続く伝統ある全国各地のさまざまな流派のメンバーが集まっていたことがわかる。しかし、委員長の嘉納治五郎をはじめ新興講道館からは20人中6人もの人間が武徳会のこの会議に選ばれている。若い嘉納が委員長であり、審判規定や形制定会議だけでなく、試合の審判委員や藩士・教士の称号の授与など、さまざまな取り決めをリードしている。つまり行政・人事の面で講道館は武徳会を牛耳っていることがわかる。また大正8年（1919）には、柔術は柔道と言い換えることが決定された。

裸絞（はだかしめ）

送袖絞（おくりそでしめ）

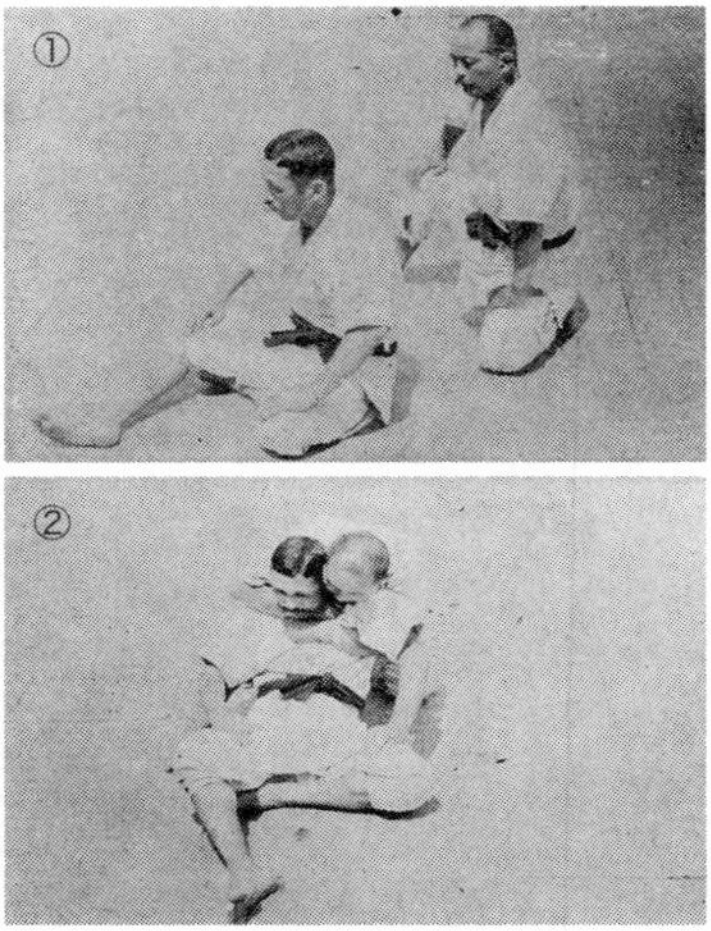

『武徳会制定柔術形』の見本演技
送袖絞①②　右・今井行太郎、左・田辺又右衛門
裸絞①②　右・田辺又右衛門、左・今井行太郎

第２編　固業之部（かためわざのぶ）　15 形（田辺又右衛門、今井行太郎などが模範演技）
• 抑込業（おさえこみわざ――袈裟固（けさがため）・肩固・上四方固・横四方固・崩上四方固（くずれかみしほうがため）
• 絞業（しめわざ）――片十字絞（かたじゅうじしめ）・裸襟絞（はだかえりしめ）・送襟絞（おくりえりしめ）・片羽絞（かたはしめ）・逆十字絞
• 関節業（かんせつわざ）――腕緘（うでがらみ）・腕挫十字固（うでくじきじゅうじがため）・腕挫腕固・腕挫膝固（うでくじきひざがため）・足緘（あしがらみ）

当時、柔術家の多くは実戦のなかでさまざまな技を駆使し、流れのなかで試合をするのであって、本文中の「花立て」の例が示すように、ひとつひとつはっきりした名前がついた業（技）は少なかった。したがって、禁止された「足挫き」も「捲き足」も、今なんと呼ばれているかはっきりと比定できないものが多い。明治 39 年の柔術形制定会議で、多くの技に名前がつけられたという。

『大日本武徳会制定柔術形』明治39年（1906）発行
この冊子は、明治39年7月27日から8月2日まで、7日間にわたって以下の柔術家が武徳会に集い、審議討究の末、乱捕形投業15本、固業15本、合計30本を作製し名称を付けて写真を撮って順序を示し、報告された。ほかにも真剣勝負の形居捕8本、両手捕突掛・突上げ・斜打・横打・後捕・突込・切込および立会12本、両手捕・袖捕・突掛・突上げ・斜打・横打・蹴上げ・後捕・突込・切込・抜掛・切下し合計20本を作製した。

関口流柔術　関口柔心・津木茂吉
竹内三統流柔術　矢野廣次
扱心流柔術　江口彌三
揚心流柔術　平塚葛太・片山高義
神道北窓流柔術　河野一二
本傳三浦流柔術　稲津政光
講道館柔道　山下義韶・横山作次郎・磯貝一・佐藤法賢・永岡秀一
竹内流柔術　今井行太郎・大島彦三郎
不遷流柔術　田辺又右衛門
竹内流柔術　竹内鹿次郎

以上のように、明治39年時点では、多くの柔術流派が乱立していることがわかる。
取り調べ委員は、嘉納治五郎（柔道）と、星野九門（四天流）、戸塚英美（戸塚揚心流）である。嘉納は、なんと5人もの弟子を参加させている。決定した業（技）は以下のとおりであるが、第1編「投業の部」はその多くを、山下義韶・磯貝一・永岡秀一・佐藤法賢の講道館派の面々が出演し、写真を撮り、後半の第2編、「固業の部」以降は、田辺又右衛門と仲間の今井行太郎が演技をしている。

第1編　投業之部（なげわざのぶ）　15形（山下義韶・磯貝一・永岡秀一・佐藤法賢などが模範演技）
- 手業（てわざ）――浮落（うきおとし）・背負投・肩車
- 腰業（こしわざ）――浮腰（うきごし）・掃腰（はらいごし）・釣込腰（つりこみごし）
- 足業（あしわざ）――足掃（あしはらい）・釣込足・内股
- 真捨身業（ますてみわざ）――巴投・裏投・隅返（すみかえし）
- 横捨身業（よこすてみわざ）――横掛・横車・浮業（うきわざ）

柔術には整復術があった

もともと、江戸時代からつづく各流派の武道には、多くの流派に当て身があった。相手を倒すための武道であるかぎり、当然のことながら、突きや蹴りの「当て身」、そして相手を完全に動けないようにコントロールした状態にする「逆技」、そして究極の「絞め」があったのである。そして重要なのは、のちの「骨接《つ》ぎ」のもととなる「整復術」も各派が持っていた。

病気の治し方や健康法まであった。息の仕方、気の高め方、身体中にあるツボとその活用法。不遷流だけでも、いくつかの免許皆伝、奥義やあるいは口伝として残っている。

不遷流の皆伝(巻物)のひとつに、「口伝」と並んで、「緒言」というのがあり、巻頭に「それ柔術を好《よく》するものは、必ずや、人身に生ずる障害、苦痛を治す法方《てだて》を示すべし。しかれども、今や按摩《あんま》と言うものあり。我、その按摩の流れを見るに、その身体の利害を知らずして、もっぱら手にちからを入れて、骨のつかえを開き、人の気を損ず。これ内径(ママ)の旨、按摩の道理を知らずして、反《かえ》って自体を損傷する所以《ゆえん》なり。我、これを困苦なし、左記の図解をもって、独り身体の血脈をめぐらし、困苦を治せしむる法方(ママ)を考え、これを行うをもって郷士のたすけとし賜え(文章は巻物の皆伝のママ。意味の分からない所もある)」とある。

このあとに「膽《たん》の腑《ふ》の熱を止めるには、平らに座して両の手にて、両の足を持ち動かすこ

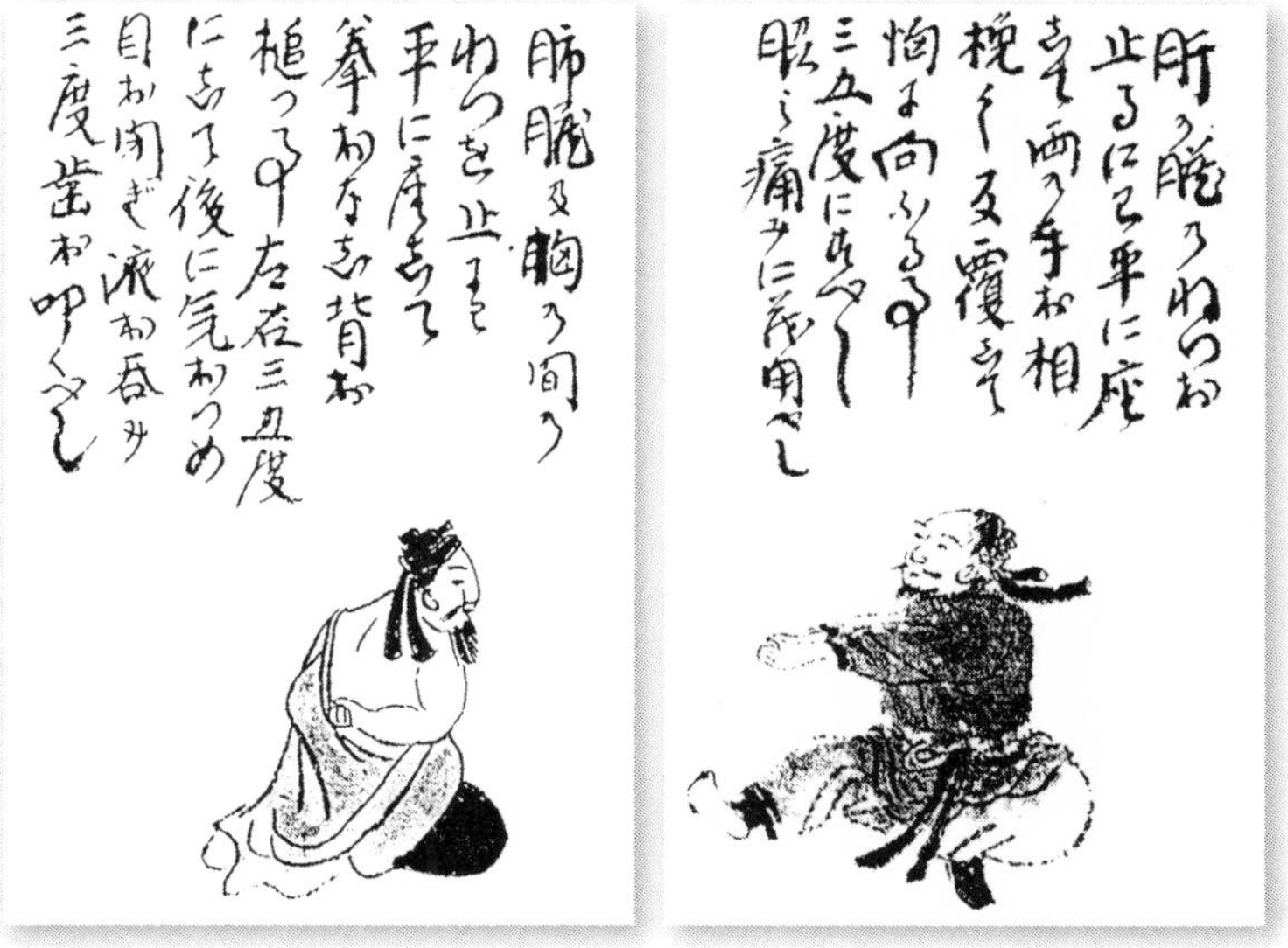

柔術に古来から伝わる健康法や養生法

と三、五度にすべし」とあり、図が描いてあって、いまで言えばヨガともストレッチともいえる体位とツボの圧し方が示してある。そのほか、「腎臓の熱を治するには——」「胸の熱を治するには——」「肝の臓の熱を止めるには——」などなど、現代にも十分通用する健康法ともいうべきものが絵入りで描いてあるのだ。蘇命法や石を温めて患部にあてるという「温石法《おんじゃくほう》」というのもある。

柔術は、相手を倒す武術だけでなく、身体の病や不具合を治す按摩や指圧、あるいは食事の健康法まで含んでいたのである。のちの日本少林寺拳法において「整法」という整復術が行われるのも、こうした柔術の流れのなかから出てきたものであろう。

いずれにしても、香川県の揚心流の平塚葛太が、せっかく自流の突きや蹴りを披露できるチャンスを、嘉納に反発し、かつ田辺との対戦を避け敵前逃亡したことで、以後、当て身を重要な攻撃の技とする柔術が、その後の武道界において、ないがしろにされたのは残念である。この明治三九年の武徳会の形制定の会議で、嘉納治五郎の「形は乱取りに及ばず」という決定は、かなり重要な決定だったといえよう。

今日、日本各地には江戸時代の柔術の名前を踏襲《とうしゅう》する武道が細々と残ってはいるが、その技や技術がどの程度継承されているか疑わしい。それは日本中の柔術を、柔道というひとつのスポーツに仕立てて、全国に同じように普及させた功績とは反対の、負の部分もまた大きいといわねばならない。空手も同じと思うが、日本少林寺拳法においても、突きや蹴りは当然あるのだが、日ごろは、「寸止め《すんど》」といって、突きや蹴りを相手の身体に当たるちょっと前、寸前のところで止めて、ヒットしたこととする――方法が取られている。それでつぎの技に移る練習をするのだが、最近ではグローブや防具をつけて、乱取りをやる道場もある。ともすれば本来の「武術(格闘技)」を忘れて、拳法そのものが、形骸化するのを恐れているのだ。

前にも述べたように、中国の武術が、長い清朝《しんちょう》の歴史をとおして完全に形骸化し、形のみを見せる武術に変化し、さらにその形そのものが、なぜそのような動きをするのかさえだれにもわからなくなっているのだ。手や足のそれぞれの動作に、じつに細かく名前がついてはいるが、あくまで形の分類である。宗道臣が、中国の河南省嵩山《すうざん》少林寺で、地元の学校の武術の演技を見て、「いまのところ、もう一度やって見せてくれ」と言って、ひとつの動作を取り上げて、同じ動作をしながら日本少林寺拳法の技のひとつ、「袖巻き返し《そでま》」を披露し、高弟を投げ飛ばしたのを見てもそのことがわかる。中国の形のひとつが、袖巻き返しの技と似ていたのだ。ひとりで演じる中国の武道はすでに形骸化し、見せるための「表演《ひょうえん》」になり、いまや本来の武道・格闘技とはかなり変質しているのだ。なぜそういった動作をするのかわからなくなってさえいる。

ひとつの演技にそれぞれ無数の手の形、足の形に名前がついたりしているのは、その形骸化の現れであろう。カマキリやトラやタカといった動物の攻撃の所作をした「蟷螂拳《とうろうけん》」や「虎拳」や「鷹拳」といった見せ物にいたっては、武術からはかなり離れているといわざるを得ない。もちろん酔った所作をして相手を倒す「酔拳《すいけん》」や「酔棍《すいこん》」などもそうである。ただし、見るための「表演」としては、それなりに洗練された技術を持っていることはたしかである。京劇や豫劇《よげき》・川劇《せんげき》、各地の演劇の立ち技の世界とオーバーラップするところもある（中国ではのちに闘うための武術大会も行われた）。

日本の柔道が、国際化していくなかで、かつて田辺又右衛門がまさに予言したように、現在さまざまな問題を抱えているのを見るにつけ、今後、柔道のみならず空手を含めて日本の武術がどういった道をたどるのか、あるいは変化していくのか、注意深く見守っていきたい。

武術は生き物である。同じ不遷流を学んだ田辺又右衛門は寝技に秀でていたが、弟の武四郎や、又右衛門の跡を継いだ一番弟子田辺輝夫は、立ち技が得意だった。武術は人間が介する限り、こうした各自の個性が出てくるのは当たり前のことだろう。それぞれの免許皆伝の巻末にあるように、さまざまな流派の武術を学び、それらの経験をもとに自分の武術を編み出していくのだ。おそらく若いときに不遷流の田辺又右衛門の開いた遷武館、赤壁道場で学んだと思われる宗道臣もまた、自分の個性で、自分のやり方で、新しい拳法をはじめたのに違いない。

不遷流、活の方法はひとつ

不遷流による急所、つまり「死の当たり銘目録」。私が中山和さんからいただいた「口伝」の写しによると、都合一二の急所が書いてある。しかし、又右衛門はとにかく、金槌で板を叩《たた》くように相手に「当て身」を食らわせば、当たったところが急所になる——と言っている。この金槌で板を叩くように、という意味は、金槌のような強い拳で打つという意味と、また打った瞬間にはじくように拳をもとに戻す、という意味合いも含まれている。ともかく、皆伝のなかには「急所をねらって打つ」と書かれているが、対戦中はなかなかむずかしいので、実際には打てるところを的確に打つということだろう。つまり解釈の仕方によって、受け継ぐ者がそれぞれ独自の運用の仕方に変えているのだ。

不遷流の特異なところは、そこを打つと死ぬという急所だけでなく、ひとを生かす、よみがえらせるツボもあるということである。

それが、死人を蘇らす「活法《かつぽう》」である。

不遷流口伝には、「活得《かつう》」として「死《し》たる人《し》をそろりとあをむけ（仰向け）にして、脇ばらの肋骨《ろつこつ》の下より左右一同をはげしくせり上げて、其後《そののち》、右手くびのあたる所は死人の左にて、則ち、陽《よう》に当たるなり、陽の息、いざと誘引《いざな》へば、陰の息、いざとさそわれて陰陽の息、合体して蘇命《そめい》すること、神の如《ごと》し」とある。

つぎに、陰嚢《いんのう》（きんたま）として、これを蹴られたとき、蘇生させる方法。

つぎに、首縊《くびくく》りとして、首を縛《しば》られたときの活の入れ方が書かれており、またつぎに、水溺（みずにおぼる）として、水を飲んで死んだ人間の活の入れ方。さらに物外和尚の伝として、「九事《くじ》の大事」と「温石伝《おんじやくでん》」というふたつが書いてある。「温石伝」というのは、弱き病人が急死したとき、あるいは婦人の難産のとき、絶命しても生き返らせる法である。「九事の大事」

というのはよく分からないが、いずれの活法も口伝が伴って皆伝となっているので、文字となっているのは秘伝の一部なのであろう。

いずれにしても、これらを数えると、合計六つ書いてあることになる。

前述したように、私が又右衛門の弟子の小野幸四郎さんに話を聞いたときは、不遷流の活法は五つあった。「体活・総活・畜生活・小人活・金活」である。いずれも、道場で気を失った人を、どのような姿勢で、どこに活を入れるかであった。普通の道場で入れる背中に膝で活を入れるのでは息を吹き返さないことも多いが、不遷流の活は、みごとに吹き返すという。

ところが、又右衛門は、活はひとつであると言い切っている。

あるとき、私は武徳会の本部の廊下で、ぱったり嘉納治五郎と行き合ったことがある。私が通りがかりにちょっと首を下げると、嘉納も会釈をすると同時に、突然思い出したように、「アッ、田辺さん。（あなたのところの）御流儀には活は何本ありますか」と尋ねてきた。そこで私は、自分の信じるところそのままに、「私の方は一本です」と答えた。すると嘉納は、我が意を得たりという顔つきをして、「ア、僕の方もその流儀だ」といって別れた。このとき嘉納が一本といったのは、天神真楊流《てんじんしんようりゅう》に入門し、また起倒流の皆伝を受けた嘉納の、どの流派の説なのか、あるいは嘉納自身が一本だと思っていたのか分

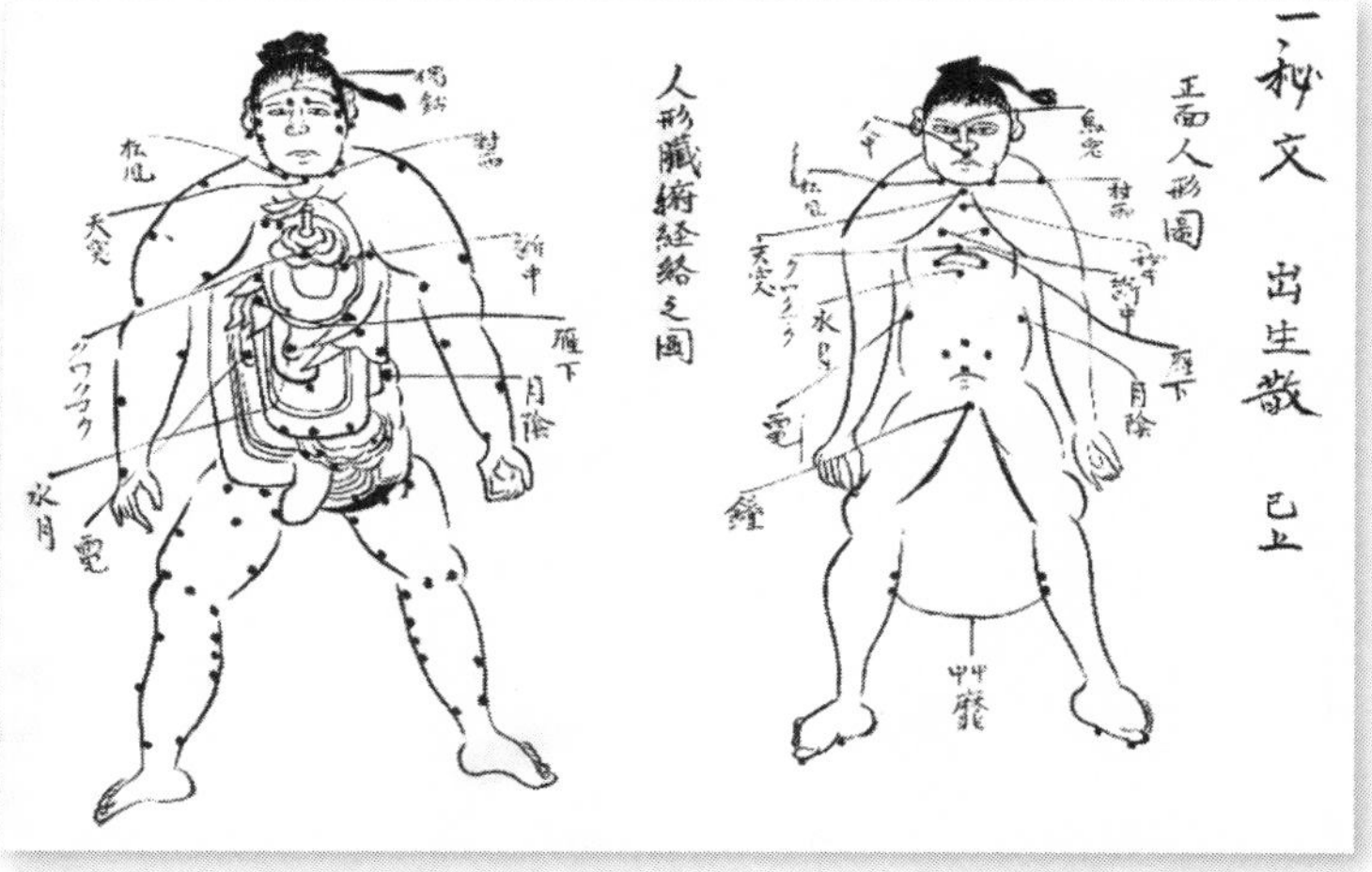

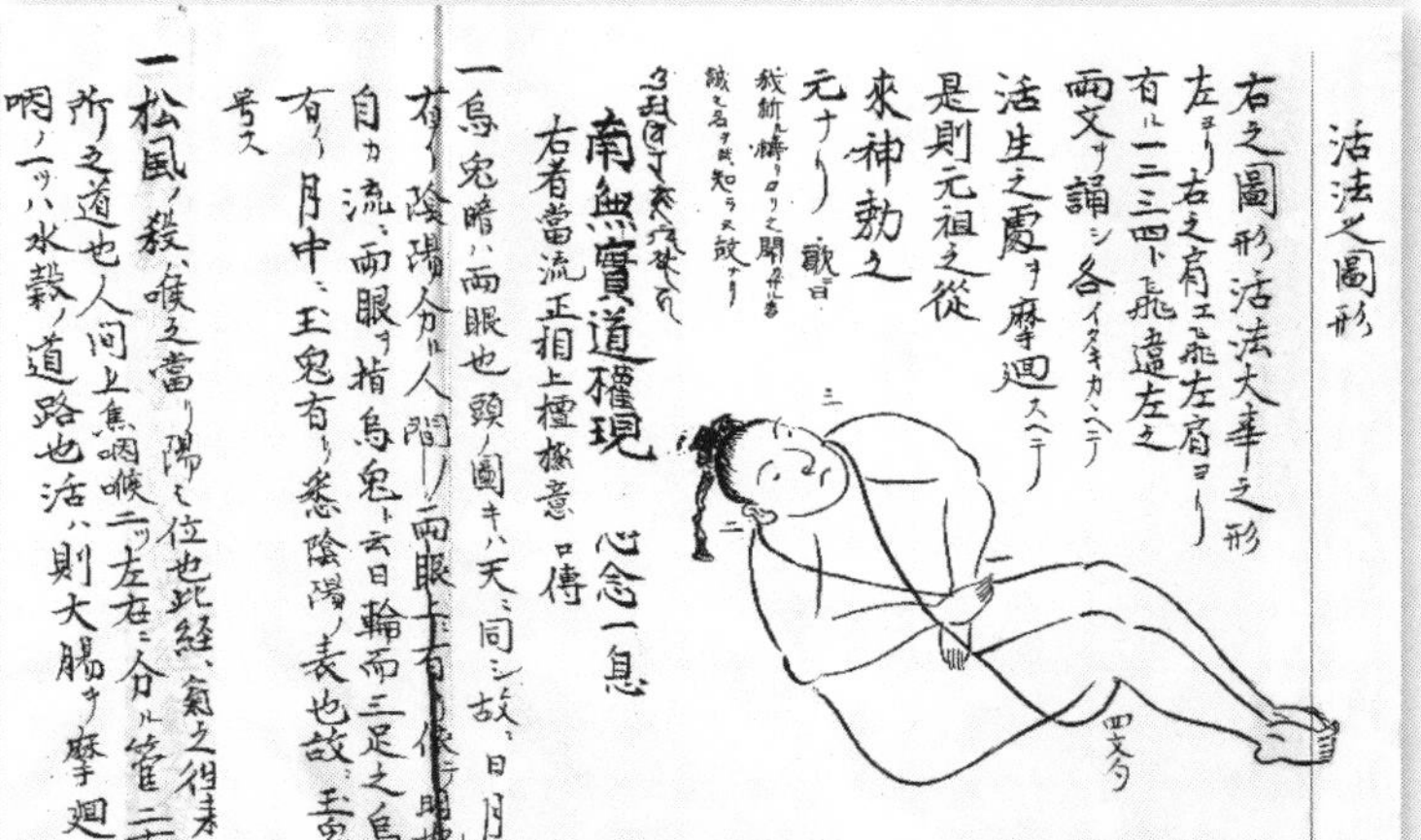

目録の中の活法の図（下図は上の巻物の左とつながっている）　難波一甫流嫡孫、満政という人から物外不遷、田辺虎次郎と伝わった皆伝『目録』の中にある「秘文」、出生（散）正面人形図と人形臓腑経絡の図。活法の図形。後に書かれた「不遷流口伝」の中にも、死活当銘目録口伝として 12 の当たりが書かれた後、活脈の極意として「画像口伝窮処」というのがあり、同じような身体の図が書いてある。

からない。(巻四第七七節より)

が、いずれにしても、口述筆記のなかで、又右衛門は「嘉納と初めて意見が一致したことが嬉しかった」と述べている。

活の方法については、私には、二〇年前の、父虎次郎と論争した思い出があります。私が一八歳のときである。ある日父の虎次郎が弟子に免許皆伝を取らせることになり、私を傍に呼んで、お前も一緒に見ているようにいう。そこで不遷流の活の入れ方を、六つ伝授するという。(巻四第七七節より)

そのころは、允可《いんか》は口伝であったり、また実際に手を取って教えることも多かった。皆伝の巻物はあくまで箇条書きや簡単な文字による解説で、活の入れ方や急所の説明、あるいは健康法や治療法などは、あくまで二次的な文字による資料なのである。したがって、巻物のなかの文字だけ読んでもわからないことが多い。

私は父に対して「活の入れ方はひとつですから、習わないでも分かっています」と反論した。すると虎次郎は、目を剝《む》いて「馬鹿なことをいうな、活は一本だけではない。六本だ」と怒った。しかし私は、「活の入れ方は何本もありましょうが、真の活というのは一本しかありません。私に活を入れさせるなら、立っていても、寝ても横になっても、仰向けになっていても、またうつ伏せになっていても、どんな姿勢をしていても、みごと活を入れてお見せします」と豪語した。

その論争以来二〇年。私と同じことを、嘉納治五郎が言うとは思わなかった。（巻四第七七節より）

長く伝わった各流派の奥義も、それを運用する人間によってさまざまに変化することがわかる。柔道や柔術あるいは空手などにおいても、またそれらを総合した拳法においても、師から同じ技を習っても、個人によって運用の仕方がさまざまに違うのと同じであろう。

不遷流に伝わる巻物

田辺又右衛門の弟、中山英三郎の息子中山和《やわら》さんには、いろいろな不遷流の流れも説明してもらった。田辺又右衛門には兄弟がいて、二男の武四郎は明治一二年生まれ。明治三七年、二五歳で日露戦争において戦死。また又右衛門の二女久子の婿養子、田辺辰男は陸軍大尉で大東亜戦において昭和二〇年、沖縄にて戦死している。又右衛門の跡継ぎとして期待されていたが、不遷流の後継者はみんな戦死している。

又右衛門の実弟、三男中山英三郎は矢掛町《やかげ》の中山家に養子に行った。庭瀬藩《にわせ》（岡山市北区の小藩）の奉行の名家だったという。大坂の半田彌太郎の道場にも、兄又右衛門のあと修業に行っている。英三郎は文武に秀で、のちに、竜野中学・矢掛中学の教師をし、歴史研究家でもあった。諡号《しごう》を旭水《きょくすい》といった。三世虎次郎の勤王としての活躍を記した古文書も、英三郎の家から見つかっている。

また中山和さんの持つ「不遷流記事」という古い大学ノートには、かなりくわしい「不遷流系統図」が六ページにわたり書かれており、物外和尚から武田禎治・田辺虎次郎・田辺又右衛門などの弟子たちが一五〇人以上書かれている。おそらくこの系図は、中山英三郎から引き継いだものに違いない。また田辺又右衛門にも、根木金一・山上正夫・伏見辰三郎・小野幾太郎・赤沢義正・小野幸吉・三宅多留次・栗原民雄・榊原則正など多くの弟子がいて、私が会って話を聞いた人たちの名前もあった。榊原忠雄は榊原則正の息子であり、ほかに小野幸四郎・今井役恵・大石在久・波多野金造も登場する。

また中山さんは、父親の中山英三郎さんから受け継いだ不遷流の巻物、免許皆伝をたくさ

中山和家に伝わる不遷流の巻物と鎖鎌　初伝・不遷流目録・不遷流口伝・活法虎の巻などのほかに秘極千金の巻・兵法虎の巻などがある。

中山英三郎（1885～1971）　又右衛門の実弟で和の父。文武に秀で、教育者としても地域に貢献した。

ん持っていて、すべて見せていただいた。ただし和さんは、不遷流は三段まで、二〇歳までしかやっていない。戦争があったからだ。

一部前述したが、入門して三年目にもらう「初伝」、一〇年目にもらう「目録」、さらにその上は「上目録」というのがある。それぞれ筆書きで、伝書のため、異体字、あるいは間違い字、判別不明な字などがあって読みにくいので、中山さんが、手書きで読みやすいように起こしたものをいただいた。「初伝」「不遷流口伝」「緒言」「松風伝」「秘極千金の巻」などである。

写真も撮ったが、おもしろいのは、「兵法虎の巻」に卍のマークがあり、それぞれの字画の線の先に、朱で読めないがなにやらまじないのようなものが書いてある。不遷流だけの独自のものかわからないが、卍のマークは不遷流のシンボルとして使われていたらしい。もちろんこれはお寺ではよく使われるマークだ。また傍に「臨兵闘者皆陳《りんぴょうとうしゃかいちん》烈在前《れつざいぜん》」の九字《くじ》秘法《ひほう》の文字も見える。

私自身も、子供のころに、このまじないを柔道などの試合のときに口の中で唱えるのだと、父親から聞いたことがある。父親が若いとき、柔道の試合の前に唱えていたという。江戸時代からあったと思われるが、いつの時代からか一般にも使われだしたらしい。この巻物は、田辺又右衛門の弟子になった榊原則正が、松山の城から持ち帰ったものらしい。したがって不遷流独自のものではないと思われる。

「虎の巻」の巻頭には、柔術が日本に渡ってきた経緯を書いたと思われる文がある。曰《いわ》く、

「応神《おうじん》天神王此巻物内心納　日本に絶え、其後朱雀院《すざくいん》、大江維時《おおえのこれとき》に砂金十万両所持せしめに渡唐せしめたまえ○相伝の○、奏聞間　唐帝勅許なく、利彼人帰べし――」

などと読めたが意味がよくわからない。どうやらかつて武術が大陸から渡ってきたが、それが日本では絶えてなくなったため、ふたたびそれを取りに大江維時に砂金を持たせていかせたということだろう。

不遷流系図

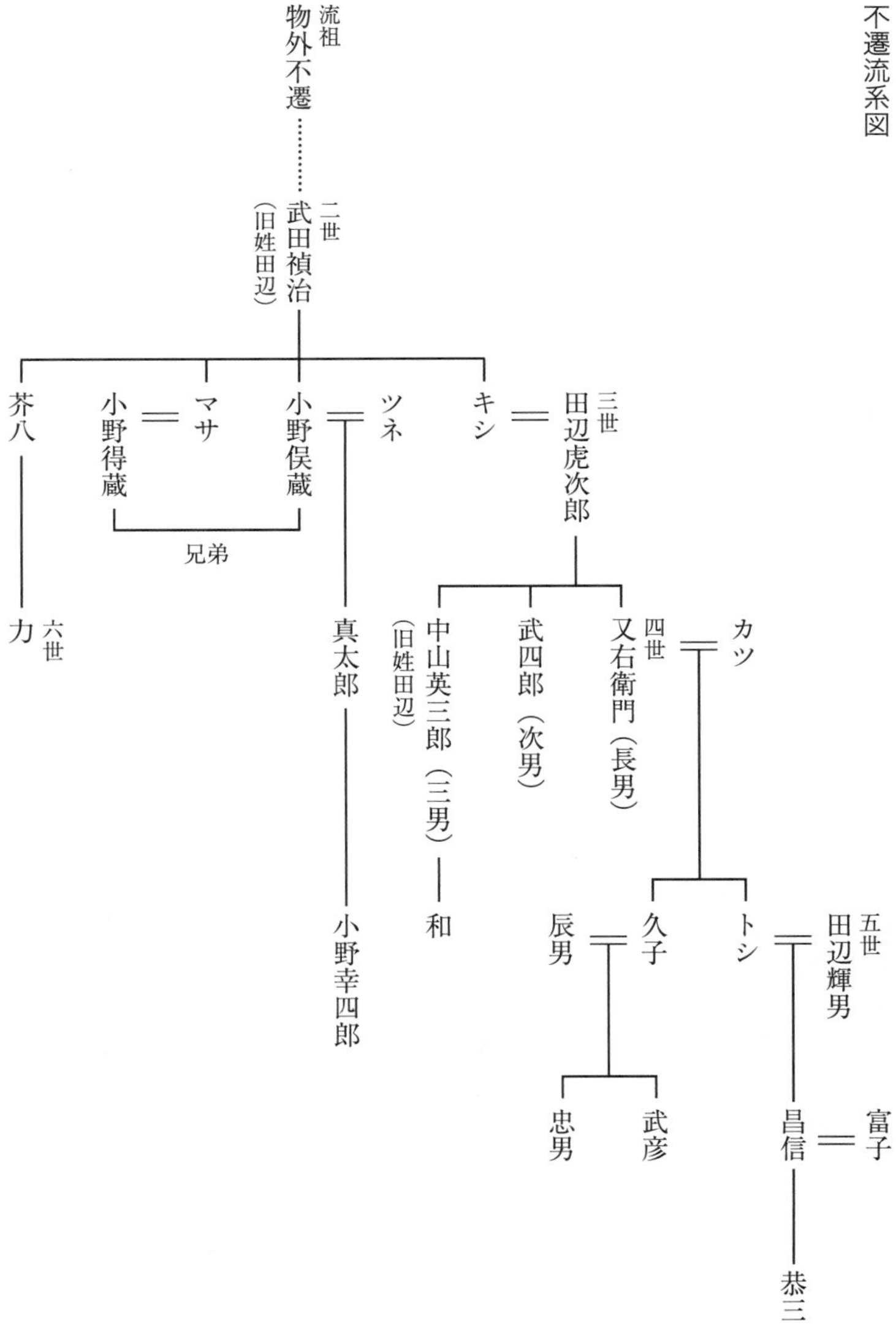
流祖
物外不遷
二世
武田禎治
(旧姓田辺)
三世
田辺虎次郎
キシ
ツネ
小野侫蔵
マサ
小野得蔵
芥八
兄弟
六世
力
真太郎
小野幸四郎
四世
又右衛門（長男）
カツ
武四郎（次男）
中山英三郎（三男）
(旧姓田辺)
和
五世
田辺輝男
トシ
久子
辰男
武彦
忠男
富子
昌信
恭三

寝技の岡山六高とヨーロッパに渡った柔術

不遷流の巻物の皆伝はたくさんあって、『後楽』という岡山県の警察本部で発行された雑誌に「岡山県柔道史概要」（第一八回）を書いた金光彌《こんこうや》一兵衛《いちひょうえ》（起倒流備中派柔術、岡山第六高等学校柔道教師、のち講道館の九段）によると、不遷流伝書として、九つあげてある。「切紙《きりかみ》」（入門心得が書いてあるもの）、「初伝」（形の一二本の伝書）、「中巻」（形の伝書）、「目録」（一八本の形および心得）、「上目録」（師範代一五本他流秘伝）、「免許」（図入り殺活法）、「皆伝」（武将の心得、兵法極秘千金の巻）、「兵法虎の巻」（神之事、備之事）、「兵法龍の巻」（孔明之事）である。中山和さんに見せてもらったものと同じものが何点もある。

金光彌一兵衛は、「岡山県柔道史概要」のなかで、「兵庫県浅口郡は、昔から、起倒流・戸田流・不遷流・喜楽流・神道五心流、その他たくさんの柔術の興隆を極めたところで、玉島を中心に多数の柔術家を出している。中でも不遷流は天下にその名を轟《とどろ》かした」と書いている。その上で不遷流については、その系統図や物外和尚からはじまって、二世武田禎治・三世田辺虎次郎・四世田辺又右衛門についてかなりくわしく紹介している。

ついでにいうと、金光の記述によれば、不遷流二世武田禎治には横溝清介源忠義という弟子がいて、この人は岡山県浅口郡鴨方《かもがた》の出身、鴨方支藩の指南番で不遷流、立ち技にすぐれていたという。横溝の弟子で、金光石之丞義信という人がいた。この金光石之丞は金光教《こんこうきょう》の祖師の息子で、もともとは金光萩雄といい、跡を継いで教祖となった。この人も不遷流だったことになる。田辺虎次郎の弟子にも、黒住教三代宗篤《むねあつ》という人の名前が書いてある。ともに岡山の周辺に本部がある宗教である。

金光彌一兵衛は大正一一年(一九二二)に、「松葉くずし」(のちの三角絞め)という技を開発したことになっているが、これは不遷流にもともとあって、又右衛門が得意としていた技ではないかと思われる。金沢の第四高等学校と岡山の第六高等学校との柔術の試合で、腕十字固めと松葉くずしの技をめぐって乱闘事件になったことがあったらしいが、とにかく六高はあらゆる技を使っていた。

又右衛門は、生涯にわたって対戦した闘いを、どこの道場で一〇人絞めたとか二〇人絞めあげたと、口述筆記のなかでこと細かに語ってはいるが、いちいちなんという技を使ったのか、あるいはなんという絞め形を使ったのかは述べていない。おそらく、複雑な格闘の展開の末、絞めたのであって、それにいちいち名前などついていなかったに違いない。またこれらの各種の絞め技と、のちに講道館から禁止された又右衛門の「足挫き」などが連動されて使われる場合も多かったと思われるからである。前述した「花立て」というのもそうであろう。

また、又右衛門の弟子の大石在久《おおいしあきひさ》さんによると、岡山の第六高等学校の柔道が強かったのは、田辺又右衛門のおかげだとのこと。とくに寝技が強かった。遷武館の内弟子、あるいは父虎次郎の時代から稽古に通っていた県下のたくさんの道場の弟子の子供や孫のなかには、その後、六高に進んだ者も多いからである。大石さんの思い出す遷武館の弟子には、岡田・秋田・大島・入江・木本・石田たいぞう（漢字不明）などがいる。そのうち大島・秋田・岡田はいまでも骨接ぎをやっているとのことであった(昭和六二年時点)。

また中山英三郎の記録によると、又右衛門は、高等学校や専門学校の柔術の大会ができてから、姫路・神戸周辺の学校で寝技を教えたという。又右衛門くらい体が自由自在に動き、粘着力があり、技が鋭く攻防変化のできる者には、高専の生徒はまったく敵《かな》わなかった。又右衛門は、弟子の田辺輝夫を連れて姫路中学に行き、のちの岡山師範永山《ながやま》卯三郎《さぶろう》教授と一緒に指導。それが縁で、のち輝夫は、姫路中学の武道教師になった。このときの姫路中学の生徒が、武専の教授になる栗原民雄である(英三郎談)。

また又右衛門は、父虎次郎のあとを受けて、閑谷《しずたに》学校にも柔術を教えに行っている。のちに英三郎も閑谷学校に教師として通ったから、三代続けて教えたことになる。また虎次郎は、行くたびに梅の苗木を何十本も持って行った。いまも広い庭にある名物の梅園はそのとき虎次郎が植えたものだ。私も見たことがある。

ともあれ、六高だけでなく、当時の旧制高等学校の柔道界が、そのルールにおいて、講道館の要求をはねつけて、あくまで高専試合（高専柔道。旧制高等専門学校も含む）を守りつづけたのも、これらのことと関係があると思われる。また、金光彌一兵衛は岡山の起倒流の出身ということになっているが、六高の柔道部の教官でもあった。又右衛門やその父虎次郎の不遷流の技の手ほどきを受けたいろいろな柔術家が、六高にいたのである。不遷流には特別に敬意を払っていた。

またすでに知られているように、明治三六年（一九〇三）全国武術選手権大会で講道館派を破って優勝し、その後ヨーロッパやアメリカで転戦した三宅《みやけ》多留次《たるじ》（岡山県上道《じょうとう》村出身、のちタロー三宅とも呼ばれた）は、又右衛門の弟子であった。三宅と谷幸雄（天神真楊流）のふたりは、イギリス・フランスで「柔術」の教室を持って活躍した。また前述したように、田辺又右衛門が、自分だけ教士にしてくれないので、講道館の永岡秀一に文句をつけに行ったとき、勢いをつけるために酒をひっかけてから行ったが、そのとき「正宗」の一合瓶の酒を買いに行かせられたのが、傍にいた弟子の三宅多留次である。

三宅多留次や谷幸雄、それに少し前にイギリスに行った上西《うえにし》貞一《さだかず》は、寝技や数々の逆や絞め技をもって、ヨーロッパ人を驚かした。体格では日本人より数倍勝っている外人の、当時有名なレスラーや格闘家を、いとも簡単に逆をとったりして動けなくするのだから、観客は喜んだ。

タロー三宅（三宅多留次）と谷幸雄　２人はイギリスで柔術の教室を開き、多くの弟子を養成した。柔術の教科書『THE JAPANESE SCHOOL OF JU-JUTSU』をロンドンのオックスフォード・サーカスで発行。柔術はイギリス人を驚かせた。シャーロック・ホームズもマスターしていた。

とくにイギリスでは、人間の動きの弱点をついたり攻めたりする日本の古くからの理にかなった柔術に、自分たちの歴史が持っていなかった新しいものを発見して、すぐに軍隊や警察の教育に取り入れるようにしたのだ。そのころ上西貞一や三宅や谷の柔術の技は、写真集や柔術の教科書となって、イギリスやフランスで出版されている。ＪＵＪＵＴＳＵは英語やフランス語になったのである。それらの教科書には、寝技は、立ち技をマスターしたあとに習うものとして書かれている。

また、中山和さんから聞いた印

象的な話がある。それは不遷流の初伝の「座合い」で、これは不遷流だけでなく、多くの柔術の技のなかの基本であり、お互いに座っていたときに、あるいは片方だけ座っている場合もあるが、相手から突かれたり、あるいは袖《そで》をつかまれたりしたときにそれを受けながら逆に攻撃する技だという。また両方が座っていて、隣りが突然襲ってきた場合に対処する技もある。

たしかに昔は座って話し合ったりする機会が多く、このときに攻撃されることも多かったのであろう。戦後、まだ宗道臣が多度津《たどつ》で少林寺拳法の小さな看板をあげ、道場を立ち上げたばかりのころ、当時、高松県庁に勤めていた内山滋《うちやましげる》（のちの少林寺拳法大範士）は、自分の嫁さんの弟が少林寺拳法に入ったというので、丸亀から多度津まで、どんなものか小手試しに行った。そのとき宗道臣に「座合い」の技でひどい目に遭っている。内山は兵隊から九死に一生を得て生きて帰り、柔道では、香川県で自分が一番強いと自負していたので、義理の弟が入門した少林寺の師範の自慢話を聞き、そんなことはあるものかと、ひとりで出かけて行った。道場破りのつもりはなかったが「たのもう」「一手お手合わせを」と乗り込んだのである。しかし、これも椅子《いす》に座って話をしているときに、「ちょっと袖を持って」といわれ、内山が袖を持つが早いか、あっと言う間に投げられている。つまり宗道臣はここでも、柔術の「座合い」の技を使ったのである。「いやあ失敬、失敬。本当は（目打ち）をやってから（逆）

中山英三郎不遷流初伝十二形座合捕り「磯の浪」 各技の進行を中山和が注釈を入れたもの。

をとるんだが」と言ったという。

同じ技を宗道臣は、香川県の高松城（玉藻城）の「ソテツの間」で、世が世であれば城主たる第一三代松平頼明《まつだいらよりひろ》を、柔道の心得があると確認したうえで投げ飛ばしている。このときもお殿様は椅子に座っていたという。椅子に座っていたから本当は「逆十字」ではなく「略十字」だと、内山滋はいう。

ずっとのち、平成二八年（二〇一六）になって、私は不遷流をいまでも伝承しているという名古屋の井上清気《いのうえせいき》さんに会いに行き、また翌年には、井上さんの弟の大作さんがやっている岡山県津山の盛武館に不遷流の技を見せてもらいに行った。井上さんのお父さんは井上一利、その父親は井上岩吾、そのまた師匠は吉田才造ということであった。田辺又右衛門の弟子だったという。もともと焼き物で有名な岡山県和気《わけ》郡備前町伊部《いんべ》の出身である。田辺又右衛門が父虎次郎と、岡山・兵庫・広島と三〇か所以上の、道場を回っていたことからも、伊部と言えば田辺一族のいた姫路市長尾とそう遠くない。十分その啓蒙を受けていたといえる。

名古屋では、いまでは柔道では禁止されている「足絡み」をかけてもらった。相手を仰向けに倒し、自分はその下になって相手の奥襟《えり》を取って首を絞め、左足を相手の左太ももに下からかけて、同時に右足で、相手の右股関節を開いて押さえつけるというもの。これで完全に動けなくなる。また又右衛門の得意だった「腕挫《うでくじ》き十字固《がた》め」もかけてもらった。プロレスでもやっている相手の腕を外向きにとって、両足で相手の胴を抑える、相撲の「とったり」と同じ腕の関節の逆を寝ながらとる技である。いずれも寝技である。

津山の盛武館では、不遷流初伝の一二形「座合大変之事」を見せてもらった。ふたり並んで座った状態から、攻めてくるのを瞬時に対応するというものである。昔、中山和さんのところで、巻物で見せてもらった初伝、「磯の浪」「手先返し」「車輪」「蹴返し」「鉄粉」「微塵」などなどである。はじめて見た。

島根の益田《ますだ》からわざわざ津山まで練習に来ている者や、また時々夏休みに来るカナダからの門人など、人数は少ないが、みな真剣に習っているようすがうかがえた。井上さんの話によると、かつてはウクライナからの武道家も習いに来たという。日本の柔道に対抗するためなのか、その原点に触れるためにわざわざ遠くから来たらしい。日本人より外国人のほうが柔術に対する思い入れは強い。

ほかに、大阪や広島でも不遷流をやっているらしいが、まだ見学する機会がない。いずれにしても、皆伝の巻物のなかにしか残っていないような技を、こうして現在も受け継いでいるのを見ると、頭が下がる思いがする。技は生き物である。巻物のなかの技の名前だけでは、絶対に伝わらない。技も、活法も整復術も、たくさんの絵が残ってはいるが、実際に、人から人へ、生身の人間が体で教えないと伝わらない。こうした柔術が、いま全国にどの程度残っているであろうか。

陶磁器などの焼き物や彫金、あるいは歌舞伎や人形浄瑠璃・文楽・能など工芸・音楽・演劇といった古くから伝わるさまざまなものが、文化財保護法によって指定され、人間国宝といって保護され賞賛されているのに、こうした伝承されている武道についての保護は、とんと聞いたことがない。残念なことだ。むしろ外国人のほうがその価値がわかっているのではないだろうか。

遷武館の「鏡開き」は特別な行事

私が、遷武館の高弟で最初に会ったのが、又右衛門の弟子の小野幸四郎さん。不遷流二世武田禎治の娘おツネばあさんの孫である。又右衛門の親戚にあたる。

小野は一六歳から遷武館の内弟子になり、途中、兵隊に行ったが、ずっと又右衛門の傍らにいた。結婚してからも離れの裏に一軒家を与えられて、終戦で一緒に焼け出されるまでつねに又右衛門の傍にいた人である。空襲で焼夷弾《しょういだん》の降るなかを、又右衛門と一緒に毛布をかぶって最後まで道場にいたという。又右衛門にしても、五八歳にしてやっと建てた自前の道場であった。

小野は、徴兵で満洲の龍山《ヨンサン》に。また二二歳からは、不遷流五世となる田辺輝夫について、神戸高等工業学校(いまの神戸大学)や、各地の道場に教えに行った。彼はそのあとさらに二度も召集が来た。韓国から帰りの船に乗れなかったために、逆に命拾いをした。最初出発した船が撃沈されたのである。

小野さんには、赤壁道場でのさまざまな話をしてもらった。そのころの道場でどのようなことが行われていたかよくわかった。

年の初めは、毎年一月一五日に遷武館で行われた鏡開きである。

遷武館では毎年、一二月の末に、道場の床を上げて床下に臼を置き餅をついた。この餅つきはほかの道場でもやっていたが、とりわけ遷武館では大事な行事として行われた。

近所の餅屋の三木という男が中心になってみなに餅つきを指導していた。三木ももちろん日ごろは遷武館に修業に通ってきていたのである。弟子たちが代わりがわりに餅をついた。朝早くから昼過ぎまでかかり、俵一俵半ほどもついた。あまりにたくさんなので、用意したモロブタ（餅を入れる平たい箱）が足りなくなり、しまいにはゴザの上にでき上がった餅を並べたという。

そのときであろう。又右衛門のところに、和歌山の中学校から柔道教師の要請がきた。又右衛門がみんなの前で「三木、お前がいくか」と聞くと、すぐに三木が「ハイ、行きます」と言って餅屋をやめて和歌山に行ったという。のちに髪結《かみゆい》と一緒になったと聞いた。昔は簡単に職業を替えたり、引っ越しをしたりしたのかと思う。

一月一五日には、今度は残っているお正月の餅を割って、みんなで善哉《ぜんざい》をつくった。この日は田辺先生を囲んで、古い弟子たちも、いま道場に通っている弟子たちも集まり、先輩後輩の別なく円陣になって「ぜんざい」を食べた。とくに堅苦しい挨拶《あいさつ》もなく、和気あいあいとして、一年のうち一番楽しい思い出だったという。

遷武館について、余談ついでに話すと、大石在久さんは、遷武館の内弟子時代の「仕事」

遷武館（赤壁道場）見取り図

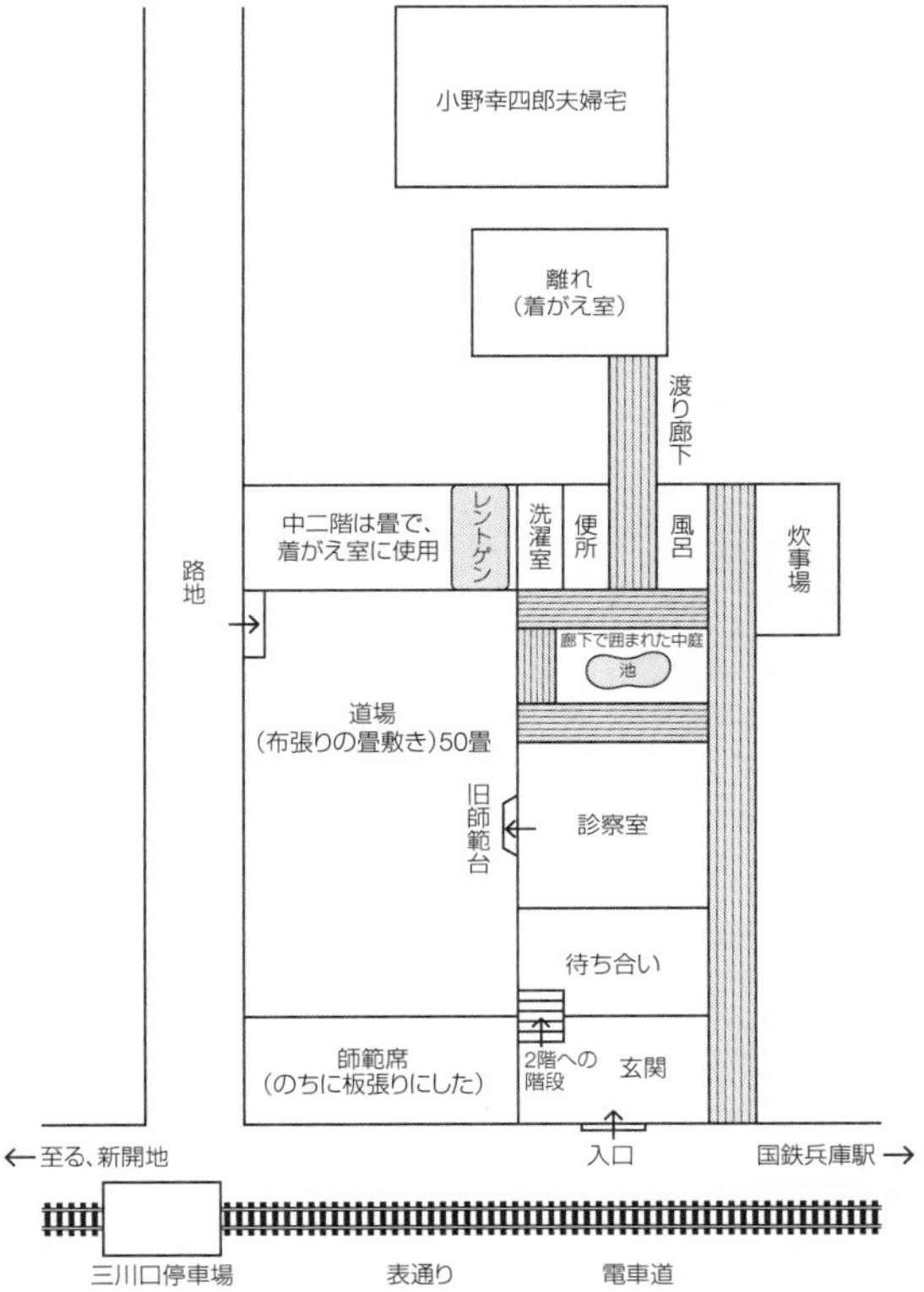

兵庫駅近くの、又右衛門が建てた遷武館（赤壁道場）見取り図。又右衛門は、昭和２年、58 歳になってはじめて自前の道場を三川口町３丁目１番地に建てた。土地は借地で、木造であったが、周りを塀で囲ったような建物で、一見洋館風に見えた。また周囲を赤く塗っていたので、「赤壁道場」と言われた。そのため弟子のなかには、のちに自分の道場を建てたとき壁を赤く塗った者もいる。
作図協力：小野幸四郎、田辺久子、榊原忠雄、波多野金造

について、つぎのような話をしてくれた。

大石さんは、小学校からずっと武道を習ったが、中学校に入ってから、内弟子として遷武館に入り、又右衛門先生の骨接ぎの診療室でも働いたという。

見習いの大石は、入り口で下駄を並べたり、待ち合いで患者の呼び出しをしたりする。秋田という弟子は、患者の着物を脱がす手伝い、大島は包帯《ほうたい》を巻く係、岡田は先生のそばにいて薬を伸ばし、先生の治療の手伝いをする——という具合だった。昼間は、先生は人力車に乗って患者の往診《おうしん》に行った。のちには自動車も購入したが、やがて戦争がはげしくなったため売ってしまった。運転士もひとり雇っていたという。

遷武館の骨接ぎには一日五〇人から六〇人くらいの患者がきた。先生はひとりひとりていねいに患者に応対した。そのころ大学卒業の初任給が四〇円なのに、一日で二五円から三〇円の売り上げがあった。また新開地と湊川《みなとがわ》公園のあいだにある福原には、三浦楼という遊郭があって、そこの主人が道場に練習にきていた。それで、古い高弟たちは三浦楼に遊びに行っていたという。大石たち若い者が、自分たちも遊びたいのでついていくと、主人が出てきて「伝馬《てんま》(付け馬)を連れて来たんか」といって相手にしてくれなかったという。遊郭の前で門前払いを食らったのである。

第7章

姿三四郎の実像

梶原一騎の「少年四天王」

すでに前述したように、私は、田辺又右衛門《たなべまたえもん》の口伝《くでん》を読み解く一方で、神保町《じんぼうちょう》の古本屋で何冊かの、私の少年時代の懐かしい柔道漫画（小冊子）を手に入れた。「柔道はよくて、柔術は悪い──講道館の敵は柔術」というパターン化された漫画物語である。「イガグリくん」を代表とするこれら一連の漫画や絵物語と、そのもとになった映画「姿三四郎」、さらにその原点となった富田常雄の小説『姿三四郎』を読み直して、ここでもう一度その源流をさぐってみることにした。漫画から映画へ、そしてその原作への考察である。そのころの柔道漫画や絵物語が、どのように柔術を描いていたかを、もう一度検証してみた。

手に入れた漫画の一冊は、月刊雑誌『冒険王』の昭和三一年（一九五六）五月号の付録（秋田書店）。「熱血友情柔道絵物語『少年四天王』──もえる血潮の巻──」で、「梶原一騎《かじわらいっき》・文、永松健夫・え」である。

読んでみると、やはり昔読んだような気がするストーリーが展開されている。純粋な漫画ではなく、写実的な絵とその横に文があるという絵物語である。

このころはまだ、雑誌のなかに、漫画ではなくこうした絵物語があった。

巻頭に「日本中の柔道少年たちのあこがれ講道館の少年部！　これは多くの少年たちが、

「**少年四天王**」 昭和31年5月発行の『冒険王』付録（梶原一騎原作）。講道館で学ぶ主人公に対して、恨みを持つ片岡勇介の柔術、旋風流のアジトは大菩薩峠の中にあった。柔術は講道館の敵であった。下はその本文。

第二の三船一〇段、第二の醍醐《だいご》六段をめざして、腕をみがいている講道館少年部におこる、熱血と友情の物語である」と書かれている。

内容は、父親のいない貧しい家の少年、正彦が、講道館に憧《あこが》れ入門するが、あるとき、道場に黒い柔道着の怪少年が現れる。しかも講道館の少年部で一番強い鉄太郎を腰車で叩《たた》きつけたのだ。そのうえ、鉄太郎の腕を逆につかんで、ぐいぐいねじ上げる。柔道では禁じられた恐ろしい逆手！　このままいったら腕が折れる。「卑怯《ひきょう》だぞ」と鉄太郎は悲鳴をあげた。「君、逆手はよしたまえ」と正彦が叫ぶ。「ふん、これが旋風流《せんぷうりゅう》の柔術だ。柔道ではかなうまい」

正彦は、鉄太郎の腕を心配して思わず自分が相手をすると名乗り出る。いよいよ決戦である。怪少年が小内刈りを打った。正彦は出足払いで応戦。白と黒の稽古着のふたりは組んだまま前にのめりこんだ。その瞬間、怪少年は右の拳《こぶし》を正彦の脇腹に打ち込んだのだ。これも柔道にはない「当て身」である。そのとき、正彦を東京につれてきた講道館の吉葉六段が入ってきて、試合は中断。怪少年は「今日はこれで帰るが、覚えておけ、旋風流柔術はどこまでも講道館をねらうぞ」と言い捨てて帰っていってしまった――。

その晩、吉葉六段は正彦に言う。「いまから三〇年前、大正時代の終わりごろ、片岡黒十郎という男が、講道館に試合を申し込んできた。しかし黒十郎は敗れた。そのとき黒十郎は、『おれは負けた。しかし旋風流は、いつかは講道館を倒す』と無念の捨てぜりふを残して立ち去った。あの怪少年は、黒十郎の息子なのだ」と――。物語は、さらにその怪少年のかわいい妹が現れて、正彦を大菩薩峠《だいぼさつとうげ》の旋風流のアジトに案内し、いよいよ正彦と、怪少年の決戦がはじまるところで［つづく］となる。

旋風流が不遷流《ふせんりゅう》、片岡黒十郎が片岡仙十郎、あるいは田辺又右衛門という設定だと考えれば、まさしく講道館柔道対柔術というパターンで描かれている。しかも、「旋風流とはなんという荒々しいものであろう。殴る、蹴る、突く、何をやってもいいのだ」と大菩薩峠の旋風流の稽古場のようすを伝えている。これはほんの一例であろう。多くの柔道ファンが、こうした古い柔術を悪と考えていたからに違いない。講道館が隆盛を迎えた大正時代の初期から数えて四〇年以上、嘉納治五郎《かのうじごろう》が亡くなってからも一八年がたっている昭和三一年に書かれた絵物語である。

黒澤明の映画「姿三四郎」

いずれにしても、講道館の敵は片岡仙十郎であり、田辺又右衛門で、柔術だった。漫画の主人公は若くてまじめな好青年、あるいは少年で、それに対して羽織《はおり》・袴《はかま》を身にまとい、下駄《げた》を履いた中年の「柔術使い」が、いろいろな嫌がらせをする。禁止されている他流との試合を持ちかけたり、禁じられている「卑怯《ひきょう》な」技を使ったり——たしかに悪役のなかに、田辺又右衛門という名前そのものも登場した漫画があった。それで私は気がついたのである。柔道はよくて柔術使いは悪人である、というパターン化した漫画は講道館側によって宣伝され、その後、小説や映画そして少年漫画になって定着するのだ。

これら一連の柔道漫画、あるいは柔道絵物語の原点が、「イガグリくん」とすれば、その「イガグリくん」は漫画家福井英一がお手本にした黒澤明の映画「姿三四郎」ということになる。昭和一八年（一九四三）三月封切りの、戦争中の映画である。しかも黒澤がはじめて監督として手がけた作品であった。東宝はヒットに気をよくして、つづけて「続・姿三四郎」をつくった。公開はなんと敗戦直前の昭和二〇年五月であった。もちろん原作は富田常雄の小説だが、映画の脚本は黒澤が書いた。

映画「姿三四郎」は、修道館（講道館のことであろう）の姿三四郎（実在の西郷四郎《さいごうしろう》のこと）が、彼しかできない「背負い投げ」と「つり込み腰」を合わせたような「山嵐」という独特の得意技を持って、つぎつぎと柔術の大家や師範をやっつけていく物語である。エンターテインメント映画としてもとてもよくできた映画だ。

主人公の姿三四郎は、最初は柔術の道場に入ろうとしたのに、矢野正五郎（嘉納治五郎のことであろう。役者は大河内傳次郎《おおこうちでんじろう》）の柔道の道場に入門、めきめき強くなっていくなかで、人間的にも成長していく過程を描いている。

映画では三つの大きな戦いがあり、一つ目は最初に姿三四郎が入門しようとしていた柔術の大家、門馬三郎との試合。長身で人相がよくない坊主頭のこの男を、姿は得意の「山嵐」で道場の羽目板に投げつけ、死なせてしまう。

このとき見学していた門馬の娘（花井蘭子《はないらんこ》が演じている）が悲鳴を上げる。面長の丸髷《まるまげ》を結《ゆ》った美人である。のちに三四郎は、この女に短刀で襲われるのだ。

二番目の戦いは、警視庁の武術師範のなかでも重鎮であった、やはり柔術の村井半助（映画では志村喬《しむらたかし》が演じている）との試合。警視庁武術大会での、柔術と柔道の決戦であった。初老の村井は死力をつくして戦い、最初は姿が「大外刈り」「肩車」「大内刈り」と掛けられ、二度ほど投げられるが、姿はひらりと身を翻《ひるがえ》して立つ（当時は投げただけでは一本にならなかった）。つぎに、今度は姿が村井を「山嵐」で三回投げ、村井はそのたびにかろうじて起きるが、最後はくたばってしまう。柔術の負けであった。これで警視庁の武術師範のポストを、柔術に替わって柔道が占めていくことになるのだ（警視庁の武術師範のポスト争いでは、田辺又右衛門も他流の先輩である片岡仙十郎も苦労したのはすでに述べたとおり）。

姿三四郎は、負けた村井を病床に見舞い、娘の小夜《さよ》（若き日の轟夕起子《とどろきゆきこ》が演じている）と再会する。すでにふたりは雨の降る日に、下駄の鼻緒《はなお》を切らした小夜と偶然知り合い、小夜にとっては、思いを寄せる三四郎が、父親と対決するという悲劇を味わうのだが――。三四郎と小夜とはその後ずっと因縁の出合いが続く。

三番目の戦いは、その村井半助の高弟である檜垣源之助《ひがきげんのすけ》（役者は月形龍之介《つきがたりゅうのすけ》）である。この男が映画では人相が悪く、また一方的に小夜に思いを寄せているが、小夜は嫌っている。やがて三四郎のもとに檜垣から「果たし状」が届き、ススキの生い茂る「右京ヶ原」で夜八時から決闘（撮影は箱根の仙石原《せんごくばら》で行われた）。

三四郎は檜垣源之助に「逆十字の立ち絞め」を掛けられ気を失いそうになるが、昔、矢野正五郎（嘉納治五郎）の道場の庭の蓮池に、真冬に飛び込んで棒杭《ぼうくい》に捕まって意地を張ったことを思い出し、首を絞られたまま、右腕を相手の腕のあいだに入れ、左腕で袖裏《そでうら》をつかんで身を沈め、「山嵐」を避けようとした源之助の足を半身《はんみ》になって払った。源之助は一度は起き上がったが、三四郎はすかさず飛び込み、そして最後はやはり「山嵐」だった。源之助の身体はススキの上を飛び、さらに崖から滑り落ちて肩の骨を折った。

いずれにしても、柔術を三四郎の柔道がつぎつぎに破っていく話である。それに女性が絡み、思いもかけない巡り合わせも再三あって、非常によくできたストーリーだ。エンターテインメントの活劇である。黒澤はこれで一気にスター監督になった。

それにしても、志村喬演じる柔術師範を除いて、柔術使いは本当に悪役という極端に人相の悪いメイクをした俳優、風体《ふうてい》で登場する。一目見たときから柔術家は憎まれること間違いなしだ。これものちの柔道漫画にそのまま踏襲《とうしゅう》されている。またその後、三四郎に負けた檜垣源之助が九州に帰り、弟子を育て、その弟子が、ふたたび上京して姿三四郎に戦いを挑むという展開が、これはのちの梶原一騎原作の『少年四天王』とよく似ている。二代にわたって因縁の戦いが続くのだ。

いずれにしても、柔道が次第に世の中を席巻し、柔術が負け、柔道を看板にしないと柔術家は食っていけない時代に追い込まれていく時代を描いている。多くの柔術家がそういう運命にさらされたのだ。

それでも、黒澤明は「続・姿三四郎」のなかで、姿三四郎(西郷四郎)が来る日も来る日も柔術との戦いの日々を疑問に思い、矢野正五郎(嘉納治五郎)に疑問を呈するところを描いている。

「先生、僕は戦うのがつらくなりました。僕は柔道のために他流と戦ってきて、それもただ武道上の勝負とだけ思い込んでいたのです。もちろん負かした相手や、その親や子や、弟子たちに憎まれることは、武道を志す以上は観念していました。しかし、自分の勝利が、たくさんの人たちを押しつぶしていくのを目の前で見ると、僕は柔道を捨てたくなったのです」。

これに対して矢野正五郎は、「それだけか。お前が二年間かかって(道場を飛び出して)旅から得てきたものは、それだけか」とむしろ嘲笑《ちようしよう》するように言う。

「お前の苦悩は私にもよくわかる。いや、お前のまいた苦悩は、私の苦悩でもある。しかし、それも、お互いに大きな道に達するためだと私は信じる。闘争とは、新しい統一への道程なのだ。妥協や苟合《こうごう》のなかに真の平和はない。途上の経過を恐れてはならない。柔術と柔道とは名称の争いをしたのではない。いわんや矢野正五郎の、姿三四郎の勝利でもない。いや、柔道の勝利でもないと言っていい。そこには日本の武道の勝利があるばかりなんだ」

ちょっとわかったような、よくわからない解答だが、三四郎は、頭をかきながら退席する。人使いのうまい矢野正五郎の真骨頂《しんこつちよう》だ。

この三四郎の心情を、ここであえて強調したのは、黒澤明のヒューマニズムの現れだったのではないかと思う。姿三四郎こと西郷四郎のみならず、口述筆記のなかに出てくるように、磯貝一も永岡秀一も講道館のために田辺又右衛門と戦うことを余儀なくされ、ひそかにこもって又右衛門の寝技対策に励んだことを思い出させる。来る日も、来る日も、打倒田辺に明け暮れた彼らも、あるときふと疑問を感じたことがあったのではないだろうか。それに、戦いの相手は、田辺以外にも他流の柔術家がたくさんいたのだ。

いずれにせよ、続編においても主たる話は、野蛮で時代遅れの柔術に対して、三四郎がつぎつぎに戦い、勝利するという話である。檜垣のふたりの「醜い」弟が登場して、勧善懲悪《かんぜんちようあく》、悪人退治はさらに強調されるように思える。またいろいろなタイプの女性が、三四郎の周りに出没して、話に色を添えている。

そして私が思うのは、このような映画が大ヒットし、多くの視聴者から喝采《かっさい》を浴びていくのを、その昔柔術をやっていた多くの他流の人たち、ましてや不遷流の又右衛門をはじめ多くの弟子たちはどのような思いで見ていたのであろうか——、ということである。世の中一定の方向に向いて走り出したら、止められない社会現象であった。

『姿三四郎』の原作と、西郷四郎の実像とは

ところでこの映画のもとになった『姿三四郎』の原作はどのようなものだったのだろうか。柔道漫画の原点をたどると、結局そこにたどり着く。

小説『姿三四郎』は、昭和一七年(一九四二)に錦城出版から出され、間もなく映画に。作者は富田常雄である。いまでは文学界ではそれほど名前は残っていないが、若いときには詩をつくり、また戯曲《ぎきょく》にも関心があったらしい。明治大学卒。この『姿三四郎』で一躍、売れっ子作家になり、以後たくさんの大衆小説を書いている。講道館五段で直木賞作家となった。

私が注目したのは、その父親である。名を富田常次郎といい、伊豆半島の西北部の村で生

まれ、一四歳のとき、嘉納治五郎の父親、嘉納治郎作に見込まれ、上京したという。嘉納治郎作は幕府の廻船方からのちの明治政府の海軍省の役人をして、伊豆のほうにも御用材を調達にたびたび行ったらしい。また砲台築造の差配方をして、韮山《にらやま》にも行った。

常次郎が、嘉納治郎作の息子治五郎の「ご学友」として、また治郎作の書生として嘉納家にきたのは一四歳というから、奉公人のような使い走りからはじめたのに違いない。

その後、息子の嘉納治五郎が、明治一五年（一八八二）、東京下谷は稲荷町《いなりちょう》の永昌寺《えいしょうじ》で道場を開いたとき、常次郎は真っ先に入門している。最初はふたりで練習をしたのであろう。

常次郎は初期の柔道創設のメンバーで、のちに西郷四郎・山下義韶《やましたよしつぐ》・横山作次郎と並んで講道館の四天王と呼ばれた。常次郎は嘉納治五郎の斡旋《あっせん》で、大川端の廻船問屋、富田屋の娘と結婚する。嘉納治郎作が幕末に廻船方をしていたのと、嘉納の本家が神戸、灘《なだ》の酒造家で、酒を江戸に運ぶのに廻船問屋の富田屋とつきあいがあったためと思われる。常次郎は、もとは山田だが養子に入ったので富田常次郎となった。また講道館が移転し、小石川の下富坂《しもとみさか》に移ったのは、この富田屋の土地だったというから、ここで生まれた常次郎の二男常雄は、講道館の敷地で生まれたようなものだった。生まれながらに柔道と縁があった。

したがって、富田常雄は、父親常次郎や家族から、まだ数人しかいなかった講道館のごく初期の段階から、すべてを聞いていたと思われる。嘉納治五郎と一緒に、常次郎、そして姿三四郎のモデルになる西郷四郎らが、毎日、技を掛け合い、あるいは技の研究をして、「柔道」を成立させていく過程を知っていたのだ。当然、その間に起こった、あまり公言できない乱闘事件や道場破りやトラブルの話も多かったであろう。もちろんのちに、不遷流の頑固者田辺又右衛門に悩まされる話も日々聞いていた。とにかく嘉納治五郎をはじめ講道館の面々は、田辺対策に頭を悩ませたのである。

これで思い出すのは、昭和五四年、私がエジプトで会った空手の岡本英樹（当時三七歳、岡山県英田《あいだ》郡出身）である。彼は国士舘大学の空手部創設のメンバーとして卒業後、仲間とふたりで、中東に空手を教えに行き、パレスチナ地域やアラブ各地で講習会を開き、サウジアラビアで道場を開くが、町のチンピラややくざから、つねにさまざまな因縁をつけられ、挑戦を受けたという。文化や習慣の違いもあった。

「空手もひとつの文化なんです。国が違えば、文化的摩擦《まさつ》がある。たとえば私は日本と同じように、必ず師に対して頭を下げさせ、礼儀作法をきびしく教える。それが頭を下げるのは、神しかないという社会では、保守的な人たちからはかなり抵抗があるんです」。

さまざまな生命にかかわるトラブルや映画のようなドラマも具体的に聞いた。あるときは地元の青年グループから仲間を殺すとまで言われたらしい――。そのころその地方では、犯人がわからないように相手を殺すには、靴の中に毒のサソリを入れておくか、または砂漠で行方不明になることであった。岡本は仲間を、お前は一人っ子で跡取り息子だからと、因果《いんが》を含めて日本に帰した。帰国後、私は長野県にその男を訪ねたことがある。異郷の地で新しいことをはじめるには、どうしても抵抗があるのは当然のことかもしれない。現に戦後、日本少林寺拳法も創設期には、腕に自信のある武闘家やいろいろな人間の殴り込み・道場破りがあったと聞いた。

富田常次郎は、息子常雄が生まれた明治三七年から四三年まで、アメリカに渡っている。柔道の普及に行った。コンデ・コマこと前田光世《まえだみつよ》も同行した。まだまだアメリカに普及に行くゆとりのある時代ではないと思われるが、これからは世界を舞台に柔道の普及を、という嘉納治五郎の指示があったのだろう。

常次郎は初期講道館の四天王と呼ばれたが、腕のほうはほかの三人にはいま一歩だったという。あるいは講道館の第一号の入門者なのに段位が低いのは、アメリカに行っていたからかもしれない。

しかし、ほかの三人と決定的に違うところは、講道館の番頭役を引き受けていたということだ。経理をはじめ講道館で起こるさまざまな問題や雑事を一手に引き受けていたからである。前にも書いたように、常次郎は一四歳で嘉納家に奉公に入ったときから、嘉納治郎作とくに息子の治五郎につくすことが運命づけられていた。

常次郎は昭和一二年に七三歳で亡くなっている。このときは七段の筆頭に彼の名前が上げてある。ついでに、昭和一三年の記録によると、七段の常次郎より上段者は、全部で三〇人いる。十段は、山下義韶、磯貝一、永岡秀一。

九段は、飯塚國三郎、佐村嘉一郎、三船久蔵、田畑庄太郎。

八段、二三名のなかに、横山作次郎・戸張瀧三郎《とばりたきさぶろう》・金光彌一兵衛《かなみつやいちひょうえ》の名前が見える。田辺又右衛門と試合をやった、あるいはかかわりのあるメンバーが多い。

また七段には『大日本柔道史』を編纂《へんさん》した丸山三造、六段に姿三四郎こと西郷四郎の名前がある。西郷も講道館の初期のメンバーであるにもかかわらず段位が低いのは、ごく初期の段階で講道館を出奔《しゅっぽん》したからである。

いずれにしても、嘉納治五郎の最初の弟子、というより創設の仲間が富田常次郎と西郷四郎だった。繰り返すと、常次郎は治五郎と身内のようなものだから、講道館の内部事情は全部知っていた。

息子の常雄は、父親からそういった話を子供のときから聞き、のちにそれを『姿三四郎』のストーリーに生かしたのだ。柔術家田辺又右衛門は、つねに講道館の前に立ちふさがる目の上のたんこぶだった。

講道館の初期、おそらく嘉納がまだ𧝒袢《じゅばん》を着ていたとき、西郷四郎は身長五尺一寸（約一五三センチ）の小兵であったが、彼の技は嘉納を驚かせた。その話も、常雄は父からよく聞かされていたのであろう。尊敬もしていた。だから、父の話から、西郷を主人公に『姿三四郎』を書いた。西郷は小さいながらそのするどい技と速さで大きな相手を倒した。それが嘉納治五郎をいたく感心させ、また柔道の醍醐味は、小兵が大きな男を投げ飛ばすことにある――というのもここからきたと思われる。

すでにご存知の方も多いと思うが、西郷四郎は慶応二年（一八六六）、会津藩士の子として生まれている。嘉納治五郎は万延元年（一八六〇）の生まれだから、嘉納より六つ年下。西郷は子供のころ、戊辰《ぼしん》戦争から逃れるため新潟県の阿賀町に移り、さらにのちに会津藩家老の西郷頼母《たのも》の養子になった。

明治一五年（一八八二）、一七歳で上京し、陸軍士官学校に入るための予備校に入学したといわれている。しかし、身長が足りなかったためか望みはかなわなかった。そのころ天神真《てんじんしん》楊流《ようりゅう》の柔術の道場に入り稽古をしているときに、同じ流派の嘉納に認められて講道館に入り直した。以後、嘉納治五郎や富田常次郎と一緒に、初期の柔道の技や投げなどを研究した。西郷は最初柔術の道場に入ったが、講道館に入り直したというところは、映画「姿三四郎」の冒頭の話にも使われている。

西郷四郎が一躍注目されたのは、明治一九年の六月、警視庁武術大会で、柔術と戦って得意技の「山嵐」で勝ったためであるという。見たこともない荒技で相手を投げ飛ばしたので観客は驚いたという記録が、講道館に残っているらしい。映画「姿三四郎」にもこれと同じようなシーンがあるが、実際には公式の記録はないそうである。

嘉納は西郷の技にほれ込み、初期柔道成立の功労者だとのちに語っているが、前述のように、田辺又右衛門の口述筆記にはほとんど出てこない。わずかに一か所だけあるが、講道館の「小《こ》天狗《てんぐ》」といわれた西郷四郎が、わざわざ伊丹の小西道場に又右衛門を尋ねてきたのに、稽古着を前にして、試合もせず「逃げて」帰ったことで、又右衛門は軽蔑《けいべつ》している。「『敵前逃亡』をした者は、試合に負けたと同じことだ」、とも言っている。しかも、端《はな》から相手にしていない。

西郷四郎、長崎に行く

西郷四郎の実像は、柔道家としての名声、それも嘉納が道場を立ち上げたときのほんのわずかの期間よりも、その後同郷の鈴木《すずき》天眼《てんがん》と一緒になって長崎へ行ってからのほうがはるかに大きい。そして新聞の編集者として、また民権運動や大陸を志す啓蒙家となり、中国革命支持者、また特派員として朝鮮や大陸への取材旅行などの実績のほうがはるかに長く、また大きい。以下、新聞編集者としての人生を追ってみる。

口述筆記では、西郷がいつ又右衛門のいる伊丹の小西道場にきたのかははっきりわからないが、又右衛門が伊丹の道場にいたときということを考えると、明治三〇年の夏から、三五年の九月までのあいだということになろう。又右衛門、二八歳から三三歳である。西郷は、又右衛門より三歳年上だった。

西郷について調べてみると、伊丹の田辺のもとを訪ねたとき、すでに西郷は嘉納治五郎のもとを離れていた。それも一〇年も前にである。過去にさかのぼって西郷の経歴を探ってみると——。

西郷四郎（1866～1922）　会津藩士の子として生まれ、のち西郷頼母の養子となった。東京に出てきたころの写真か。

明治二二年、嘉納は海外視察に行った。嘉納はその二年前に、学習院教授兼任の教頭になり、従六位《じゅろくい》に叙せられている。そして明治二二年には宮内庁御用係としてヨーロッパに派遣されていた。嘉納が帰国するのは二年後の一月である。当然のことながら、嘉納の片腕と言われた西郷は、師範代として講道館に残ったが、翌年、まだ嘉納が帰ってくる前に、講道館を出ている。飲みすぎて金を使い込んだとも、乱暴を働いたとも言われている。とにかく酒は好きだったらしい。しかし西郷は、のちに出奔《しゅっぽん》の理由として「支那渡航意見書」なるものを書いて講道館に送りつけている。嘉納治五郎に対しての言い訳でもあり、また本音の部分もあったのかもしれない。

西郷自身、このまま柔道家として戦ってばかりいることに疑問をもったのかもしれない。戊辰戦争で敗北した会津藩は、新政権でまったく疎外され、多くの藩士たちが全国に散っていき、あるいは外国を目指した。そして薩摩と長州の藩閥《はんばつ》政治に反抗した。西郷は長崎で民権運動などをやる新聞社に入った。日清戦争や支那革命の初期に大陸にも取材に行っている。西郷が、嘉納がいないあいだに講道館を去ったのは、おそらく西郷の会津の血のせいではないかと私は思う。幕末に会津藩士の子供として生まれ、また養父は会津松平家の家老西郷頼母である。当然のことながら、明治政府には批判的だった。一説には頼母は実父だという説もある。

養父西郷頼母は、幕末に波瀾万丈《はらんばんじょう》の人生を送っている。藩主松平容保《かたもり》が、幕府から京都守護職を命じられたのに、頼母は家老として反対、家老職を解かれた。その後、復帰したが、間もなく松平容保の首を差し出すのを条件に、明治新政府に帰順《きじゅん》を迫られ、今度は逆に政府に反抗。会津の入り口である白河口を守って新政府に対峙《たいじ》した。

しかし会津防衛は間もなく敗北。最後に集結した若松城で、頼母は藩士たちに明治政府に投降帰順を促すが、多くの会津藩士に「最後まで闘う」と反対される。仕方なく彼は自分の一家だけで越後《えちご》に落ち延びることになる。若松城からは彼を追って刺客《しかく》が差し向けられるが、命令を受けた藩士も実際には頼母のあとを追わなかったという。

頼母はその後、土方歳三《ひじかたとしぞう》・榎本武揚《えのもとたけあき》と一緒になって北海道に行き、五稜郭《ごりようかく》に立て籠もって箱館戦争を戦うが、これまた敗北。とにかく頼母の人生は、幕末の会津そのものであった。波瀾万丈の生涯を送っている。養子の四郎が影響を受けないはずはなかった。四郎の胸には、会津のそうした血が流れていた。

講道館を去ってから、四郎が、その後どこで何をしたかは、はっきりとはわからない。すでに何人かの研究者が小伝を書いているが、いろいろな情報や言い伝えが錯綜《さくそう》して、どこまでが本当かわからないことが多いのである。わかっていることだけをあげると、明治二六年、一年間だけだが、仙台の第二高等学校の柔道部の師範をしている。やはり講道館を去った仲間からの斡旋だったともいわれている。柔道師範は西郷のもっとも得意とするところであるから、西郷も一生懸命に教えたらしい。生涯で一番楽しいやりがいのある仕事だったと述懐している。西郷の後釜《あとがま》は、やはり講道館の飯塚國三郎だった。

そのころ、二高の柔道部は、東京の一高に対してとても強い対抗意識を持っていた。それで一高に挑戦状を叩きつけ、大挙して東京に乗り込んできた。試合は一進一退だったが、最

会津藩主、松平容保の筆頭家老西郷頼母　左：四郎、右：頼母。中央は西郷栄之助（頼母の養子）。明治17 年。

西郷頼母の屋敷　福島県会津若松市の鶴ヶ城正面の追手町にある。復元再建されたもの。

後は二高が勝った。西郷は喜んだが、嘉納は「二高は勝負にこだわりすぎている。寝技はよくない」と言ったと。これを聞いて西郷は、からから笑い、「先生のお言葉とも思えない」と言ったという。おそらく面と向かってではないだろうし、この話もどの程度信憑性《しんぴょうせい》があるかはわからないが、西郷は、自分が師範をやった会津に近い仙台の二高をことのほか応援していた。ここでも会津魂と、(体制側の)一高に対する反発意識は強かったと思われる。

ここで思い出すのは、講道館につねに対抗意識を持っていた田辺又右衛門のところに、宿敵横山作次郎が、なんと東京帝国大学の柔道監督になってくれと言ってきたことである。口述筆記では、いつ言ってきたかはっきりわからない。又右衛門はすぐに、畏友《いゆう》片岡仙十郎との約束を守って講道館の軍門に下るのを拒否したが、これは母校一高を二高に勝たせるために嘉納治五郎が考えた筋書きを、横山作次郎が又右衛門に持ってきた話かもしれない。ちなみにこの一高と二高の対抗試合は明治三一年から大正七年(一九一八)まで、計五回行われ、二高の四勝一敗であった。その後この試合はなぜか取りやめになっている。

いずれにしても、田辺又右衛門のいる伊丹の小西道場に西郷四郎が現れるのは、明治三〇年から三五年のあいだだから、その間、西郷が何をしていたかはよくわからない。故郷の新潟の阿賀に帰ったり、またいなくなったりした。大東流合気道《だいとうりゅうあいきどう》をやっていたという説もあるが、ほとんど記録がない。養父の頼母は、明治三二年まで福島県伊達郡の霊山《りょうぜん》神社で禰宜《ねぎ》をしていて、その後若松に帰ったから、あるいはそちらにも行ったかもしれない。酒も飲んでいたであろうが、よくいえば、おそらく自分の生き方を会津出身の士族の男として模索していたのであろう。

「姿三四郎を追って」など一連の西郷四郎の追跡をした『朝日新聞』の福島版によれば、西郷は明治二三年(一八九〇)講道館を突然出奔してから、翌年すぐに長崎に戸籍を移している。その後、仙台の二高の柔道部に姿を現したり、新潟の実家、阿賀町に現れたことは知られているが、基本的には、すでに長崎に居を構えていたに違いない。いまよりもっと交通事情が悪いとき、そう簡単に行ったりきたりはできないとも思われる。

長崎というのは、当時は最先端の町であった。江戸時代から、外国に向かって開かれた特殊なところで、シーボルトをはじめ、外交官や学者・商人など多くの外人が長崎にやってきて、ここから日本中に散らばっていった。新しい思想や文明がここからやってきたのである。とくに明治時代は、医学を勉強する人はみな長崎に勉強に行った。

西郷四郎が、新しい人生を歩みはじめるにあたって長崎を選んだのは、その後生涯を共にする盟友・鈴木《すずき》天眼《てんがん》の存在があった。鈴木天眼は西郷より一つ下(慶応三年生まれ)だが、同じ福島県の二本松生まれ、早くから漢学を学び、のち会津出身の日下《くさか》義雄《よしお》の書生になる。その後いろいろな政治雑誌に投稿し、また思想家として本も書いた。その天眼が、行動派のジャーナリストとして長崎で活躍していたのである。とくに朝鮮の「東学党の乱《とうがくとう》」に呼応して釜山《プサン》に行ったりした。

天眼は「長崎日の出新聞」に勤めたあと、みずから『東洋日の出新聞』(明治三五年)を創刊した。西郷もその創刊から名を連ねている。同じ幕末の会津藩にかかわる人間同士であった。西郷が、講道館の初期の創設期のメンバーから脱出したのは、このまま一介の柔道家として終わりたくないという気持ちが強かったのではないだろうか。

明治維新で、最後まで幕府方についた奥羽越列藩同盟《おううえつれつぱん》の士族たちは、それぞれ波瀾万丈の人生を経験し、かつ新政府になってからもかなり手きびしい弾圧、嫌がらせに会っている。そうした人たちのなかには、アメリカに行って邦字新聞を起こし、その新聞をつうじて明治政府を攻撃した人もいる。サンフランシスコで『桑港新聞《そうこう》』を発行した安孫子久太郎《あびこきゅうたろう》や鷲津尺魔《わしづしゃくま》も新潟出身である。また名前を変えて身分を隠し、維新政府に入り込んだ人も多かった。

長崎には、こうした元列藩同盟の志士たちが集合する土壌があった。外国に行くチャンスや、また明治政府に対抗して論陣を張る者も多かったのである。

二本松出身の鈴木天眼がある時期書生をした日下義雄も、会津藩の侍医《じい》の息子だった。日下は藩校である日新館《にっしんかん》で学び、鳥羽伏見の戦い、会津戦争、そして箱館戦争にも参加している。弟は白虎隊隊士となり飯盛山《いいもりやま》で自刃《じじん》している。

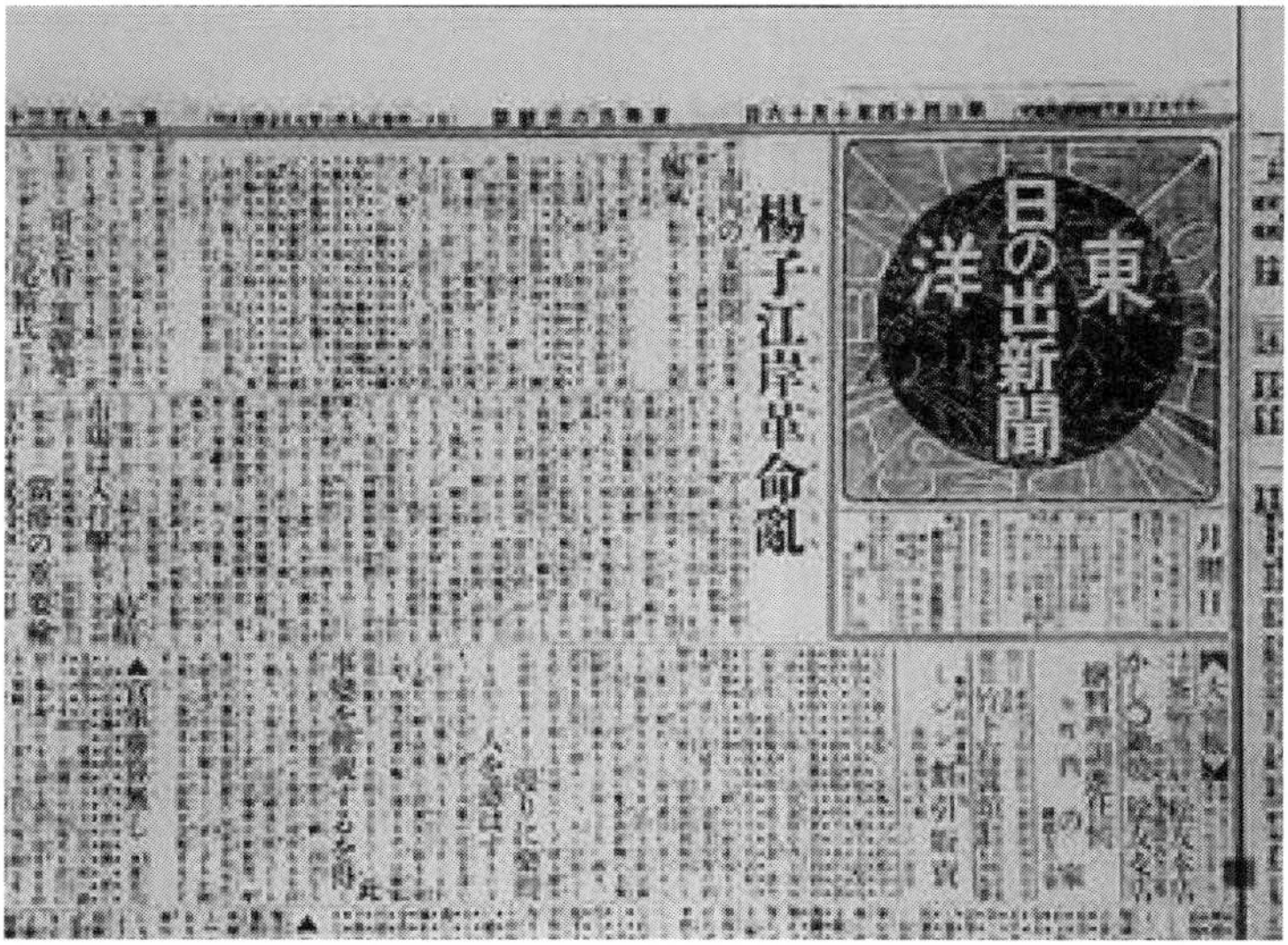
東洋日の出新聞
揚子江岸革命亂

『東洋日の出新聞』　二本松出身の反骨の志士、鈴木天眼が仲間を集めてはじめ、自由民権運動から支那事情、東亜問題を主に取り上げた。明治 35 年に長崎で発行され、明治政府の薩長政治に反発した。

日下は、維新後は当然冷や飯を食う立場にあったが、名前を変え、井上馨《いのうえかおる》に取り入り、なんと岩倉遣欧米使節団に潜り込んだ。欧州を見聞、のちにアメリカ留学などを経験し、帰国後は内務省書記官を経て、長崎の県令（知事）となった。そして同じ会津出身の北原雅長《きたはらまさなが》を取り立てて、長崎市長にしている。

北原雅長は会津藩家老神保《じんぼ》内蔵《くらの》助《すけ》の息子。藩主松平容保が京都守護職に任命された折は同行して京都に行っている。以後、禁門《きんもん》の変や会津戦争に参加したが、のち維新政府の工部省に入り、その後長崎市長に。一時期は会津藩士出身の日下義雄と北原雅長とで長崎県の知事と市長をつとめた。西郷四郎は、北原の甥《おい》を、養子にもらっている。いずれにしても、会津藩士やその子供たちが、長崎で連絡を取り合い、お互いに助け合っていたことがわかる。

おそらく西郷は、最初は見習いであったろう。すでに東京でキャリアがある天眼のサポートとして働いたと思われる。天眼が書いた新聞記事にクレームがつき、新聞社に民衆が押し寄せると、腕に自信のある西郷が出て行って「応対」「処理」したともいわれている。

また、これは映画「姿三四郎」にも同じようなシーンがある。人力車夫が、乱暴者の七人の外人にいじめられているところに西郷が通りがかり、七人ともすべて川の中に投げ込んだという事件。これは実際にあった話である。長崎の「思案橋《しあんばし》事件」として地元の新聞などでも大きく取り上げられた。

このころ、西郷は子供のときにいた新潟県の阿賀町（現在の新潟市南部）の阿賀野川で鍛えた泳ぎを披露している。長崎港沖のねずみ島で行われた水泳教室で、得意の日本泳法や立ち泳ぎなどをした。この教室は、「瓊浦《けいほ》遊泳協会」としていまでも続いていて、毎年、日本泳法や立ち泳ぎをしながら筆で紙に字を書く「水書」などを実演している。西郷はその初代の会長を引き受けた。古来、柔術には泳法のある流派はいくつもあった。

翌、明治三六年に、西郷四郎は『東洋日の出新聞』の記者として朝鮮の義州（鴨緑江《おうりょくこう》河口新

辛亥革命取材中の西郷四郎（中列左端）　明治44年、西郷は『東洋日の出新聞』の特派員として10月に武漢に行き、中国革命の観戦記を書いた。また12月には長沙に行き、革命軍の譚延闓と会っている。

義州の北）に行く。中国との国境に近い鴨緑江の沿岸にある町である。当時、すでにロシア軍がそこまで南下していた。ロシア兵の動きや、材木流しの朝鮮人労働者（西郷は「馬賊《ばぞく》」といっているが）に対して、ロシア兵が横暴をきわめているようすなどを「鴨緑江岸の消息」というタイトルでレポートしている。その前年、日本はロシアの南下を阻止するために、イギリスと日英同盟を締結していた。

明治四四年（一九一一）一〇月、今度は中国で辛亥《しんがい》革命が勃発。西郷は「大真丸」という船に乗り、上海《シャンハイ》から長江《ちょうこう》を四昼夜かけて遡行し、漢口《カンコウ》に行っている。武昌蜂起《ぶしょうほうき》の最前線である。武昌・

漢口・漢陽のいわゆる「武漢三鎮《ぶかんさんちん》」である。それが一六回連載の「武漢観戦通信」となった。曰《いわ》く、「江陰という港に砲台があり、旧式の装備の清兵が守っている。また清国の砲艦が一隻停泊している――」からはじまり最前線で辛亥革命のなりゆきを報告した。レポートはまた鎮江《ちんこう》・九江《きゅうこう》と続いている。こうした生の現地からの報告は、九州ではほかになく、多くの読者を魅了した。「武の西郷」から、「文の西郷」への大転身ともいえる。

同じ年、同僚の鈴木天眼は、長崎地区から衆議院議員に立候補し、当選。長崎の地元では、『東洋日の出新聞』がかなり評判になっていたと思われる。そのときから西郷は鈴木天眼に代わって『東洋日の出新聞』の発行人になった。またこの年、西郷はやっと結婚している。すでに会津藩の家老の末裔《まつえい》である男の子を養子にしていたが――。やがて娘が生まれた。

辛亥革命のすぐあと、大正二年(一九一三)、長崎の鈴木天眼の家に孫文が訪れている。天眼は前々から中国革命を支援しており、長崎に何度も訪れている孫文を、自宅に匿《かくま》ったともいわれている。宮崎滔天《みやざきとうてん》なども仲間であった。孫文は辛亥革命の成就の御礼に、どうしても天眼に会いたいと長崎にやってきたのだ。このとき天眼の自宅の前で、孫文・宮崎滔天・鈴木天眼らと一緒に西郷四郎も並んで撮った写真が残っている。西郷、四七歳であった。

このころ西郷はすでに体調がかなり悪かったようだ。二年前、辛亥革命勃発と同時に武漢に行くときさえ、鈴木天眼や周りの編集者、また家族の反対を押し切って行った。かなりひ

長崎に来た孫文　中国革命がまがりなりにも成功し、孫文は臨時総統となった。孫文絶頂のとき、ふたたび軍艦の無心に来日、長崎の『東洋日の出新聞』の鈴木天眼のところに寄っている。左から３番目が宮崎滔天、真ん中が孫文で、その右にいるのが鈴木天眼、その隣が西郷四郎である。大正２年（1913）２月

どいリウマチだったという。

大正八年か九年ごろ、西郷は病気療養のため気候温暖な瀬戸内海の尾道に引っ越した。吉祥坊《きっしょうぼう》という寺のひと部屋を借りて住んだというが、病はひどくなる一方だった。そしてついに亡くなる。大正一一年の暮れだった。五七歳。骨は鈴木天眼が引き取った。墓は長崎の大光寺《だいこうじ》にある。

以上が、姿三四郎こと西郷四郎の実像である。一七歳で上京し講道館に入り、純粋に柔道家として生きたのは、二五歳までである。その後の人生は大正一一年に亡くなるまで、ずっと反骨の会津藩の末裔でありつづけた。薩摩・長州の藩閥政府に反抗し、自由民権運動をうたい、アジアの近代化を叫びつづけた。朝鮮や大陸にも足を運び、視野の広いジャーナリストだったともいえる。

いっぽう嘉納のほうは一高を出て、学習院や東京師範学校で教鞭をとり、文部省参事官・宮内庁御用達などを

歴任した。いわば体制派であり、世渡りもうまかった。西郷四郎は、その反対の世界で生きてきたのである。

その点において、田辺又右衛門もまた反骨の志士であり、西郷と同じような生き方をしている。ひょっとしたら、そうした田辺に西郷は興味を持ち、又右衛門とはどのような人物か、伊丹の修武館に見にきたのかもしれない。

実物の西郷四郎と、小説や映画の「姿三四郎」との乖離《かいり》は大きい。

いずれにしても、『姿三四郎』を書いた富田常雄は、初期の講道館時代の西郷四郎のことを父富田常次郎から聞いた。もちろん講道館発展の「邪魔をする」田辺又右衛門の話もである。原作や映画のなかで、奇《く》しくも主人公の三四郎に言わせた「先生、僕は戦うのがいやになりました。僕は柔道のために他流と戦ってきて、それをただ武道の勝敗とだけ思い込んできたのです――」と疑問を持たせたように、来る日も来る日も、「柔道の日本制覇のため」に柔術家と試合をすることに、西郷が早くから抵抗したのは無理からぬことだ。なんのために柔術家と戦うのか――。それは嘉納治五郎の分身である「矢野正五郎」のためではない、と劇中の嘉納治五郎は言っているが――。

講道館の番頭役だった富田常次郎とは反対に、西郷四郎は完全に嘉納のもとを離れたが、昭和一四年(一九三九)の講道館発行、丸山三造編者『大日本柔道史』の「講道館の現勢」で、七段の筆頭に「亡、富田常次郎」、六段に「亡、西郷四郎」と書かれている。とくに西郷四郎が亡くなったあとで、嘉納治五郎は初期講道館の功労者として西郷に六段を「追贈」している。

死んだ人に段位を送るというのは、それまではあり得ないことだが、これが治五郎のうまいところ。翌年の鏡開きのとき、皆の前で西郷の技のすごさを称《たた》え、あえて死者に六段を「追贈」した。これまでにも、口述筆記にあるように、磯貝や永岡、また田辺又右衛門さえも嘉納から日本刀を贈られたこともある。嘉納はまだ講道館を寺の座敷で立ち上げたころ、嘉納自身も西郷と一緒に技を競い合った思い出が強かったのであろう。実際には、西郷は警視庁の試合でも、ほかの大会や試合でも、公式の記録には何も残っていないのである。

西郷が亡くなったときには、すでにその名を知る人は柔道関係者のなかにもあまりいなかったかもしれない。しかし、嘉納が六段を追贈したことで、「講道館の西郷」「柔道の達人」が俄然《がぜん》クローズアップされたのである。彼は一躍柔道の達人になった。しかし実像は、会津藩士として鈴木天眼と一緒に、長崎で自由民権運動や、またアジア諸国に対して日本が強くリーダーシップを働きかけなければいけないという、いわば「大アジア主義」を啓蒙しつづけた人生であった。「柔道の達人西郷四郎」は、いわばあとからつくられた英雄でもあった。

第8章

消される又右衛門の存在

大日本武徳会と講道館

大日本武徳会は財団法人で、いわば国家の公認のもとで各地にその支部があり、規模としては大きい。明治二八年(一八九五)にできた。それに対して、明治一〇年にできたとはいえ、講道館はたんなる民間の一道場である。その講道館が柔道をまとめ上げ、そして全国的に普及させていったのだが、講道館に入らない者も多いのである。したがって、又右衛門《またえもん》ほかいわゆる他流の者はみんなそうであるが、武徳会の段位は持っているが講道館の段位を持っていない者も多い。あるいは両方持っている者もいる。なにしろ講道館の人気は高く、武徳会の段位より人気があったからである。

又右衛門に言わせれば、その講道館の面々が武徳会の審査委員や、師範を兼ねており、実態は講道館が武徳会を支配していた。嘉納治五郎《かのうじごろう》が、各地の武徳会に講道館の人間を「派遣」するからである。京都の武徳会には磯貝一《いそがいはじめ》を、のちには永岡秀一《ながおかしゅういち》をよこした。

一方、明治三〇年代の終わりごろには、武徳会の「教士」のさらに上の「範士」に、講道館の磯貝一・永岡秀一・山下義韶《やましたよしつぐ》といった面々がそろって昇格したのに、その後何年たっても又右衛門には音沙汰がなかった。範士には、停年の六〇歳を過ぎた者がなるのが一般的と思われたが、講道館の三人はまだそれよりかなり若かった。これはどう見ても不公平だと又右衛門は思った。

大日本武徳会本部　明治28年、京都につくられた。伊丹の清酒「白雪」の頭首小西新右衛門業茂が多額の建築費を寄付した。このときから、国の組織ともいうべき武徳会と、民間の一団体である講道館の二本立て構造ができたのである。

すでに述べたように、さまざまな取り決めをする武徳会の委員を講道館や講道館派の人たちが多数占めていたからである。

そこで、又右衛門はかつてやったように、ふたたび京都の武徳会本部の大会のとき、嘉納治五郎の宿「沢文」を尋ねたのである。これは、又右衛門だけでなく、講道館以外の冷や飯を食っている他流の者を代表するつもりでもあった。講道館に属さなければ役職には着けないのか、訴えるつもりだった。

私の質問を嘉納はさも予期していたとみえ、もっともらしく「それは磯貝・永岡の両人は年が若いけれど、武徳会本部の指導者としてはどうしても範士にしておかんと都合が悪いことがあるのでしたわけであって、山下は、この両人との釣り合い上、両人が西の大関とすれば東の大関というようなわけで、範士にしたような次第でござる」と苦しい言い訳をしました。

私は膝を乗り出しながら、「それは少々筋が違っておりませんか。もし山下君が東の大関とすれば、それを破っている私は当然西の大関と考えて範士とするのが至高ではありませんか。講道館の門弟ばかりを取り立てて、経歴においても実力においても何ら劣るところのない他流のものを捨てておいてかえりみないと言うことは、はなはだしく不公平でありまして、ひいてはあなたの人格にも関わるようなことではありますまいか。それに柔術は講道館だけではないのでありまして、ほかにいくらも他流というものがあるのですから、あまり依怙贔屓《えこひいき》の沙汰をされると、武徳会というものが、よく思われないようになり、結局武道そのものの発展を妨げるようになりはしないかと考えます。私は、講道館師範という立場を離れられて、いっそう大きな見地のもとに公平な処置をとられることを望むものです」と。

するとと嘉納はとぼけた顔をして、「でも僕は今年、銓衡《せんこう》委員長をやっていないから、それはなんとも取り扱いかねる」という言い逃れをした。そこで私は、「あなたがおとり計らい兼ねるとすれば、誰がそれを決定することになるのでしょうか」と追求した。嘉納はその場逃れの口上で、「副会長が銓衡委員だ」と答えたので、「それでは私はこれから副会長に会って話をしてきましょう」といって席を立ち掛けた。すると嘉納はあわてて、妙な手つきで又右衛門を抑え、「副会長でも分からん。副会長でも分からん」とまた言い逃れをした。私は言葉鋭く、「では、いったい誰が」と言うと、「ああ、やはり磯貝あたりだ」と言う。

「ああ、そうですか。では、今の話はなかったことにしていただきます。磯貝のような後輩に私を範士にしてもらうのなら、私の方からお断りします」と私は開き直った。

言うまでもなく、これまでにも磯貝や永岡や山下を教士にし、そしてその後範士にしてずっと引き上げてきたのはほかならぬ嘉納であるのは、誰もが知るところであります。彼らと対戦をして勝ち、または有利に、あるいは佐村という審判をつけて、引き分けにしたのも嘉納であった。講道館ばかりが武徳会の中で出世するのは、これまた万人の認めるところでもある。そのことは誰もが分かっていて、誰も言わないことを私は遠慮なく言ったのであります。（巻四第七四節より）

そこが又右衛門の「正直な」ところであり、また「大人げない」ところでもあったが、又右衛門はすべて承知の上であった。それが小さいときから柔術一筋に努力をしてきた彼の純粋な武士道精神なのである。

嘉納は黙ってうつむいて聞いていたという。賢い嘉納である。

彼の耳には入らないが、世間の人は口にこそださないが、私のように思っている人も多いのである。

そこで私はちょっといいすぎたかと反省して、話題を変えた。

「このたび私は、神戸に小さい道場をこさえましたから、近くにおいでになることがあったら、門弟どのも励みにもなることですから、ぜひ一度お立ち寄りください」とお世辞を言ったのである。すると嘉納は、話題を変えられたことにより、助かったというような顔をして、「ああ、それはぜひ寄らせていただくことにしよう。必ず一度お邪魔をさせていただくから」と体のいい挨拶《あいさつ》をしてその場は終わった。それっきり音沙汰《おとさた》がなかった。磯貝・永岡・山下といった講道館の面々が範士になって一〇年後、私はひょんなことから範士になるのだが、それにはちょっとした経緯がありました。

私は、嘉納に直談判《じかだんぱん》するときに、嘉納の言い分をあれこれ考えた。武徳会の範士にしない理由を、嘉納はいろいろ言うのに違いないと。

もし、「あなたは学問がないから範士にしなかった」と言われれば、「それでは範士になったものをここに全部呼んでいただいて、書の腕比べをいたしましょう。もし私より下手なものがあったら、そのときは承知しません」。そうやり返してやろうと思っていた。私はもう長いこと、大正天皇に書や学問を教えた長谷川観山を呼んで書をやり、学問を勉強していたのである。

もし、嘉納が私に「君は内職に骨接《ほねつ》ぎをやっているから」と言おうものなら、「正統な金儲《かねもう》けの何が悪いのですか。われわれの柔術には、昔から内経・外経、さまざまな健康法や、病気を治す治療法が伝わっている。そのうちのひとつが整復術であり骨接ぎだ」と反論しよう。「それより、寄付を集めておきながら、ほかのことに使ってしまう方がよっぽど悪いじゃないか」と皮肉ってやるつもりだった。しかし、嘉納は黙ったままうつむいてしまったので、そういったやっかいな話にならなくてすんだが、「かくのごとく、私は範士号をもらい受ける催促をしに出かけていきまして、かえってそのかわり、自分より弱い後輩に頭を下げて範士号などもらいたくないと、断ってしまう結果になってしまったのでありました」。（巻四第七四節より）

と口述筆記ではその経緯を述べている。

又右衛門の、負けず嫌いと意地っ張りは、おそらくみんなが手を焼いていたであろうと思われるが、そのひとつの現れとして、またつぎのような話を又右衛門は残している。

嘉納治五郎に直談判した三、四年後のことである。私が、大阪から京都に行く列車の中で、武徳会本部の佐村《さむら》嘉一郎《かいちろう》と乗り合わせたことがありました。あの講道館のお雇い審判佐村正明《まさあき》の息子である。私より一一歳年下であるが、親子で講道館に忠誠を誓い、息子の嘉一郎も早くから出世していた(のち昭和一三年に講道館九段)。

その佐村嘉一郎が京都で私にあらためて胸襟《きょうきん》を開いて言うには、「君も、もう、いい加減に我を折れよ」と。私は答えて、「何も僕が我を折る必要なんかないじゃあないか。僕は自然体で正直に振舞っているだけだ。それとも何か、僕が我を折る何か理由があるのか」と聞き返した。佐村はそれに答えず、「まあ、なんでもいいから、もういい加減に我を折れよ。本部の大会にも、すこし弟子を出すようにして、少しは引っ込んでおとなしくしたらどうだ」と。常に私が武徳会本部の大会に出て行って、講道館の役についている高段者と試合をするのは困るのだろう。(巻四第七五節より)

又右衛門はつねに武徳会神戸支部の代表として、京都の武徳会本部の試合に出たのである。

「何も、弟子を武徳会に出さなければならない理由はない。稽古は本部に出かけなくても地元でできるのだから」と私は突っぱねる。武徳会本部を運営していく意味で、私がその都度《つど》顔を出して、役には就《つ》いていないが、古株としても口を出されるのが講道館側としては煩《わずら》わしいのに違いない。

嘉一郎は嘉一郎で、長年の「敵」でありながら好意で胸襟を開いて彼なりのやり方で忠告してくれているのだ。「それが、あなたの我だ。そんなことを言うもんじゃあない」と、私をなだめるように言うのである。おそらく講道館の面々の間で、又右衛門は困ったやつだと言っているに違いないと、私は思った。

嘉一郎はさらに続けて「今度私は(範士を選ぶ)銓衡委員にしてもらったから」と言う。「それでは、君が僕を武徳殿の範士にでもしてくれるというのか」と私。「そんなことはどうでもいいから、とにかく我を折れ」といったので、「いや、やめてくれ。君らに詮議《せんぎ》してもらって範士になるくらいなら、もらわない方がいい」と私は再び突っぱねた。せっかくの嘉一郎の申し入れに、私は心の中では申し訳ないと思ったが、口はあいかわらず頑固者《がんこもの》だった。(巻四第七五節より)

しかし、ここでわかることは、又右衛門が佐村の申し出に意地をとおして断ったことではない。又右衛門は講道館に属していないにもかかわらず、つねに講道館の面々と、顔を合わしているのはなぜか、ということである。

それは、又右衛門が、財団法人で全国組織である大日本武徳会に属しているからである。だから、京都本部や各地の武徳殿で行われる武術大会に「講道館の許可なく」神戸武徳会の代表として出場できるのである。しかし、問題は、その武徳会の有力幹部のすべてに講道館のメンバーが入り込んでいるということであった。

当然、何かにつけて講道館のチェックが入り、また講道館の意のままに武徳会が動かされているのである。審判を選ぶのも、又右衛門の技がつぎつぎ禁止されるのも、武徳会の範士・教士の任命権も、実質的には講道館や嘉納治五郎がもっている。

いつも又右衛門が武徳会の試合に出てきて講道館の相手を悩ませるので、佐村嘉一郎から「いつまでも武徳会に出てきて試合をしないで、若いものに出させたらどうか」と言われたこともそうだ。講道館のトップクラスが又右衛門に負けると困るからであった。試合の組み合わせも模範試合も、すべて講道館の人間が決めるのである。

じつは、柔道界のこの構造は、二一世紀に入った現在でも続いている。

講道館と全柔連の関係がそうである。歴史があるとはいえ、「町の一道場」である講道館のトップが国家的組織の全柔連のトップであり（現時点は違う）、多くの全柔連の幹部が講道館から派遣されているのだ。これは、かつて大日本武徳会ができたときに、嘉納治五郎が京都の武徳会本部に磯貝一を、のちには永岡秀一を、また九州や各地の武徳会に講道館の面々を派遣したことと似ている。

この問題は、戦後、進駐軍の統治時代に、ＧＨＱによって大日本武徳会が取り潰《つぶ》され、民間の講道館はその後生き延びたことで、さらに講道館の勢力が伸びたこととも関係する。かつては武徳会や各柔術の流派で出していた段位を戦後は講道館が独占することになり、おまけに段位の取得料もすべて講道館に入っている。現在では年間五億円とも聞く。初段の免許料、初段から二段への免許料は、いろいろ合わせると二万円前後かかる。中学生や高校生にとっては決して安くない金額である。その金を持ってさまざまな団体や外国の柔道団体に「援助」ができるのである。「援助」という名の紐《ひも》でもある。いざとなればその紐を切ればいい。

かつて講道館の言いなりになっている全柔連と学柔連の確執も関係ないことではない。これらについては、ここではこれ以上触れないが、巻末の参考文献の高山俊之・小野哲也『柔道界のデスマッチ——全柔連vs学柔連』(三一書房)、西村光史『近現代史から検証する日本柔道界の実態とその再興試案』(エスアイビー・アクセス)に内容が紹介されているので、ご覧いただければ幸いである。また新日鉄住金の宗岡正二会長は、『日本経済新聞』で、「日本の柔道界に業務が重複するような二つの団体が存在するのは問題ではないか。講道館を柔道の遺産として全柔連の付属機関とし、早稲田大学の大隈記念講堂のように、「全柔連嘉納記念講道館」とすればいいのではないか」と、友人の意見として紹介している(平成二八年一二月一九日)。講道館の館長が、全柔連の会長を三代にわたって六〇年以上兼任していたのは、よく知られている。

ふたりの弟子、内田信也と小角弥三次

話が少し横道にそれたが、口述筆記に戻ろう。当時、山下亀三郎（山下汽船、現商船三井）、勝田銀次郎（勝田汽船、貴族院議員、神戸市長）と並んで三大海運王といわれた、地元神戸で内田汽船を立ち上げた内田《うちだ》信也《のぶや》も又右衛門の弟子であった。

内田は又右衛門より一回り下の明治一三年（一八八〇）生まれ。三井物産の用船係を退職して船会社を経営。のち大正一三年（一九二四）、立憲政友会から衆議院議員に立候補して、政治家にもなった。農林大臣など要職をへて戦後も、政界で活躍した風雲児である。しかし、歯に衣着《きぬ》せぬ又右衛門にかかってはひとたまりもない。なぜなら内田は、又右衛門の弟子だったからである。

「政友会の驍将《ぎょうしょう》としてときめいている内田信也氏が、いまだ成《な》り金《きん》風を盛んに吹かせて札びらを切っていた時代のことであります」と、又右衛門は口述筆記で話しはじめている。

その内田が、須磨《すま》の御殿風の大邸宅に順道館《じゅんどうかん》という柔道場をつくり、その道場にお雇い入れの有段者連中のほかに神戸在住のおもだった柔道家を集めて、盛んに稽古をさせて、「嬉《うれ》しがっていた」時代がありました。その当時、東京大相撲の出羽の海部屋の頭《あたま》

株《かぶ》であった、栃木山・大錦・常の花・九州山といった花形連中一〇数名がそろって内田邸内の順道館に招待された。そこで柔道相撲をやったのである。この催しには、私をはじめ、神戸の柔道界の主な連中がほとんど呼ばれていた。

そのうち、順道館のメンバーが各自腕試し、力士相手に乱取りを試みた。内田本人も豪快事の好きな人で自我心の強い人だったから、あの細い身体に稽古着をつけて、相撲の巨漢たちを相手に勝負を挑んだのです。

ところが、どの力士も接待主の内田をおもんばかって、組んでも本気で馬鹿力を出すこともなく、柔道の「法則」にのっとって動いていたので、なかなか互角の柔道試合が展開された。ほかの四段、五段の連中もみんなそうだった。私が見ていると、あの細い内田が、むしろ「大錦」「栃木山」を相手にむしろ優位に闘っている。私は稽古が始まってから、力士たちが本気で力を入れていないことはすぐに見破っていた。なぜなら私はまだ二〇歳になる前から、岡山の田舎で相撲柔術は何度も経験しているからである。そのときは、力士も柔術側も本気で戦った。しかし、目の前で繰り広げられる柔道相撲は、単なる余興《よきょう》として、力士の方も心得ていて、繻袢《じゅばん》を着て柔道の規則を正直に遵守《じゅんしゅ》して組んで戦っているのは明らかだった。

しかし、私の隣に座ってこれを見ていた弟子で、すでに教士となっている小角《こすみや》弥三次《さんじ》が、

「僕も一本やろうか」と着物を着替えようとしたので、私は咄嗟《とっさ》に袖《そで》を引き、「馬鹿ッ、到底お前のかなう相手ではない。力士たちは本気でやっていないのが分からんのか」と叱責《しっせき》する。「だめじゃろうか」と小角は半信半疑だった。

私は自分の弟子ながら、武徳会の教士になっている小角にがっかりした。相手がどれだけの実力を持っているか――それを知ることは武道の一番の心得。八百長《やおちょう》でやっているのも見抜けないのかと思ったのであります。

しばらく見学して、私は途中で席を立ち、帰った。これ以上、八百長稽古を見ていたくなかったからである。ところが、私が帰った後、小角は、どうしても力士とやってみたくなり、師匠の居ないのを幸いに襦袢に着替えて対戦した。

後で私が聞いた話によると、小角は、あろうことか、あるまいことか、名もない十両力士に、ペッタリ床に腹這《はらば》いにさせられて動けなくなったらしい。なんとか脱出しようともがけども脱けることができなくて、ついには床に手をたたいて降参したという。(巻四第八三節より)

又右衛門にしてみれば、あれほど注意してやるなといっておいたのにぶざまな姿をみんなの前で晒《さら》して、と自分のことのように悔しがったという。

弟子のそうした失態は、又右衛門自身の恥でもある。そうしたことに又右衛門は人一倍こだわったという。「なぜ、肋骨《ろっこつ》の一本や二本折られても必死に跳ね上がる努力をしなかったのか」と、まるで自分のことのように残念がった。柔術家は敵の強さもわからなければならないし、また自分自身の力も、つねにわきまえる必要がある。

それからずいぶんたってから、

春の武徳会本部大会がある少し前、神戸にいる柔道教士が二人、顔を揃えて私の家にやってきて、突然に、「今度はぜひ、先生に柔道範士をもらって頂かなくてはなりません」という。「なんで」と聞き返すと、「なんでもぜひもらって頂かなくては」と言う。私は、一度は嘉納治五郎に、磯貝・永岡などがもらっていて、その後何年も私に音沙汰ないのは不公平だと、ねじ込んだことがある。それでいて、磯貝に頭を下げてもらうのはこちらから断る、といった経緯がある。その後、佐村嘉一郎が銓衡委員になったとき、遠回しに、「我を折れば範士にする」と言われたが、これも突っ張った。それっきり、田辺又右衛門は「意地を通して範士にはならない」ということが柔道界でも通っていたのであります。（巻四第八四節より）

又右衛門は言った。

「今になってワシが範士になるというのは、恥だとはお前たちは思わないのか」「それは、先生がこれほど遅くなって範士になるのは、確かに『お顔』のよくないことは十分承知していますが、今度ばかりはなんとしても『虫を殺して(我慢して)』もらって頂かないことには、われわれ一同がまことに困ることができますから――」という。

その日はそれで過ぎたが、あとでほかの弟子からの話によると、弟子の、あの小角弥三次が遂に範士になる噂が立っているのだという。それで私はすべてがわかった。

尋ねてきた教士のふたりは小角の少し後輩、もし小角先生が範士になったら、当然武徳会での地位が御大将の又右衛門より上席になる。これではまことに都合が悪い、ということだった。また小角弥三次が範士になれば、その次の人たちにも範士の道が開けてくる。つまり私がいつまでも教士のままでいると、弟子たちがいつまでたっても出世できないのである。そのことに私は気付いた。気付くのが遅すぎたのである。

それで、私はその年の五月に武徳会の大会のため上洛《じょうらく》したとき、佐村喜一郎の宅を訪ねて、「ワシは今まで範士を断ってきたが、今回はどうあっても都合が悪いことに気がついたから、ぜひ範士にしてくれ」と節を曲げて頼んだ。佐村は承知したが、詮議《せんぎ》は難行したらしい。

その後「誰か異議を唱えたか」と聞くと、「いや、ない。ない。それ以上は聞いてくれるな」と。私はさらに「小角弥三次はどうだった」というと、小角も範士になったが、異議があって四時間にも及ぶ大論争があったと言うことでした。(巻四第八四節より)

詳細はわからないが、とにかく又右衛門はこういった経緯で遅ればせながら範士になった。じつに昭和二年(一九二七)五月のことであった。ライバル磯貝一は、すでに大正二年四月に範士になっているから、遅れることじつに一四年であった。講道館に楯突《たてつ》いては武徳会でも出世できないのである。武徳会という国家的な組織と、そのなかに嘉納治五郎率いる町の一道場である講道館の主要メンバーが多数、役員として入り込んでいる構図は、このころからすでにできていたのである。現在でも、国家組織である全柔連と講道館の関係は同じようなものがあるらしい。

一方、同じ弟子でも、内田信也は財界の大御所、しかも政友会でも顔のきく存在であった。もともと又右衛門が、直接手を取って教えた弟子である。それがみるみる偉くなった。

内田は、もともと細い身体だったので、体力的に立ち技は強くなる見込みがなかったため、私は寝技を鍛《きた》え、そこその技を修得させた。しかし、しばらくすると内田は、私の出した「允許段《いんきょだん》」よりは講道館の方がいいと思いはじめ、途中から私のところを離れて嘉納治五郎に走ったのである。それで「殿様段」とはいいながら講道館から四段をもらった。殿様段というのは、名士が本当はそういった実力がないのに、名誉のために、あるいはお金を積んでもらう段位のことである。

「こういったことは、専門家であればなかなかに問題になるところでありますが、財界人たる専門外の人ですから、道義上褒《ほ》めたことではありませんが、しかれども咎《とが》め立《だ》てをいたすほどでもなかろうと、点々に付していました。しかし、天下の田辺又右衛門といたしましては、自分のところを出て講道館の段位をもらうというのはあまり嬉しいことではなかったのであります」。

その後、私はあまり気にしないようにしていましたが、あるとき嘉納治五郎が、内田信也の前歴、つまり私の弟子であったことを十分承知していながら、内田信也の神戸の順道館にわざわざ東京から出向いてくることになった。催し物に出るためだという。地元である神戸で、しかも弟子である内田の道場に嘉納が出向いてくる。私の地元に、嘉納を呼ぶ内田も内田だが、わざわざ来る方も来る方だと。しかも失礼なことに、私には何のことわりもなかった。私はかなり頭を逆撫《さかな》でされた気がして、「ようし、嘉納が来たら『あなたはいったい武人の礼儀を心得ておられますか』とみんなの前で突っ込んでやろう」と、内田の道場に出かけて行ったのであります。

私が道場に入るとすでに嘉納が来ていて、テーブルの後ろに腰をかけて休んでいる。「よし、頃合《ころあい》を見て、苦言を呈《てい》そう」と私が席に着くと、嘉納がそれに気がついて、すぐに立ち上がり、私の前に来てなんと正面に正座をして座り、畳に手を突いて挨拶をするのである。驚いたのは私。本来、傲岸《ごうがん》人に下らない性格の嘉納である。人に頭を下げることなどしたことのない男なのに、なんと私に向かって深々と頭を下げた。それで、文句を言おうと思って乗り込んだのに私はまったくなにも言えなくなってしまった。

そうした世渡りの上手さが嘉納にはあるのである。人の機を見るに敏な人物だと、私はあらためて思った次第であります。（巻四第八五節より）

磯貝一・戸張瀧三郎、ふたりとの最後の試合

明治四一年（一九〇八）の秋、福岡市の武徳会支部の大会で、又右衛門が兵庫支部の代表として出席すると、本部から磯貝一が来て、何度目かの試合になった。又右衛門三九歳、磯貝は三七歳であった。これがふたりにとって最後の試合となった。

又右衛門は数年前に、痔《じ》の出血中に心ならずも磯貝と岡山で戦い、引き分けるという苦《にが》い思いがあったが、今回はどこも悪いところはなかったので、お互いに快く戦うことができたと述べている。

正直言って、その後の磯貝の精進ぶり、稽古に明け暮れてなかなか強くなっていました。それにくらべ自分は四〇歳を目前にして、しかも田舎で、日頃は骨接《ほねつ》ぎをし、ときどき弱いもの相手に稽古をするだけだったから、力は落ち目になっていた。

今までは磯貝との試合は、たいていは自分が攻勢に出て、かろうじて磯貝が引き分けに持ち込んでいたのに、守勢ではあるが、磯貝が余裕を持って私を引き分けに持ち込んだ。私はさまざまな手を使って、磯貝を疲れさせ、あるいはわざと守勢に立って相手が仕掛けてくるのを待ったりしたが、磯貝はそれに乗ってこなかった。しかも、磯貝の方からも何もしかけてくることはなく、あくまで勝ちには来なかった。守勢の一点張りであった。

(巻四第七六節より)

こうして、磯貝との最後の試合は、引き分けに終わった。

立ち技畑の磯貝氏が、勝たないまでも、堂々と寝技で私と正当の引き分けを取るまでになったということは、まことに感ずべきことと思ったのであります。私は氏の努力ぶりとその進歩とに対して、心中密《ひそ》かに敬意を払ったのであります。（巻四第七六節より）

と後年、又右衛門は述べている。四〇歳を前にして又右衛門も少しずつ体力の後退を迎えていたのであろう。

翌、明治四二年、又右衛門は、因縁の戸張瀧三郎と武徳殿本部で偶然、これまた何度目かの試合をすることになった。因縁というのは、いうまでもなく二〇年前、又右衛門が二二歳で東京にやってきてはじめて試合をしたのが、当時久松警察署の柔道教師をしていた戸張だったからである。

何度退《しりぞ》けても、果敢《かかん》に又右衛門に挑戦してくるその意気込みに対して、又右衛門は次第に武人として立派だと思うようになった男である。

（戸張瀧三郎は）嘉納治五郎のように、最初から人とまったく闘うことなく、自分の手を汚すことなく、人を使って権力を得ようとする人間とは、まったく正反対である。戸張とは二〇年闘ったことになるのだ。そしてこれが私の、柔術家として最後の試合になった。しかも、戸張瀧三郎もこの試合を最後として公の場での勝負には出なくなりました。試合が始まり、礼をすませると、例によって素早く自分から身を捨て、戸張を引っぱり込みに行くと、戸張は中腰になったままで、私を追っつけてこようとした。

私は、いい加減に戸張氏をあしらっておりましたが、起き上がってから攻めてやろうと思い、下から左足を回して、相手の右膝に捲《ま》きつかせ、戸張氏がその足を抜いて逃げようとする機を利用して、上になってやろうと、足を捲きつかせたままでじっと待っていました。このときの私の注文は、「捲き足」をかけることではなく、自分が起き上がるために相手の足を攻めたのであります。すると意外にも、戸張氏は、私の掛けた捲き足には何らの注意を払うことなく、一途に上から攻めかかってまいりまして、少しも逃げようとしないのでありました。このときの戸張氏のやり方は、大胆を通り越してむしろ迂闊《うかつ》に近いものであったと思われます。どうしても、戸張氏が捲きつけられた「捲き足」を避けようとしませんから、仕方がないと意を決した私は、すこし強めにギューと締めつけましたところ、ボキィーと大きな音がして、氏の膝関節が捻挫《ねんざ》してしまったのでありました。（巻四第七九節より）

又右衛門はそんなにひどくやるつもりではなかったが、ほんのちょっとした拍子でそうなったと言う。それでとにかく又右衛門が一本取ったことになり、試合は終わったが、後味の悪いものになった。又右衛門はあらゆる技に精通していたから、つねに先を呼んで技を仕掛ける。その技も相手がまったく知らないと、このようなことが起こってしまう。又右衛門は非常に気の毒に思ったという。

この勝負のあとで、戸張はしばらく外国に行ったが、その途中でも膝が痛んで苦しんだらしい。それ以来、戸張は公開の勝負には出ないようになった。はからずも二〇年来戦ってきた因縁のふたりが、この試合を最後に、あらゆる公式の勝負から遠ざかることになったのである。

戸張瀧三郎との最後の試合の後、三年ほどしてだったか、京都の武徳会の本部の大会で、試合の見学中に傍らにいた嘉納治五郎が、やはり傍《かたわ》らにいた永岡秀一の方に向かって、「オイ、永岡、今日一緒に昼飯を食わないか」と誘ったのであります。もちろん永岡は、「ハイ、お供しましょう」と返事をする。もちろんそのやりとりは、やはり近くにいた私にも聞こえている。すると嘉納は、今度は私に向かって、「田辺君、君も一緒に行かないか」と誘ったのだ。私はこれは珍しいことだとは思ったが、「ハイ、まいりましょう」と話を合わせておいた。こうして昼になったところで、永岡が私を誘って、「田辺君、さあ飯を食いに行こう」といいましたが、私は靴《くつ》を採《と》りにいくのが面倒でもあるし、強いて行きたくないので「イヤ、僕はやめにしておこう」と断る。永岡は、「どうして行かないのだ。どうして」と執拗《しつよう》に誘います。「靴を採りにいかねばならないし、面倒だから」と答えると、永岡が、「それじゃあ、僕が取ってきてやるから、とにかく一緒に行こう」と食い下がったので、私は、いくら年下でも(天下の)永岡に草履取《ぞうりと》りをやらすのは失礼と思い、「じゃあ行くよ。靴は僕がとりにいく」といって、結局、三人で出かけた。

近所の洋食屋に入る。料理が揃うまでに、いろいろな話が出てきて、そのうち嘉納は永岡と「捲き足」の利害関係について話を始める。

そのときになって初めて、私は嘉納が自分を昼食に誘ったわけが分かったのです。黙って聞いていると、やがて料理が運ばれてきて、嘉納が私に、「田辺君、今君が聞かれたように、今度『捲き足』を禁止したらどうかという議論が出ているのだが、君の意見はどんなものかね」と尋ねた。

以前の私だったらすぐに断っていたろうが、すでに戸張との最後の闘いの後で、戸張には怪我をさせて気の毒だと思っていた。その上、この話を私に持ちかけるのに、嘉納と永岡が示し合わせて、たいそうな気の使い方が見えたので、いらぬ反対をしても仕方がないと思い、「そうですね。『捲き足』は使いようによっては危険ですから、封じておいた方がいいかも知れません」と答えたのである。すると嘉納は、これでやっかい払いをすませたと言う顔をして満足そうに、「それじゃあ、永岡が発案をして、田辺君が賛成をすればそれでいいじゃあないか。これで話は決まった」とたいそうご機嫌だった。こうして、その年の試合から、「捲き足」が勝負法から除外されることになったのであります。（巻四第八一節より）

又右衛門の引退

又右衛門の現役引退は思わぬことからやってきた。

私が公式の勝負から引退するには、はっきりとした理由がありました。戸張瀧三郎と試合をした二、三年後のこと、私が指導に行っていた神戸の三井船舶の柔道部が、年に一度のレクリエーションで有馬温泉に行くことになった。当時の三井船舶の柔道部は、川村貞次郎という部長がいて、稽古はたいそう盛んだった。それでみんなで遠足に行くことになり、私も若い人に混じって、参加したのである。

ところが当日は大雪が積もっていて、六甲オロシも厳《きび》しく気温も低かったが、決行。

私は、あえて厚着をしないで合着《あいぎ》の洋服に獺《うそ》の襟巻《えりま》きをまいただけで出発。阪神電車の住吉停留所から山頂目指して歩き始めた。私は二、三人と話しながら出発したが、先頭組からかなり遅れて、一番遅い組に。それで私はこれでは、若い者から田辺先生は足が弱い、といわれると思い、ステッキを小脇に抱え、片手で襟巻きの端をぐいと握りしめて、山頂目指して雪の中を急いで登った。それでやっと山腹で川村部長のグループを追い越すことができた。それからはさらにもっとも早いグループに追いつき、山頂に。しかも、その後は駆け足で一番先頭になって有馬温泉に到着した。負けず嫌いの意地っ張りは、直らないのであります。

しかし、馴《な》れぬ長時間の駆け足で、宿に着いたとき私は足全体が腫《は》れて、歩くのも困難になってしまった。ともかく温泉に入り、宴会をして一泊し、やっと帰って来たのはいいが、次の日から一週間も熱を出して、寝込んでしまったのだ。

それで、寝込んでいる間にフト気がつくと、襟巻きを握っていた右手の指が、凍《こご》えたように無感覚になっているのに気づく。凍傷にかかっていたのだ。

以来、私の右手は、まったく力が入らなくなってしまった。柔術をするものにとって、とりわけ、一度取ったら絶対に放さないという私の寝技の凄味《すごみ》はこの握力にあったから、いわば致命傷であった。

しかしとにかく、この右手では従前どおり十分な働きはできないことは確かでありますし、私自身の年齢も、すでに初老を超えた年でもありましたから、どうしても第二線の仲間入りをするのが至当《しとう》と考えまして、ボチボチ柔道界から引退をする臍《ほぞ》を固めたのであります。（巻四第八〇節より）

又右衛門は以後、五、六年がかりで、固まった右手の筋骨をやわらげる訓練をして、しだいに生活になれるようになったという。若い者に負けまいと頑張った山登りが、「私の生涯を画する一転機となったのであります」と又右衛門は述べている。

消された又右衛門の存在

又右衛門は、神戸では、新開地の三角《さんかく》公園の端、大開通りの外れ湊町四丁目のマッチ工場の二階を借りて道場を開き、五年後、昭和二年に、国鉄「兵庫」の駅前からほど近い三川口町三丁目一番地に新道場「遷武館《せんぶかん》」、壁を赤く塗った通称「赤壁道場」を新築してそこに移った。又右衛門五九歳。明治二年生まれで、当時としてはかなりの高齢であった。借金をしてやっと自前の道場を建てたのである。

不遷流５世・田辺輝夫（1893～1968）、**トシ夫妻**　又右衛門は現役を引退したが、すでに遷武館や他の道場では、不遷流５世の田辺輝夫と不遷流５段の根木金一に稽古は任せていた。輝夫は若いころから又右衛門の家に入り、長女のトシと結婚して跡を継いだ。身長も大きく立ち技も得意で、又右衛門の跡継ぎとして申し分なかった。

又右衛門はその後ずっと骨接ぎをしながら、隣の稽古場で若い人たちを指導し、実技は婿養子の田辺輝夫と根木金一に頼んで晩年を過ごした。

いつのころからか思い立って、あるいは人に勧められてか、自分の半生を振り返って記録に残すことにした。長谷川観山に書道と学問のイロハをずっと習っていたが、文章まではうまくつづれないので口述筆記としたのである。口述筆記を書いたのは砂本貞で、そのことは中山和の書いた柔術の覚書ともいえる「不遷流記事」というノートブックで確認できた。ノートには、不遷流代々の弟子たちのくわしい系図があり、田辺又右衛門の弟子のなかの一番右端に砂本貞が載っていて、その名前の横に「高知県、遷武館助教、昭和三年頃二段」とあり、さらに横に「又右衛門一代記口述す」とあるのを発見した。やはり間違いない。客員というのだから、赤壁道場に何年か逗留《とうりゅう》していたに違いない。おそらくこれだけの口述筆記をまとめるにはかなりの時間がかかったと思われるからだ。

前述したように、口述筆記を本にするべく送ったという田辺綾夫であるが、最初は、綾夫は又右衛門の跡継ぎの田辺輝夫の文字の写し間違いかとも考えた。文字が似ているし、口述筆記にはそういった間違いがいくつか散見できるからである。

輝夫もまた、講道館の圧力には弱い立場にあった。なぜなら、輝夫も当時の柔道家のほとんどがそうであるように、講道館の段位をもっていたからである。講道館に楯突いては飯も食えないのだ。輝夫は明治二六年生まれ、遷武館に来ていた又右衛門の跡継ぎ（五世）で、姫路中学・神戸関西学院・神戸高等工業、また警察で柔道を教え、のち六甲（灘区備後町）で骨接ぎをやっていた。輝夫は又右衛門の長女と結婚し、不遷流の五世を継いだ。久子さんが名前を間違えることはなかろうと思われる。

輝夫の息子、田辺昌信《たなべまさのぶ》が、神戸市灘区森後町で産婦人科医をしているというので、連絡を取って聞いたが、口述筆記のことはまったくご存じなかった。昌信も若いころは講道館で修行していたという。親が不遷流の五世で自分も柔道をやっていたのだから、もし口述筆記が親の元に送られて来たなら知らないはずはなかろう。昭和六二年（一九八七）に私が神戸に行き、田辺又右衛門の弟子たちや久子さんに会ってから何年か経ってのことである。

じつは、この田辺昌信が若いころ一緒に柔道の練習をした友人が、『大日本柔道史』を編《へん》纂《さん》した丸山三造である。丸山三造は、昭和一三年の記録によると、当時全国で七八人いる講道館の七段に名前が載っている。

田辺昌信は、丸山三造から思いがけない話を聞いていた。

丸山三造が『大日本柔道史』を編纂していくなかで、田辺又右衛門を取り上げたところ、講道館の高段者たちからこっぴどく叱られたというのである。そしてその話を、のちに朋友である田辺昌信に訴えたというのだ。

同じ話を、私は中山和さんからも聞いた。中山さんは田辺又右衛門の実弟中山英三郎の息子である。なんと丸山三造本人から（父）中山英三郎宛てに手紙がきていたのが残っていた。

根木金一不遷流５段（1882 ～ 1971）
姫路時代からずっと又衛門の傍にいた根木は、５世輝夫を助けて、神戸の遷武館でも師範代をした。又右衛門新案の柔道着を藤本に持ち込んだのも根木であった。

私もその手紙を見せていただいた。そのなかで丸山が、講道館の十段連中から、又右衛門と講道館の面々が試合をしたのを一切載せるなと怒鳴られたと書いてあった。中山和はこのことをもって、岡山県矢《や》掛《かげ》町発行の『矢掛新聞』（旬刊）の連載「田辺又右衛門」（昭和三六年一月一五日より）の五回目（最終稿）につぎのように書いている。

「(田辺又右衛門は) 現役を引退し、高弟の田辺輝夫と根木金一(明治一五年生まれ。姫路中学教師) に門弟の指導を託した。講道館としては田辺の記事は除外する方針で、あらゆる書籍に取り上げぬようにした。日本大学出身の丸山三造八段《(ママ)》が私の父中山英三郎に宛てた手紙によると、――自分 (すなわち丸山三造) の書いた『大日本柔道史』(昭和一四年刊行) で、天皇陛下 (にも) 献上 (した) 著書に、又右衛門のことを写真入りで書いたことがあります [嘉納治五郎校閲]。すると、(講道館の) 一〇段指南役一同から、なぜ田辺又右衛門のことを書いたか、と怒鳴られました。真実を真実として書いてどこが悪いですか、と私はムキになり、口説 (口論) したことがあります。又右衛門を取り上げ、修行者の範とすべく(なぜなら) あまりにも今の(柔道の) 試合がバカバカしいので。(『大日本柔道史』の中に田辺又右衛門の活躍の歴史を掲載するよう) お願いいたした次第です。(しかし叶わなかった。私は) もちろん利害関係など、眼中にも、心中にもありません。

[中略] (又右衛門は講道館の) 指南役連中と試合をして、ことごとく不利 (と判定され)、真直《しんちょく》なことが通らぬ不思議な世の中と (私は) 思いました。呵々《かか》 (大声で笑うさま)。か

くすることが、今の八百長まがいの試合を一掃する原動力になると思い――」

と書いている。(カッコ内は著者が補足)。手紙は昭和四五年に、丸山三造から中山英三郎宛てに書かれたものである。

そこで昭和一四年五月初版発行の『大日本柔道史』(丸山三造編著、財団法人講道館発行)を見ると(この本は、かなり厚い本で、厚さが八センチもあり豪華なものである)、巻頭に横山大観の富士の挿絵、嘉納治五郎の揮毫《きごう》にはじまり、枢密院《すうみついん》議長公爵近衛《このえ》文麿《ふみまろ》閣下、元大蔵大臣池田《いけだ》成彬《しげあき》閣下、前内閣総理大臣男爵平沼《ひらぬま》騏一郎《きいちろう》閣下などなど、以下、海軍大将、陸軍大将といった偉い人たちの揮毫がずらり続いている。嘉納治五郎の政財界での「実力」と人脈の広さが窺《うかが》える。

また巻頭の口絵には、講道館の写真のあとに、嘉納治五郎以下講道館長南郷《なんごう》次郎《じろう》先生(治五郎の甥《おい》)、講道館理事嘉納徳三郎などのほか、講道館の主だったメンバー、指南役である富田常次郎七段、磯貝一 十段、山下義韶十段、永岡秀一 十段、佐村喜一郎九段、飯塚國三郎九段といった、又右衛門と対戦したおなじみのメンバーの大きな顔写真がずらりと並んでいる。講道館柔道創設期の著名な功労者の面々である。もちろんそのなかに田辺又右衛門はいない。

前年の五月、嘉納治五郎は、国際オリンピック委員会（ＩＯＣ）のカイロ会議の帰り、船の上で亡くなっている。つまりその翌年にこの大部で立派な本は発行されている。いわば多大な業績を残した嘉納治五郎の総まとめ、そして追悼の意味にもなった。しかし、これだけの本だから、その編集には何年もかかったに違いない。前出の丸山三造の手紙には、「嘉納治五郎校閲」とあるから、刊行は嘉納が死んだあとになったが、かなりの部分は嘉納が読んでいたに違いない。そして又右衛門の紹介の文も読んだに違いない。

本の内容は、

第一篇、柔道の起源ならびに発展、変遷
第二篇、明治以降の柔道の興隆
第三篇、講道館の現勢
第四篇、昭和五大柔道大会

とあり、
第五篇が「柔道関係資料」とあって、大日本武徳会の大要などが述べられ、そして、第六篇が「柔道佳話」で、巻末に近いところ、さまざまな柔道の試合の熱戦やこぼれ話が載っている。

故 富田常次郎　7段

故 山下義韶　10段

講道館指南役
磯貝一　10段

講道館指南役
永岡秀一　10段

創設期からの講道館の業績のすべてを網羅した『大日本柔道史』は、1170ページにも及ぶ大部な本である。その巻頭に掲載された講道館創設時の功労者たち。田辺又右衛門と対戦した面々が顔を並べている。右上、富田常次郎は、嘉納治五郎の父親の徒弟で、治五郎が講道館を立ち上げたときの入門第1号。その後、アメリカに柔道の宣伝に行き、また、講道館のあらゆる雑事も引き受けた大番頭である。初期講道館の内部事情もすべて知っていた。

講道館指南役
飯塚國三郎　９段

講道館指南役
宗像逸郎　７段

講道館指南役
三船久藏　９段

講道館指南役
佐村嘉一郎　９段

講道館創生期の面々（右ページとも）　昭和 14 年に講道館から発行された柔道の総まとめともいうべき厚さ８センチにも及ぶ『大日本柔道史』の巻頭に出てくる講道館の高弟たち。

左ページ左上、田辺又右衛門と対戦した飯塚國三郎９段。右下、たびたび審判になって又右衛門に不利な審判をした佐村正明の息子佐村嘉一郎。

『大日本柔道史』を編纂した丸山三造の書いた田辺又右衛門の記事は、不遷流の流祖物外不遷の話と、又右衛門の子供のときの話だけになっている。講道館の重鎮たちと対戦した話は、第６篇第４章として田辺を取り上げたにもかかわらず、田辺が成人して講道館の面々と対戦した「活躍」ぶり、口述筆記の内容は、まったく書かれていない。「本当のことを書いてなぜ悪い」と丸山は、友人の田辺昌信に訴えている。

そのなかにも田辺は取り上げられてはいない。たんに第六篇の第四章として(独立して)「田辺又右衛門範士不遷流を語る」とある(八八八ページ)。おそらく丸山三造が直接、田辺又右衛門から聞いた話だったのであろう。たぶんこの部分が、講道館の高段者の面々からなぜ田辺を取り上げたのかと、丸山三造が「怒鳴られた」「口論になった」ところであり、そして、「肝心の部分を割愛《かつあい》された」ところだろう。だから第四章と独立してあるのに、話は簡単で短い。

内容は「不遷流の開祖拳骨和尚《げんこつおしょう》」と「待ったなしの荒修行」と小見出しがふたつで、最初のほうは流祖物外《もつがいふ》不遷《せん》の拳骨がいかに強かったかで、後半は、又右衛門の子供のころから一七歳のときまでの話である。曰く、小さいときからきびしい教育を受け、さらに柔道相撲で大きな相撲取りをつかまえるのに鰻《うなぎ》を捕る要領でつかまえたなど。しかも話は、そこで突然、終わっている。第四章として田辺を取り上げたわりには、短く、しかも不遷流の流祖である物外和尚のこと、そして田辺の子供のころだけである。

口述筆記にあったような、講道館の面々との試合などは、まったく触れられていない。おそらくその部分は、入稿前に全部削られたのであろう。わずか七ページ、尻切れとんぼで終わっているのは間違いないところだ。又右衛門の紹介にしてはあまりにもお粗末といわねばならない。核心部分がないからである。

いずれにしても講道館柔道の全歴史・総覧ともいうべき大部な記録である『大日本柔道史』

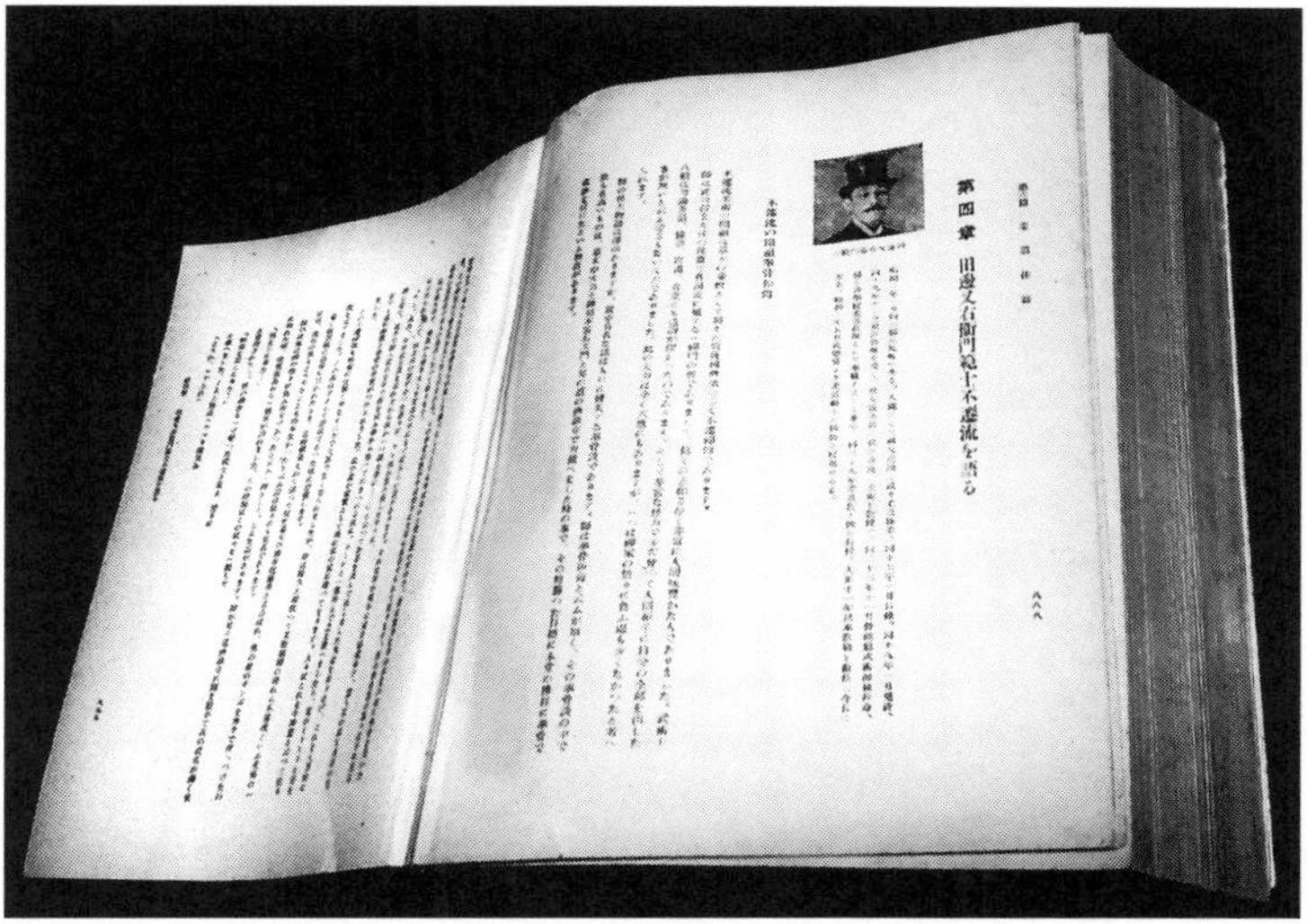

『大日本柔道史』　昭和14年、講道館発行。講道館創設期からの業績のすべてを網羅している。上は第6篇第4章、田辺又右衛門紹介の部分。

には、又右衛門が講道館の初期英雄たちと何度も戦ったことや、また試合のたびに引き分けにされたり、技を禁止されたりした肝心なことはまったく載っていないのである。また又右衛門に対抗するために、磯貝や永岡や佐村が三高にこもって死に物狂いで研究を重ねたことなど何も書いていない。

「その意味で不遷流田辺は講道館柔道完成の偉大なる推進力・刺戟《しげき》力となって日本柔道史上燦然《さんぜん》と異彩を放つ一大功労者というべきである」と中山和は最後に『矢掛新聞』のなかで、逆説的に、あるいは自虐的ともいうべきか、書いている。また、講道館が敗けないよう又右衛門の技をつぎつぎに禁止していったために、逆にみずからの技の幅を狭めたとも言える。柔術の技の後半部分、つまり高度な技を捨てたのである。

また、同じく第六篇の「柔道佳和」の第二章は、「海外における柔道」と題して、

一、コンデ・コマ猛威を振るう——として、キューバにおける前田光世《みつよ》（講道館六段）の活躍ぶり。

二、壮烈極まる日独肉弾戦として——ロサンゼルスにおける伊藤徳五郎五段がドイツの格闘家ベルンに勝った話。

三、外人の膽《きも》を奪った南郷官軍少将——としてのちの講道館二代目館長の南郷次郎（明治九年生まれ。海軍少将、嘉納治五郎の甥）がオーストラリアで活躍した話

などなどを紹介してある。

しかしここでは、イギリスで柔術教室を持ち、教科書を発行し、多くの弟子を養成した田辺又右衛門の直弟子、タロー三宅こと三宅多留次のことはまったく取り上げられていない。同じころ一緒にイギリスで活躍した谷幸雄、また同じく立派な柔術の英文テキストを発行した上西貞一も書かれていないのだ。したがって彼らの知名度はいまもって低い。

すでに序章で書いたように、明治三八年（一九〇五）と明治三九年にイギリスで発行された

上西貞一の柔術の教科書
ハードカバー、布張りの立派なテキストである。
　表紙。扉の上西貞一の写真。下の写真は3番目の絞めの形のA。明治38年（1905）刊。

PROFESSOR S. K. UYENISHI

THE TEXT-BOOK
of
JU-JUTSU
As Practised in Japan

Being a simple treatise on the Japanese Method of Self Defence

By
S. K. UYENISHI
(*Raku*)

Instructor to the following Colleges in Japan—
[illegible]
[illegible]
[illegible]
[illegible]
All Government Schools in Osaka.
and to
The Army Gymnastic Staff, Head Quarters Gymnasium, Aldershot

LONDON:
ATHLETIC PUBLICATIONS LTD.
Link House, Greville Street, Holborn, E.C.1

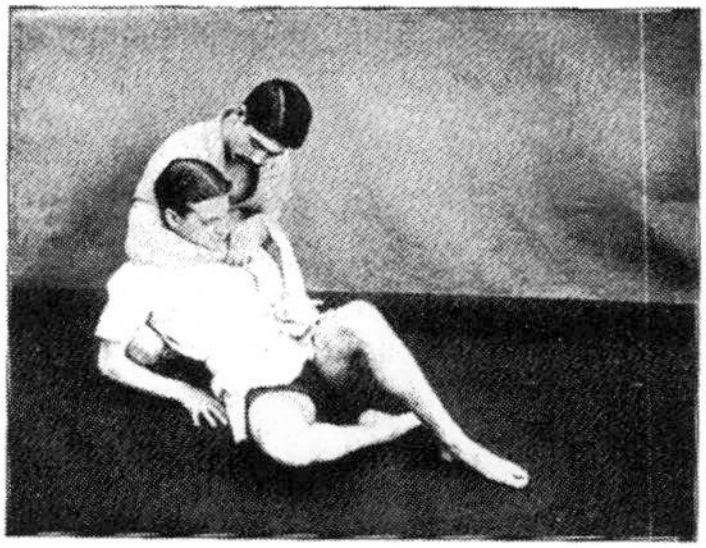
THIRD NECK HOLD "A"

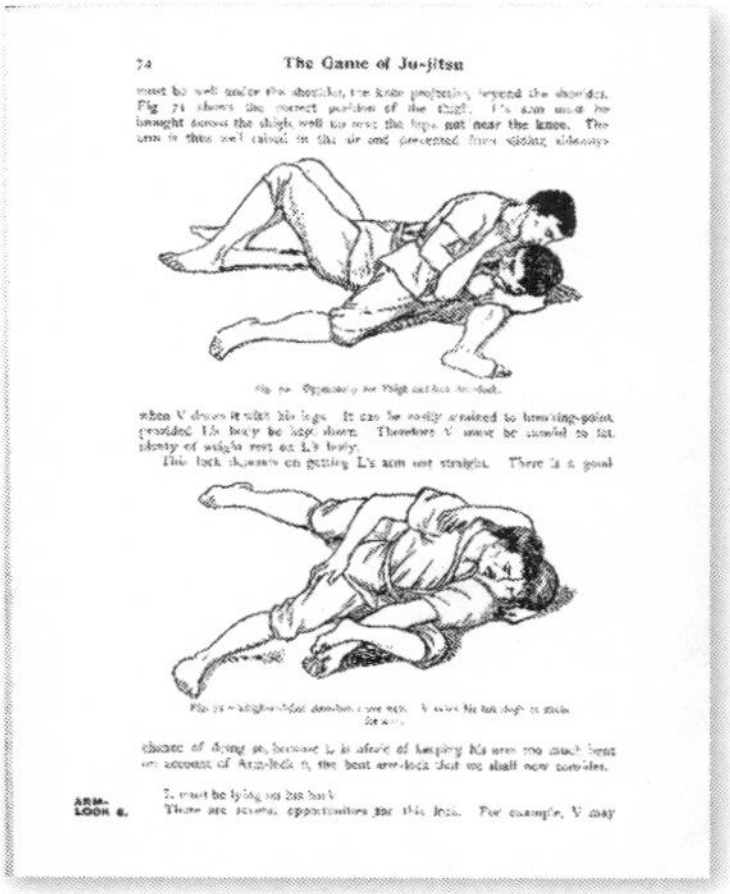
74 The Game of Ju-jitsu

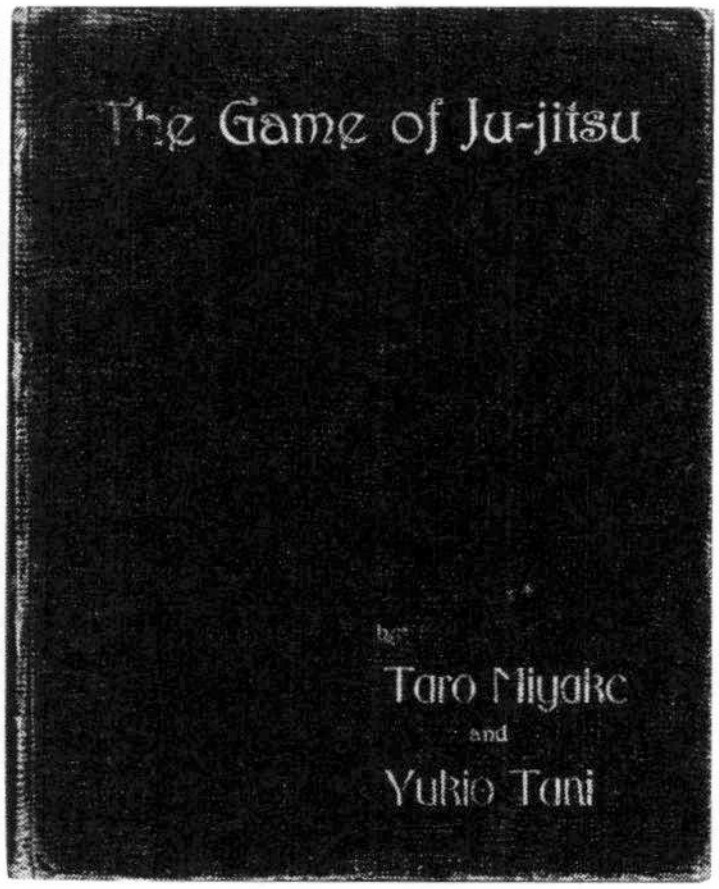

『The Game of Ju-jitsu』　又右衛門の弟子、三宅多留次（タロー三宅）がイギリスへ行って、谷幸雄と出した柔術の教科書。受け身、立ち技の次に、さらに高度な技術として寝技がくわしく出ている。明治 39 年（1906）発行

上西貞一と、タロー三宅・谷幸雄の柔術の本をみると、いろいろなことがわかる。

上西は明治三三年に二〇歳でロンドンに渡っている。彼らは外国に行ったほかの武術家と違い、ヨーロッパの強豪と試合をして見せるだけでなく、ロンドンにきちんとした道場を開き、「柔術教室」を開き、立派な教科書も発行している。

それによると、人間のバランスを崩す六つのパターンからはじまり、「腕を使って投げる」（The Ankle Throw）など一一の投げ技、「抑え込み」（The Arm Lock）が四種類、「絞め」（The Neck Hold）が四種類、と順に図入りで説明されている。基本的に人間の身体の機能を踏まえたうえで、相手をどのように転ばせるか、あ

るいは抑え込むか、そして最後は、絞めて動けないようにするかが、順序良く解説してある。柔術の最後の段階が寝技であることもわかる。

「われわれ世界に君臨する者」と豪語するイギリス人をして、「柔術は、今まで我々がまったく知らなかった人間の身体の科学である」と称賛せしめたという。これが「柔術」というものかと改めて思う。

いまの柔道が未完成のまま、途中で、立ち技と少しの寝技の段階で柔術を排除し、日本を席巻したことがわかる。明治三三年といえば、又右衛門が武徳会の本部の大会で、審判員を外されたり、横山作次郎に試合を申し込むが逃げられたり、また永岡秀一と試合をして、佐村正明の審判により途中で引き分けにされたころである。講道館が又右衛門の寝技にもっとも困っていたころである。

架空の柔道試合

『矢掛新聞』の短い連載で、中山和はまた、講道館派の小島貞二の書いた『真説講道館物語』がいかに「真説」と銘打ったウソを世に流布させたかを訴えている。

そのなかに、明治二八年一〇月の武徳会創立第一回講武大会《(ママ)》での磯貝と田辺の試合について、試合運びから戦いのようすまでをかなり具体的につづったものがあり、磯貝がどのように田辺を翻弄《ほんろう》したかを書いている。

タイトルは、「田辺戦わずして磯貝に脱帽」で、磯貝と横山のやわらの形を見ている場内のようすを、「田辺又右衛門の燃えるような瞳もその中にあった。負けた。そう思った。つい今のいままで、書生っぽに何ができるかと、小馬鹿にしていた磯貝の存在が急に大きなものになって、みるみる自分を追い越していくさまを、田辺は痛いほど感じていた」と述べている。

また、第三日目のようすを、「磯貝の誘いを田辺怒る」と題して、「磯貝二五歳、田辺二七歳、ぐいぐい引きずり回す田辺、聞きしに勝《まさ》るすごい力、足払いで戦端を切る。なんのとばかり田辺は倒す。田辺の起倒流《(ママ)》(不遷流の間違い)の投げ技も定評がある。つかみあげるような腰車、磯貝の身体が大きく浮いたが、体を沈めて裏投げ、ふたつの体が場外になだれ落ちる。「中央で勝負」と審判の声。(中略)磯貝得意の横捨て身が、そのとき爆発して田辺の体がうなりを生じて飛んだ。だが落ちるとき畳を蹴った田辺は、のりつぶすように磯貝の上に殺到していた。右に体を回転させ逃げる磯貝を追って、田辺は足首を捉えた。足首から田辺の執拗《しつよう》な攻撃が始まることを充分知っている磯貝は、その足をおもいっきり上げた瞬間、巴投げを掛けた。再び舞落ちる田辺の目にははっきり怒りが流れていた。寝技で挑み、しかもそのひとつのきっかけをみごとに外して攻撃を仕掛けてくる男。怒りの理由を磯貝はまた読み取っていた」というふうに描写している。

あくまで主体は磯貝である。

ところがこの試合は実際にはなかったのである。中山和は反論している。磯貝一の口述『わが七〇年を語る』では、明治二八年一〇月の二五日に、武徳会の大会は平安神宮で行われ、磯貝は岡山の近藤安太郎と闘い二勝していること。第二回は、磯貝は熊本の岡野《おかの》円治《みつはる》と戦い、一勝一敗の引き分け。第四回の明治三一年五月の台覧試合《たいらんじあい》では、永岡秀一と磯貝の試合が書いてあり、これは引き分けとなっている。つまり磯貝の記録にも、小島貞二の書いたような試合はまったくないのである。また、前述したように、田辺は明治二八年の五月に、日清戦争から凱旋《がいせん》し、九月から東京の芝区愛宕下《あたごした》警察署の教師として復職したが、翌年九月にはやめて郷里の岡山県長尾に帰っている。その年磯貝と戦った記録はない。

このような講道館の指南役の喜びそうなウソの「真説」が『真説講道館物語』として書かれている。こうした「真説」が世に横行し、また講道館の美化が行われているので、騙《だま》されないようにと、中山は注意を促している。

中山和は、東京を中心に全国制覇をめざす柔道に対して、田辺又右衛門が一矢《いっし》を報いている例として、さらに明治四四年一月一日の『神戸《こうべ》又新日報《ゆうしんにっぽう》』を取り上げて紹介している。それが「神戸の柔道界」という記事である。

「神戸は実に柔道をもって、天下の一敵国をなしうべし——。（田辺又右衛門）が京都武徳殿の勇士佐藤法賢《ほうけん》と、神戸で闘うを見たるに、秀麗なる又右衛門が、鬼面夜叉《やしゃ》のごとき佐藤を自由自在に追っつけ、しまいに佐藤が最後の一策として、田辺の絞め手を防がんがため、両手をもって（自分の）首を抱えてうつ伏せとなり、田辺をして如何《いかん》ともなしあたわざるの策にでれば、田辺はあくまで沈着なるようすで、悠々として双手を延べ、足先をとらえて、苦もなくこれを仰向けになし、その喉《のど》を押さえて絞め、勝利を制したる時は、来賓の外人または内村前警務部長などは、思わず手を打って、嘆賞《たんしょう》せり。——立ち技において、天下無敵の大勇、永岡秀一も、腰を据《す》えての闘いには、さすがに田辺には勝ちは譲らざるも、いまだ一回も田辺をたおせることとなし」

と、紹介している。田辺又右衛門の講道館派との一戦が紹介されているのだ。田辺の寝技から首締めを防ぐ手段として、講道館側が考え出した防御一点張りの手のことであろう。針《はり》鼠《ねずみ》がみずから体を丸めて身を守るのに似ている。永岡も田辺に対してこの手を使ったのである。これでは試合も何もあったものではない。

また中山は、すでに紹介したように、連載の最後に、磯貝や佐村や田畑(昇太郎か)・永岡らの講道館派の範士が「打倒田辺」を合い言葉に、三高の道場で夜な夜な、研究、修練したことを例にあげ、田辺又右衛門こそ、講道館柔道の成立の過程での最大の功労者であると述べている。

おそらく丸山三造も、「今日」の柔道の試合が「見ていておもしろくない」「だれが強いか弱いかわからない」「試合がもたもたしている」のは、柔道成立の過程で、さまざまな柔術の技を取り入れたにもかかわらず、さらに多くの技もまた禁止・排除したことにあるのではないかと言っている。

それはひとえに又右衛門を排斥したように、またその影で、同じように多くの地方の柔術家が涙を飲んだのだと言いたいのである——。前述した香川県の「当て身」をやる揚心流の平塚葛太も、ある意味では犠牲者かもしれない。それによって、突きや蹴りの伝統武術が、武徳会のなかで地位を失い、その結果、伝承されなかったからである。

墓石が語るもの

昭和六一年（一九八六）から翌一九八七年一月にかけて、又右衛門の弟子たちに会い、中山和さんに会い、最後に又右衛門の末の娘、田辺久子さんに会った。そのあとで私は、田辺又右衛門の墓を尋ねた。岡山県倉敷市玉島長尾の善昌寺《ぜんしょうじ》である。田辺又右衛門の生まれたところである。新幹線の新倉敷からそれほど遠くない、田んぼや畑の多い静かな田舎町である。昔は米・小麦のほかに、花筵《はなむしろ》にするイグサ、蚊取り線香にする除虫菊の栽培などをしていた。

建物はそれほど大きくないが、広い敷地の低い裏山の墓地をもつ古い寺。急勾配《きゅうこうばい》の屋根瓦が美しい。

屋敷森のような林に囲まれた山門を入ると、玄関口で若い住職に田辺又右衛門の墓を聞いたが、聞いたことがないという。まだ着任してそれほど時間が立っていないご住職だった。先代が生きていたら——ともいわれたが、私はせっかく東京から来たのだから自分で探してみるとお願いした。

善昌寺　田辺一族の墓がある。この寺の隣の家で又右衛門が生まれた。岡山県倉敷市玉島長尾。

古くから長尾にいた田辺家である。ないはずはないと思ったが、あるいは住職の言うとおり、本当にないのかもしれなかった。

本堂の北側に広い敷地が伸びていて、少し小山のようになっており、塀はなくその向こうにずっと墓が並んでいた。どこまでが寺の敷地かわからない。墓所は、小高い山の上にもたくさん並んでいて、早朝山《はあさやま》（早佐山）という。あとでわかったことだが、じつは本堂のすぐ裏に古い井戸があり、その井戸と小さな昔の山門――いまの山門とは反対側にある門とのあいだに、昔は納屋《なや》があり、その納屋で三世田辺虎次郎が晩年「盛武館」という道場を開き、地元の青年たちに柔術を教えていたという。納屋の傍には古い柿の木があったとも。納屋も、柿の木も今はない――。

私が寺を訪ねてから三〇年目に地元の郷土史家小野正道さんからいただいた地図に、そのことが書かれていた。虎次郎は、それ以前に京都の粟田口《あわたぐち》の青蓮院《しょうれんいん》に同じく門人二〇〇〇人がいたという盛武館を開いているから、歳を取って郷里に帰り同じ名前の盛武館を開いたのだろう。また古い山門の外、すぐ東隣に田辺虎次郎の旧宅跡があり、そこで又右衛門も育ったという。いまは建て替わっているが、又右衛門が神戸に出て行ったあと、又右衛門の妹が住んでいて、いまはその末裔《まつえい》の方がいるらしい。

私は、自分で言うのもおかしいが、墓捜しは得意である。これまでにもいろいろな墓を訪ね歩き、時代による墓石の形の変遷や、江戸時代の殿様の墓や献灯、平泉にある「西南の役」の荒削りの「罪人」の墓とか、あるいは日清日露の戦役の特徴ある先のとがった立方錘《りっぽうすい》の墓石、墓誌など見て歩いた。それぞれ形に特徴がある。またたくさんの墓のなかから、めざす墓を捜し当てたことも何度かあった。

たくさんの墓を見ながらしばらく歩き回り、もう諦めようとしたとき、最後の小山の縁に、はたして又右衛門の墓があった。しかも父親の虎次郎も祖父の禎治、久子さんの夫の田辺辰男の墓もあった。そのうえ、又右衛門と父虎次郎、二世武田禎治には、傍に大きな顕彰碑《けんしょうひ》も立っていた。何年かのちに、私の知人も探しに行ったが、結局わからなかったという。戒名《かいみょう》や諡《し》号《ごう》で書いてあるからわからなかったのである。

田辺一族がすべてここに並んで眠っていた。しかも大きな顕彰碑まであるのに、「なんで住職が知らないのか」と私には、まずそのことが情けなく思えた。地元でもすでに田辺家のことは忘れ去られているのか――。

いずれにしても不遷流柔術の三代にわたる一族の人間の歴史が、すべてここに眠っているのである。それどころかのちにわかった村の古文書によると、虎次郎・又右衛門に繋がる長尾の田辺家は、ずっと遡れば、鎮守府将軍藤原秀郷《ふじわらのひでさと》で、第一九代の田辺義昌は、中興の祖として、焼けた善昌寺そのものを再建している。

不遷流三世田辺義貞先生之墓というのが虎次郎の墓である。傍に又右衛門の墓も。「真剛院武徳仁道居士」というのが又右衛門の戒名である。奥さんの名前も並べて彫ってあった。それから娘の久子さんの連れ合いだった田辺辰男《たつお》の墓には、「故陸軍大尉、田辺辰男。柔道七段。昭和一四年田辺家に婿養子。性豪にして快。まさに不遷の後継者たり。東亜戦に召されて各地に転戦。勲を樹《た》つ。昭和二〇年六月二三日、沖縄本島、摩文仁《まぶに》の激戦に於て戦死す。嗚呼《ああ》。行年三〇歳」と。終戦の一か月半前に、久子さんも若くして未亡人になった。

また又右衛門の弟（三男）の武四郎の墓は小さく、「虎次郎次男、従軍千征露《せいろ》之役《えき》、明治三七年一〇月一六日清国、萬宝山戦死、享年二〇有五、以功叙」とある。不遷流の大事な跡継ぎを三人も戦争で失っているのである。田辺家も不運としか言いようがない。

虎次郎と又右衛門の顕彰碑は、それぞれ立派で大きかった。虎次郎の石塔は、おそらく又右衛門がその建立にかかわっていると思われる。

又右衛門の顕彰碑は、「田辺笑山先生の碑」と書かれ、その下に漢文で、というか日本語をそのまま漢字だけで書いたような文体で、つぎのように書かれてあった。

明治二年一月一五日生

幼好武　研鑽《けんさん》多年　遍歴諸国　枝圓熟遊大阪　斯道無比関西　奉職警視廳　屡《しばしば》破講道館

其他各派強剛　以轟盛名天下　歴任伊丹姫路　不惑定住神戸　新築遷武館　開接骨院
武徳会創立後受精錬證以教士　制定武徳型　受有功章叙勲七等進範士　一代記未刊行
晩年嗜書画骨董及茶能　偶罹戦災焼亡之移干鵤《いかるが》　終不起　昭和二一年一月二一日歿
七八歳

とある。また、そのあと戒名と家の跡継ぎ、娘久子の婿養子である辰男が戦争で亡くなったこと。また遺児（孫）の武彦・忠男がまだ小さいので、門下生一同が相談してこの顕彰碑を建てたとある。この碑が建てられたのは、昭和乙未立秋とあるから昭和三〇年（一九五五）である。又右衛門が亡くなってから九年目である。

二人の子供を抱えて未亡人になった久子さんをはじめ多くの弟子たちも、戦争で失業したり焼け出されたりで、終戦後の困窮のなかを生きて、やっと九年目に少し生活が落ち着き、金を出し合って、顕彰碑を建てたと思われる。碑文の最後に「旭水中山秀撰並書及題額」とあるから、実弟の中山英三郎が書いたことが分かる。

私が驚いたのは、又右衛門の生涯を書いた碑文のなかの「一代記未刊行」という部分である。わざわざこの一文を入れたのは、なんらかの理由で一代記が出せなかったことを、遺族や門弟一同が非常に残念に思っていたのに違いない。口述筆記の巻頭にある序文を長谷川観山が書いたのは昭和七年五月であるから、それよりも少し前に聞き取りが行われたものと思えるが、それからほぼ一四年後、終戦の翌年に又右衛門は亡くなり、さらに九年目に顕彰碑が建てられている。が、やはりその時点でも、一代記が出せなかったことを悔やんでいるのだ。

あとで考えると、六九歳の久子さんが、はじめて会った見ず知らずの私に託した四冊の冊子。昔の横罫線紙を縦に使い、手書きでぎっしりと写した、全部で五四六ページもあった。かなりの労力と時間がかかったであろう。又右衛門が死んでからでも四一年の歳月。その間思いつづけていた久子さんや高弟たちの思いに、そのときの私はまだ気づいていなかった。

私はそこにずいぶん長い間たたずんで、墓誌の戒名や裏に書かれている経歴、とくに顕彰碑は読みにくかったが、一文字一文字すべて写しとった。とりわけ多くの弟子たちが、田辺又右衛門の顕彰碑を建てるべく努力した旨がよくわかった。

ひとりの人間が死に、その人に世話になった人たちが集まって顕彰碑を建てる――。弟子たちがお互いにいろいろな人と連絡し合って、何度も会合し話し合ったのであろう。おそらく金もかなりかかったに違いない。しかし、みんなが師又右衛門の死を悼《いた》み、また功績をたたえて、どうしても顕彰碑を建てたいと思ったに違いない。講道館に対抗して、孤軍奮闘し、またあれほど強かったにもかかわらず報われなかった――。そういった思いもあったであろう。碑ができてからも、何度か、師の命日には、この碑の前に弟子たちが集まったに違いない。

田辺又右衛門の墓と顕彰碑　昭和 21 年 1 月 21 日、終戦で道場と診療所を焼かれ、失意のもとに 5 か月後、兵庫県太子町鵤の仮住まいで 78 歳で亡くなった田辺又右衛門（笑仙）。9 年後の昭和 30 年秋に多くの縁者・門弟たちが、長尾の善昌寺に建てた立派な顕彰碑。田辺又右衛門の業績の最後、顕彰碑の真ん中に、わざわざ「一代記未刊行」とあるのは、一代記も出せないことになんらかの事情があったことを窺わせる。遺族や多くの弟子たちの遺恨が感じられる。岡山県倉敷市玉島長尾。

不遷流 2 世武田禎治と 3 世虎次郎義貞の碑。

そういった光景さえ浮かんでくる。

だがしかし、月日はさまざまなものを消し去ってしまう。菩提寺《ぼだいじ》の住職さえ、田辺の名前すら知らないのだ。碑の裏面に、「高弟発起者」の名前が二八人彫ってある。私が聞き取りに当たって出てきた名前、会った人もその父親の名前もある。しかしその多くはすでに高齢化し、また鬼籍に入っている。

田辺輝夫・中山英三郎・小野幸四郎・大石在久・波多野金造・根木金一・今井役恵などの不遷流の仲間や、私の知らない弟子たちの名も。時は否応《いやおう》なく流れ、恩師、田辺又右衛門を直接知っている人もやがてひとり残らず、この世から姿を消すだろう。そうすれば、田辺又右衛門そのものも、そして、この碑の存在すら完全に忘れ去られるのである。

人の遺徳を偲《しの》ぶのは、恩師が死ねば、せいぜいその弟子か息子の代までなのであろうか。孫の時代はもう関係のない赤の他人となる。損得を考えず、武骨に、ひたすら自分の信じる道を生き、そして逝《い》った田辺又右衛門。その生き方そのものも、だれも振り返ることがなくなるのだ。それが人の世の常かもしれない。

追記

終戦の年、神戸は何回目かの空襲にあった。一〇〇機ものB29の編隊が、爆弾や焼夷弾《しょういだん》を何千発と落とした。とくに三月一七日の空襲は、兵庫区・林田区・湊東区に集中した。焼夷弾は、市内の木造家屋を瞬く間に火の海とした。田辺又右衛門が五四歳にしてはじめて建てた、それも知り合いの須磨のお寺に借金までして建てた赤壁道場こと遷武館も燃え上がった。又右衛門の生涯かけて辿《たど》りついた自慢の道場だった。又右衛門は、最後まで生涯の弟子の小野幸四郎と毛布をかぶって、家を守ったという。

中山英三郎のもとにあったものか、あるいは長尾の役場か、はたまた善昌寺か、出典ははっきりわからないが、郷土史家小野正道さんの持っている筆書きの資料には、被災から移転、さらに又右衛門の埋葬までのようすがつづられている。

「昭和二〇年（一九四五）三月一七日神戸戦災焼失（田辺又右衛門一家は焼け出されて）山上正夫氏、田辺輝夫氏（宅）等へ（それぞれ）五、六日居り、鵤町《いかるが》（兵庫県太子町）上阿曽《かみあそ》、長谷川重夫方へ落着、四月二五日通知、久子よりくる。後、舎宅二九号へ入り、また三〇号に移り、死去す。遺族は第八号へ入る」とある。

舎宅とは終戦間際につくられた東芝のガラス工場の社宅なのであろう。なんらかのつてで田辺一家が入れたのだ。母と娘久子、その息子ふたり、武彦と忠男が一緒だったと思われる。田辺又右衛門に関する最後の記録である。

　虎の子の道場と治療所を焼かれ、失意のもとに弟子や知り合いをたどって転々とし、最後に兵庫県の西、太子町鵤の長谷川重夫宅（関係は分からない）に身を寄せ、それから近所にあった東芝が建てた社宅に入れてもらったのであろう。又右衛門の落胆はいかほどであったか。そのうえ被災から一年とたたない間に又右衛門は死んでいる。文書にはまた、「昭和二三年一月二三日、長尾町早佐山《はあさやま》（早朝と書く場合も）、中山英三郎墓地へ埋骨す。田辺又右衛門昭和二一年一月二一日歿、真剛院義和精道居士」、隣に、「田辺辰男　昭和二〇年六月二三日歿　三〇歳、義光院晴厳道居士　養子、元陸軍大尉於沖縄麻支天戦死」、さらに「右又右衛門分骨、武徳院精道笑仙居士トシテ祭之中山英三郎」と書かれている。

　分骨の参列者は、「玉島三宅賢一、神戸田辺輝夫、同山上政夫（ママ）、鵤田辺勝子、鉾島小野幾太郎夫人、長尾早佐三宅町子（又右衛門の妹か）、早佐本屋田辺豊三郎翁、以上九名ほか子供二、三人」、その他、「中山供物矢掛パン二〇個、代金五〇円也、ほか一、三茶菓子云々――和歌二点、〇色紙〇」などと読める（精道は仁道の間違いか。麻支天は摩文仁。政夫は正夫が正しい）。

　又右衛門分骨の意味はよくわからない。一度仮埋葬したのかもしれない。昭和二〇年三月に焼け出され、八月に終戦、そして田辺は七か月後に亡くなっているからである。新しく墓

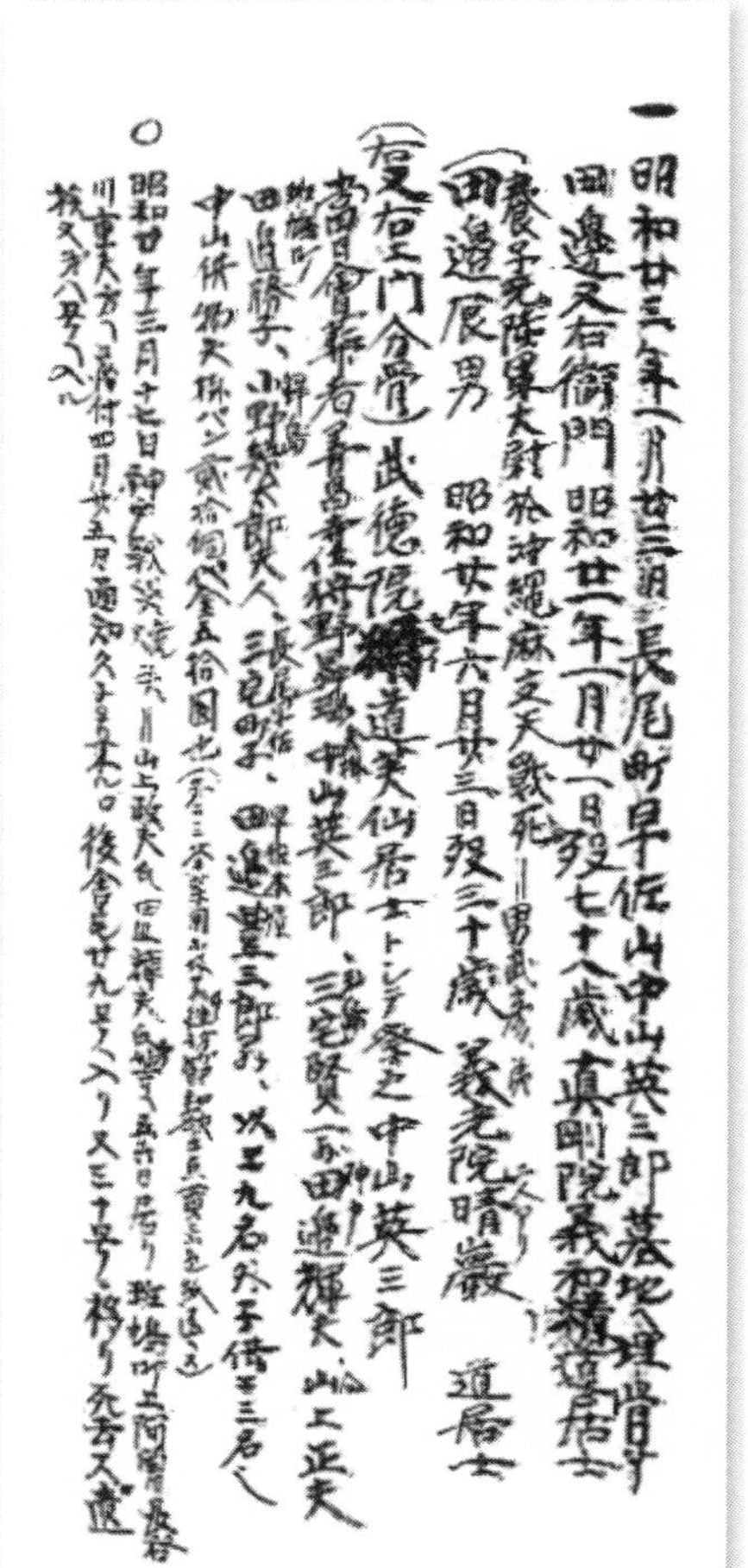

田辺英三郎が書き残した長尾に伝わる文書　昭和 20 年、田辺又右衛門は神戸空襲で被災、太子町鵤に避難、仮住まいでの逝去までのいきさつを、娘の久子がおそらく中山英三郎に知らせた記録と思われる（文書には精道居士とあるが、墓石には真剛院武徳仁道居士とある）。郷土史家小野正道氏提供。

を建てる余裕もなかったのであろう。

おそらくのちに改めて墓を建て、顕彰碑も建てたかもしれない。いずれにしても、養子に行った実弟の中山英三郎が一族の柱となり、兄又右衛門や辰男の最後の世話をしたことがわかる。

また、文書からは、夫に戦死されふたりの子供を連れた娘の久子は、空襲後、一年足らずのあいだに、父と母と子を連れて狭い社宅へ移転したことや、又右衛門の最後のことまでを、中山英三郎に細かに書き送ったものと思われる。

講道館の強豪を相手にして生涯闘い続けた柔術家田辺又右衛門の最後としてはまことにわびしい死であり、そして質素な埋葬であった。その後、ふたりの子供と義母カツを抱えて久子は、終戦後の生活苦をどのように生きたのであろうか——。東芝に勤めたとも聞く。あとになって、私が口述筆記の重要さに気付き、そのときになって鶴町上阿曾、長谷川姓の家を何軒も尋ねたが見つからなかった。また長男武彦のいた姫路市夢前台《ゆめさきだい》の団地も調べた。古い住民台帳には名前があったが、これも死亡を確認した。どんなにあとを追っても、月日の流れは早く、待ってはくれないのである。

あとがき

人間の歴史の中には、大きな功績を残し、名をあげ有名になった人も多い。しかしその英雄と同じか、あるいはそれ以上の能力を持ちながら、その能力のためかえって疎外され、排除され、英雄の影で消えていく人間もいる。

皮肉なことに、能力を持たない人間でも、英雄に取り入り、取り巻きとなって、ある場合は後継者となって名を成す人間もいる。これを後押しするのが、「世間」という大衆であり世論である。マスコミもこれに同調する。

「世間」という大衆は、必ずしも賢くない。むしろ愚かな場合が多い。この愚かな大衆が、歴史を動かす場合も多いのである。動き出したらなかなか止められないのだ。

歴史上の名もない人間を追いかけて二〇年がたった。

『草原のラーゲリ』では、日本の高等教育を受けた満州蒙古の北辺のモンゴル人の生涯を書いた。世が世であれば、興安総省のアンブン（知事）になった男だ。その男が共産主義という世の中の流れの中で、三〇余年という歳月を、監獄と強制労働という人生を送った。長い間彼の命を支えたのは、「いつか故郷に帰って『汚名』を晴らす」ことだったという。故郷もまた「世間」なのである。

『舞鶴に散る桜――進駐軍と日系アメリカ情報兵の秘密』では、あの日、真珠湾のなかで日本軍の攻撃を受けたハワイ移民の子が、やがてアメリカ兵として戦争に参加し、太平洋の島々で戦い、進駐軍として日本にやってくる。「祖国」の山河は荒れ果てていた。アメリカ軍の無差別爆撃で日本中の都市は焼け野原であった。舞鶴に駐屯してシベリアから帰って来る多くの日本人捕虜を取り調べた。自分はアメリカ人なのか、日本人なのか。揺れ動く心のなかで、港の見える舞鶴の丘の上に桜を植えるのだ。その後ハワイに帰っても彼はそのことを四〇年間隠し続けた――。

田辺又右衛門の生涯も、父の遺言にも似た口述筆記を世に出したいという年老いた娘さんの悲願であった。その願いを私は彼女の生前に果たせなかったことを大変申し訳なく思う。せめてあのとき、はじめてお会いしたときに気が付いていればと今になって思う。あのとき会った今は亡き多くの高弟たちもまたそのことを望んでいたのである。

今、やっとその念願が果たせることに安堵《あんど》している。この出版を快く引き受けていただいた敬文舎の柳町敬直さんに感謝したい。

田辺又右衛門略歴

口述筆記をもとに作成したが、話が前後したり、年号のはっきり書かれていない記述もあり、その部分については前後関係から推測した。また本人の口述が「数え年」と思われるところもあり、その場合は年号を優先し、できるだけ満年齢とした。


寛政7年3月（1795）　不遷流流祖、武田物外、松山に生まれる（寛政六年説も）。

文政元年（1818）　不遷流二世、武田禎治生まれる。松平豊前守に仕え玉島陣屋に道場「不遷舎」をつくる。

天保10年12月（1839）　不遷流三世、父田辺虎次郎生まれる。維新後、虎次郎「盛武館」をつくる。門人二〇〇〇名とも。善昌寺再建。

万延元年（1860）　嘉納治五郎生まれる。

明治2年1月（1869）　不遷流四世、田辺又右衛門、岡山県浅口郡長尾で生まれる。

明治15年（1882）　13歳　岡山県邑久郡の上寺で柔術の試合に出る。嘉納治五郎講道館を設立。翌年起倒流皆伝。

明治18年（1885）　16歳　備中国河内村中島で柔術相撲大会で釘抜部屋の巨漢大龍と闘う。

明治22年12月（1889）20歳
早秋、大阪に上り半田彌太郎先生の道場へ。
高井栄太郎先生、秋山多吉郎先生の道場で剣道もやる。
暮れ、曽根崎警察署の道場で坂田団次と試合。
岡山の起倒流野田権三郎道場へ。
竹内流片岡平之進道場で片岡仙十郎と会う。
明治23年9月（1890）21歳
又右衛門兵隊へ。現役志願広島歩兵二一連隊に入隊。
10月
帰休除隊。
父虎次郎より不遷流免許皆伝。
東京へ。芝区高輪警察署の片岡仙十郎のもとへ。
11月
神田区小川町警察署柔道教師を拝命。
明治24年（1891）22歳
戸張瀧三郎と第一回目の対戦。
山下義韶と対戦。
松田魁輔と対戦。
神田連雀町の天神真楊流の水谷先生に整復術を習い始める。
明治25年（1892）23歳
戸張瀧三郎と再戦。
戸張と片岡とが喧嘩。又右衛門、戸張と三回目の対戦。
講道館に対して片岡仙十郎を中心に岡山の寝技組が抵抗、結束を誓う。

明治26年（1893）24歳　夏、三週間の休暇を貰い受け帰郷。田舎で天狗成敗。玉島の羽黒神社で馬場七五郎に会う。突然、警視庁より免職の通知が来る。

明治27年（1894）25歳　日清戦争に従軍。一年間戦地に。

明治28年5月（1895）26歳　凱旋。

9月　愛宕警察署に欠員があり復帰。同じ頃、片岡仙十郎がなぜか東京を去り、台湾に転勤。この頃、警視庁、月例試合を廃止。

大日本武徳会設立。

明治29年10月（1896）27歳　警視庁柔道教師をやめ帰郷。長尾で盛武館道場を開く。不逞漢、勇次を成敗。

明治30年（1897）28歳　大阪の半田弥太郎先生のところを尋ねる。半田先生と伊丹の小西新右衛門（清酒白雪醸造頭首）のところに行き、そのまま小西道場（修武館）に居つく。

明治31年1月（1898）29歳　武徳会本部の稽古始めに磯貝一と対戦。三、四月の頃、三十三間堂で皇太子（後の大正天皇）の臨席で講道館の広岡勇司と試合。

明治32年5月（1899）30歳　磯貝一と大日本武徳会総裁宮殿下の前で対戦。審判は佐村正明。

武徳会本部の大会のとき、第三高等学校の道場で嘉納治五郎「足挫き」の技を禁止にする。

明治33年（1900）31歳　武徳会本部の大会前に田辺、審判を外される。

審判法「改正」。

講道館の横山作次郎に試合を申し込むが逃げられる。

永岡秀一と試合をするが、引き分けに。審判は佐村正明。

秋頃、広島の松田魁輔先生のところで、大歓迎を受ける。

講道館の横山作次郎から、東京帝国大学の教師にならないかと誘われるが断る。


明治35年（1902）33歳　伊丹の小西道場を去り、姫路へ。兵庫県の警察柔道教師に。骨接ぎを開業、稽古襦袢の製作。経済的に困窮する。

磯貝一と二回目の公開戦。


明治36年（1903）34歳　福岡修猷館の飯塚國三郎と対戦。審判は佐村正明。

明治37年頃（1904）35歳　佐村正明、卒倒す。


明治38年（1905）36歳　兵庫県の大会で佐藤法賢と対戦。

5月　旅館「沢文」へ嘉納を訪ねる。

秋、永岡の対田辺への新戦法。

明治39年（1906）37歳

磯貝一と対戦。

大日本武徳会制定柔道形の会議。

武徳会の形制定のとき、嘉納治五郎が武術各派の代表に、各派秘伝の「一子相伝の技」を見せるよう要請。香川県の突き、蹴りの形専門の平塚葛太が反対。

明治41年（1908）39歳

武徳会神戸支部発足につき、警察部長内村より姫路から神戸に移転するように勧められる。

磯貝一と福岡で最後の試合。

嘉納治五郎から田辺に、不遷流には活は何本あるか聞かれる。

明治42年頃（1909）40歳

戸張瀧三郎と最後の試合。

田辺、嘉納から「捲き足」禁止を提案される。

明治43年（1910）41歳

旅館「沢文」に行き範士号を嘉納に談判。

その三、四年後、佐村嘉一郎から「我を折れ」と言われる。

明治44年（1911）42歳

有馬温泉行で手が凍傷になる。

嘉納治五郎と永岡、又右衛門を誘って洋食屋で「捲き足」の禁止を提案。

弟子の政友会、内田信也が相撲取りを呼んで自分の道場で武術大会。

嘉納治五郎が来て田辺に仁義を切る。

大正11年（1922）53歳　神戸新開地の三角公園の端、湊町四丁目、田辺の「骨接ぎ」の奥のマッチ工場の二階に道場を作る。

昭和2年5月（1927）58歳　又右衛門、銓衡委員の佐村嘉一郎を訪ね直談判。範士になる。

昭和7年5月（1932）63歳　兵庫駅の三川口町に遷武館（赤壁道場）を建設して移転。

昭和13年5月（1938）　口述筆記の長谷川観山の序に、年号が書かれており、この頃弟子の砂本貞により口述筆記が書かれたと思われる。

嘉納治五郎ＩＯＣ総会から帰国途上、氷川丸にて死去。七七歳。勲一等旭日大綬章受章。

昭和14年5月（1939）　『大日本柔道史』刊行。編著者、丸山三造。

昭和17年9月（1942）　講道館七段、富田常次郎の息子、富田常雄が小説『姿三四郎』出版。

昭和18年3月（1943）　黒澤明監督の映画「姿三四郎」封切り、大ヒット。

昭和20年3月（1945）77歳　3月17日　神戸大空襲。「遷武館」焼失。

昭和21年（1946）78歳　1月21日、又右衛門、太子町鵤上阿曽にて歿。

昭和27年（1952）　月刊『冒険王』で福井英一「イガグリくん」連載開始。少年誌で柔道漫画が全盛期に。

昭和30年（1955）　秋、又右衛門没後九年目に、実弟、中山英三郎、五世田辺輝夫ほか弟子たち二八人により、郷里の倉敷市玉島善昌寺に顕彰碑「田辺笑仙先生の碑」が建つ。

話を聞いた人

すでに書いたように、本書のもとは、田辺久子さんからいただいた、田辺又右衛門の弟子、砂本貞(高知県人、昭和二年(一九二七)頃不遷流《ふせんりゅう》二段)が書いた「口述筆記」四冊である。砂本貞は、のちにこの口述筆記を『高知新聞』に連載したとあるが、確認できなかった(高知県図書館でも長期にわたり調べたが、空襲のため全部は残っていない)。

著者が書いた地の文の多くは、田辺右又衛門の弟子の方たちに昭和六二年から六三年にかけて取材して聞いた部分が多い。その人たちを以下に掲げる。

榊原忠雄

父親は榊原則正《さかきばらのりまさ》。尾道市長江。不遷流二段。忠海中学を出てから昭和二年より田辺の道場に行く。父親も又右衛門の弟子で、息子を又右衛門に預けた。整復術と接骨を学ぶ。一時満州へ行き満鉄で柔道を教える。後に自分の道場を赤く塗った。榊原さんは、皆伝の巻物すべて五巻を持っていた。また当て身各種、金的蹴り、また首絞めのやり方など、具体的に詳しく教えていただいた(明治四四年~没年不明)。

中山和

父親は又右衛門の実弟中山英三郎。英三郎は文武ともに秀でた不遷流の後継者で、歴史研究家としてもさまざまな文章を残している。三世虎次郎の古文書も中山家から出てきた。また英三郎の資料をもとに、息子、和が書いた柔術整理ノート「不遷流記事」の写しもいただいた。これには物外《もつがい》不遷和尚《おしよう》の弟子六〇名、虎次郎の弟子五〇数名、又右衛門の弟子二〇数名を書いた系統図もあった。また中山さんには、不遷流の初伝から皆伝などすべて見せていただきコピーもいただいた。終戦時不遷流三段（昭和三年～平成二一年）。

今井役恵

浅口郡鴨方《かもがた》出身。明治三八年生まれ。大正一〇年、一七歳で、まだ湊町にあった田辺の道場に入門。後に東京に出て講道館にも。父親今井行太郎がひとりになったため再び郷里に帰り、又右衛門のところに。又右衛門先生は厳しい人だったがやさしかったと。後継者田辺輝夫に手を取って教えてもらう。遷武館を建てるとき、又右衛門が須磨の源正寺（もみじ寺）に借金をしていたので、毎月の支払いを、今井が持って行っていた。先生の留守に、二階の不遷流の巻物を見ていて見つかったが、怒られなかったという（明治三八年～没年不明）。

田辺昌信

田辺輝夫の息子。森後町で産婦人科医。若いとき講道館で修業。そのときの仲間が『大日本柔道史』を編纂した丸山三造。丸山から、「又右衛門のことを書いて講道館の高段者たちから突き上げられた」という話を聞かされた。妻富子さんもご存命で終戦当時の話を聞く（大正一一年〜平成二七年）。

父親の田辺輝夫は不遷流五世で同じ長屋の早朝田辺家の名門。早くから親に死なれたため又右衛門が引きとって面倒をみていた。又右衛門の長女と結婚、不遷流を継いだ。テルオ先生は弟子思いの、人に頼まれたらいやと言えない極めて善良な人柄だった。

大石在久

灘区徳井町、接骨医。小学校一年から六年まで習った。その後兵隊へ。外地で一三年。内弟子時代は、又右衛門の治療室を四、五人で手伝っていた。見習いのときは、下足番をした。蛇が蛙を飲み込むように、パッとつかんだら絶対に離すなと、教わった。ほとんど寝技ばかり練習していた。岡山の六校が寝技が強いのは、田辺先生のお蔭である。かつて内弟子仲間の大島、秋田は今でも接骨医をやっている（大正三年〜没年不明）。

小野幸四郎

玉野市和田。明治四四年生まれ。接骨医。中学校を出てから、ずっと田辺又衛門の内弟子。終戦時も同じ敷地内で被災。その後、東畝の父親と同居していたがここも被災して、玉野に移った。三世虎次郎の娘の孫。又右衛門のことは一番よく知っている。田辺輝夫の後、不遷流の後を継ぐ予定だった。生涯三度兵隊に行っている。

幸四郎は遷武館時代、朝は武徳殿に、昼間は輝夫先生について神戸高等商船、関西学院高等部など柔道部を教えて回り、夜は遷武館で練習をした。三宮の先に弁天波止場（メリケン波止場）があり、洋館の萬国倶楽部に輝夫先生の教場があり、たくさんの外人に、武道を教えた。外人女性に寝技を教えてくれと言われて困った。ポルトガル公館に勤めていたアカシオ・メンドーサは熱心な弟子であった。弟が三宮で「ルイス・ストア」という百貨店をやっていた。小野さんには、遷武館に来ていた当時の弟子をたくさん紹介してもらった。おかげでいろいろな人に会うことができた。（明治四四年～没年不明）

波多野金造

神戸市日暮通り、接骨医。明治三六年生まれ。一六、七歳で田辺道場に入門。まだ湊町四丁目の（借家の）道場の頃から。通りに面して、ガラガラという玄関戸の田辺先生の骨接ぎがあり、その横の通り庭を入っていくと、マッチ工場の倉庫の二階に道場があった。その後遷武館を建てたとき、湊川神社で、遷武館という立派な優勝旗のようなものを作り、入魂式をやった。田辺の道場に通う者は、「遷友会」に入ることになっており、会費は二〇銭。そのほか道場を使うのに一円かかった。遷友会にはその頃三〇〇名くらい会員がいた。遷武館の窓は、それまでの道場によくあるように、外から練習風景が見えるようなスライド式の閉開窓ではなく、ガラスが入っていた。そしてその外に鉄格子があった。中からは稽古中にぶつかっても窓ガラスが割れないように、窓は床からかなり高いところにあった。今井役恵と同年配。

根木佑一

父親は金一。邑久郡出身、姫路市在住。親子で又右衛門の弟子。父親は姫路中学教師。又右衛門の愛弟子。又右衛門の作った襦袢を、根木金一も手伝い、それを藤本政吉が後に不遷流の襦袢として販売した。上半身が紐を編んだような布で作られていた。寝技のとき背中や、肩をすりむかないのである（佑一、大正五年〜平成一四年）。

藤本祥二

（昭和一七年生まれ）藤本政吉の孫。政吉は、姫路で老舗の仕立て屋。足袋、作業着、のちに柔術の稽古襦袢をつくった。姫路に来た田辺又右衛門に弟子入りし、明治三九年、不遷流初段、その後目録、口伝、秘極千金の巻、など六年かかって「免許」となっている。同じ姫路の又右衛門の片腕、根木金一の弟弟子にあたる。藤本政吉商店は、「田辺又右衛門先生考案の新案柔道稽古襦袢」を広く兵庫県や大阪まで売り出した。政吉商店については『近代日本の衣服産業――姫路市藤本仕立て店にみる展開』岩本真一・著　思文閣に詳しい。また姫路からは、後のフランス柔道界の父とも呼ばれる河口酒造之助も出ている。

小野正道

（昭和二二年生まれ）長尾在の郷土史研究家。中国銀行を退職後、若いころから続けてきた郷土の旧家田辺家、小野家の歴史資料を収集し研究。不遷流三世田辺虎次郎の書いた『備中國長尾田邊氏文書』（明治三五年写）や中山英三郎（旭水）の書いた『長尾村人物伝編稿』（大正一五年）などから多くの史実を教えていただいた。また長尾の田辺一門と深くかかわりのあった善昌寺の歴史にも詳しい。

参考資料

◉中山和「田辺又右衛門」『矢掛新聞』（五回連載）、一九八六年。

◉金光彌一兵衛「岡山県柔道史概要」岡山県警察本部編『行楽』（連載）、一九五四年。

◉丸山三造編著『大日本柔道史』講道館、一九三九年。


嘉納治五郎の生涯を掛けて築き上げた柔道の始まりから現状に至るまで、あらゆる事項を取り上げてまとめた一一七〇ページに及ぶ豪華本。横山大観による口絵、嘉納治五郎の揮毫に始まり、枢密院議長近衛文麿閣下、元大蔵大臣池田成彬閣下、前内閣総理大臣平沼騏一郎閣下、海軍大臣財部彪閣下、陸軍大臣宇垣一成閣下、元内閣総理大臣広田弘毅閣下、前海軍大臣・海軍大将米内光政閣下、前文部大臣・陸軍大将・男爵荒木貞夫閣下、明治神宮宮司・海軍大将有馬良橘閣下、前陸軍大臣・陸軍中将板垣征四郎閣下、前内務大臣・侯爵木戸幸一閣下、などの揮毫が一ページずつ並ぶというもの。嘉納の人脈の広さ、政治力のすごさが伺える。当時の役員には政界だけでなく、三土忠造、岩崎親子、住友吉左衛門、古河虎之助、久原房之助など、経済人も多く名を連ねている。内容は武道の始まりから講道館の創設、その栄光の歴史がすべて綴ってあり、それぞれの柔道大会の経過と報告も。とにかく柔道の歴史と講道館のすべてが細かく書いてある。

編著者、丸山三造が後に言うように、田辺又右衛門の「活躍」を書いて、講道館の幹部から叱責されたせいか、又右衛門のところは、不遷流流祖物外不遷と、又右衛門の幼少時代のことしか書かれてない。

◉古賀残星『秋霜の人々―柔道薄明のころ―』『報知新聞』一九五九年～

全七五回連載の新聞小説。絵・内山孝。初期講道館の創設期の話を、馬場七五郎を狂言回しに、講道館に反発した田辺右又衛門や、嘉納治五郎、山下義韶、戸張瀧三郎、磯貝一、永岡秀一など講道館の面々を次々に登場させている小説。作者は、柔道家でもあり、中学校教員にもなり、詩人、作詞家でもある。『嘉納治五郎』『天才永岡秀一』などの作品がある。あくまで講道館を称える姿勢には変わりない。

◉『柔道新聞』旬刊。一九六七～一九八〇年。

不遷流、田辺又右衛門、嘉納治五郎にかかわりのあるものはすべて読ませていただいた。

◉富田常雄『姿三四郎』錦城出版社、一九四二年。

◉黒澤明「姿三四郎」（映画）一九四三年。

キャスト……藤田進、轟夕起子、志村喬、月形龍之介。

また現在の柔道界と、講道館の問題については、

◉高山俊之・小野哲也『柔道界のデスマッチ―全柔連vs学柔連』三一書房、一九八八年。

全柔連に人を送り込んでいる講道館と、学柔連との確執の歴史を詳しく書いている勇気ある本。世襲である嘉納行光講道館館長率いる全柔連と、東海大学総長で全国学生連盟会長でもある松前重義との確執。一九八三年開催の第一回正力杯国際学生柔道大会を全柔連が参加拒否。後に全柔連が学柔連を処分するなど、五年にわたる闘争と、それにIJF(「国際柔道連盟」)を巻き込んでのバトルを書いている。またこれにはマスコミも巻き込んでいることなど。

◉宗岡正二「日本柔道の課題」『日本経済新聞』二〇一六年一二月一九日。

新日鉄住金会長である宗岡正二の書いた短いコラムだが、全柔連と、段位認定権を持つ講道館というふたつの重複する公益財団法人の問題を取り上げ、講道館を、早稲田の大隈記念講堂のように、記念講道館としたらという意見を述べている。つまり組織としては、全柔連に一本化するということか。

◉西村光史『近現代史から検証する日本柔道界の実態とその再興試案』エスアイビー・アクセス、二〇一四年。

著者は昭和一〇年生まれ、一橋大学柔道部から富士製鉄(現新日鉄住金)柔道部長。同期入社の神永昭夫に頼まれて、全柔連の財務委員に。多くの柔道関係者と交流を持つ。この本の中で、

日本の柔道界が、講道館と全柔連の癒着どころか、全柔連が下請けになっている実態を上げ、この問題はすでに半世紀前から指摘されているにもかかわらず、まったく改善されていないこと、なぜなら講道館の幹部が、全柔連の幹部として多数入り込んでいたからであると、また学柔連との確執も、昭和六一年（一九八六年）、衆議院予算委員会で取り上げられたにもかかわらず、一向に改善されないままである――などなどを告発。

またこの本の中には、参考資料として、以下の三つの記事が全文収録・掲載されている。

◉道上伯《みちがみはく》「講道館柔道への爆弾宣言」『文芸春秋』一九六三年三月号。

道上は大正一〇年生まれ。大日本武徳会出身で、海外での指導経験が長い。オランダの無名のヘーシンクを育てた指導者として有名。寝技で、神永がヘーシンクに負けたことをきっかけに、日本柔道への警鐘を鳴らす。当時、講道館館長嘉納履正が、海外の指導者に対して、無視するどころか、オランダ柔道協会がこれまで通り道上を最高顧問とするなら、講道館は今後一切援助しないとまで圧力をかけられたこと、など幾つかの実話を上げて、横暴な講道館のやり方を批判している。

◉古森義久「二〇〇七年IJF会長選の内幕」

◉山下泰裕「国際柔道連盟総会での理事選挙の結果について」

日本の山下泰裕が国際柔道連盟理事選において落選したことを受けて、日本柔道界とヨーロッパ柔道連盟などの関係について。

そのほか、

◉『週刊東洋経済』二〇〇九年一〇月一八日号。

国際柔道連盟を牛耳るビゼール氏の、極端な柔道の商業化を批判している。日本の柔道界の問題も。

◉山口香『日本柔道の論点』イースト新書、二〇一三年。

日本選手権一〇連覇、世界選手権金メダルなど、日本を代表する女子選手で筑波大学准教授。ロンドン五輪において、男子金メダルがゼロであったことをきっかけに、日本柔道界の問題点を分析。女子代表監督によるパワハラ、全柔連と講道館のトップがなぜ同一人物で権力が集中しているか、などなど日本と世界の柔道界をめぐる構造問題が浮き彫りにされている。

柔術の遺恨
講道館に消された男　田辺又右衛門口述筆記

2022年6月23日　第1版第1刷発行

著　者　細川 呉港
発行者　柳町 敬直
発行所　株式会社 敬文舎
〒160-0023　東京都新宿区西新宿3-3-23
ファミール西新宿405号
電話　03-6302-0699（編集・販売）
URL　http://k-bun.co.jp
ブックデザイン　中垣信夫＋須田遥（中垣デザイン事務所）
印刷・製本　中央精版印刷株式会社

Printed in Japan ISBN978-4-906822-38-6